평민철학자
해월 최시형

공경과 살림의 철학

평민철학자 해월 최시형

김용휘 지음

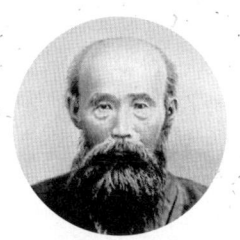

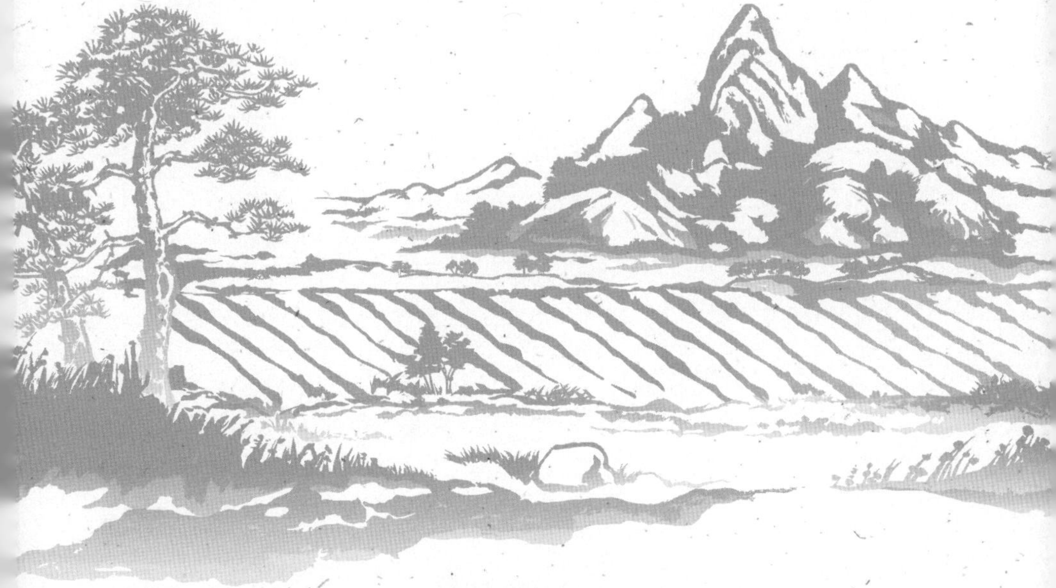

도서출판 모시는사람들

| 머리말 |

　지금 우리 문명은 심각한 곤경에 빠져 있다. 물론 유사 이래로 평화로웠던 시기도 드물었지만, 오늘날의 문명의 위기가 특별히 심각한 것으로 간주되는 이유는 기후위기로 대표되는 생태계의 절멸적 파괴가 인류의 생존을 위협하는 지경에까지 이르렀기 때문이다. 가공할 핵무기의 위력 역시 지구를 몇 번이나 초토화시키고도 남을 수준이다. 또한 우리는 지금 자본주의가 가져온 유례없는 물질적 풍요를 누리기도 하지만, 반면 그것을 훨씬 상회하는 모순과 폐해를 자연파괴와 인간성 상실로 경험하고 있다. 특히 오늘날의 신자유주의 체제는 만연한 불평등과 각자도생의 불안한 삶을 양상하고 있으며, 힘들게 쌓아온 민주주의의 성과마저도 처참하게 무너뜨리고 있다. 사람과 생명보다 돈이 우선인 세상이 되어 버렸다. 이에 따라 신자유주의의 세계화에 대한 저항이 전 세계적으로 나타나고 있지만, 그 양상이 기존 체제에 대한 개혁의 방향으로 나타나기보다는 오히려 사회적 약자와 여성·청년·소수자·외국인 노동자·난민에 대한 혐오와 차별, 배제와 폭력으로 나타나고 있는 실정이다.

　이 책은 우리가 맞닥뜨리고 있는 이러한 곤경을 해소할 수 있는 직접적인 해결책을 주려고 한 것은 아니다. 또한 "동학에 답이 있다"는 식의 이야기를 하려는 것도 아니다. 하나의 사상이 모든 것을 해결할 수 있는 만능열쇠가 될 수는 없다. 오늘날 세계가 직면한 문제의 원인은 단순하지 않으며, 대안도 단일한 처방으로는 충분치 않다는 것을 잘 알고 있다. 현실의 모순은 깊고도 다차원적이며 그만큼 해결의 길은 녹록치 않다. 어디서부터 돌파구를 찾아야 할지 사실 막막한 심정이다. 그래도 이대로 무기력하게 손놓고 있을 수는 없고, 눈앞의 현실만을 쫓으며 살 수도 없다. 이 와중에도 우리는 삶을 지속해야 하고, 아이들을 키워야 하고, 민주주의를 복원해야 하고, 기후위기를 막아내고 새로운 문명을 모색해야 한다.

그리하여, 지금 서 있는 길에서 내가 할 수 있는 일은 우리가 가야 할 길에 등불이 되어줄 한 사람을 소개하는 일이라고 생각했다. 한 사람을 알게 되는 것은 하나의 세계를 알게 되는 것이라는 말이 있다. 해월 최시형이라는 사람을 알게 된다는 것은 새로운 세계를 만나는 일이다. 서양이 주도해서 만들어 온 근대적 세계와는 달리, 물질과 정신이 분리되지 않는 세계, 힘으로 남을 이기고 지배하는 삶보다는 서로를 공경하고 돌보고 살리는 것을 삶의 당연한 원리로 여기는 도의적(道義的) 세계, 더 많이 가짐으로써 물질적 안정에 안주하는 삶보다는 청빈하지만 자기실현을 추구하는 사람들이 만들어 가는 세계가 그것이다. 이 이야기는 또한 지극히 평범했던 사람이 거룩한 사람으로 변화된 과거의 이야기이자, 오늘날 내 옆에 있는 사람과 내 앞에 놓인 삶을 어떤 마음으로 살아가야 하는가를 알려주는 현재의 이야기이며, 우리의 내일이 어디로 가야 할지를 성찰하게 해주는 미래 이야기이기도 하다.

나는 지금까지 우리 사회에 해월의 진면목이 충분히 알려지지 못했다고 생각한다. 흔히 동학의 2대 교주로 소개되는 해월은 단순히 수운의 계승자가 아니다. 그는 수운을 충실히 잇고 있지만 단순한 계승을 넘어 동학을 새롭게 해석하였다. 그는 동학의 언어를 한층 민중 친화적인 언어로 풀어내는 한편, 천지부모(天地父母), 양천주(養天主), 대인접물(對人接物), 이천식천(以天食天), 향아설위(向我設位) 등의 독창적인 개념들을 창안해 냄으로써 한국철학사에 큰 자취를 남겼다. 그런가 하면 그의 사상은 원주의 무위당 장일순, 김지하 시인 등에게서 새롭게 해석되어 오늘날 '한살림'을 비롯한 여러 생명운동의 원천이 되고 있다. 또한 "어린아이도 한울님을 모셨다." "어린아이를 때리지 말라."는 그의 말과 가르침은 1920년대 김기전, 방정환에게 계승되어 어린이운동으로 나타나기도 했다.

소박하지만 위대한 가르침을 내놓은 해월은 사실 가난한 농민의 아들로 태어나 글을 제대로 배우지도 못했으며, 어릴 때 부모를 여의고, 남의 머슴도 살고, 제지소 직공도 하는 등 빈천한 삶을 살았던 인물이다. 흔히 하는 이야기로 그가 일자무식은 아니라 하더라도 학문이 깊은 분은 아니었다. 하지만 그의 가르침은 대단히 힘이 있고 깊이가 있다. 오랜 수행과 고난의 한 가운데서 나왔기 때문일 것이다. 또한 어려운 말로 하지 않고 쉬운 일상의 언어로 말했기 때문일 것이다. 그는 어린이, 가난하고 차별받던 백성들을 하늘로 섬겼다. 이로써 그는 수운의 뒤를 이어 동학을 진정한 평민철학으로 만들었다. 해월은 한국 역사상 최초의 평민철학자라고 할 수 있다.

그러므로 그를 단순히 최제우를 계승한 동학의 2세 교조로만 보아서는 안 된다는 것이 나의 입장이다. 그는 한국의 전 역사를 통틀어서도 손에 꼽을 정도로 중요한 사상가이자 실천가였다. 해월에 대한 무위당 장일순의 말씀은 시사하는 바가 크다. 장일순은 "이 땅에서 우리 겨레가 어떻게 살아가야 하고, 또 온 세계 인류가 어떻게 살아가야 하는가를 정확하게 알려주신 분이 해월"이라고 말하고, "우리 겨레로서는 가장 자주적으로 사는 길이 무엇이며, 또 그 자주적인 것은 일체와 평등한 관계에 있어야 한다는 것을 그는 설명해 주셨"다고 평가한다. 이어 그는 해월이 우리 지척에서 예수님이나 석가모니와 같은 거룩한 모범을 보여주셨다고 단언한다.

> 눌리고 억압받던 이 한반도 100년의 역사 속에서 그 이상 거룩한 모범이 어디 있겠어요? 그래서 저는 해월에 대한 향심이 많지요. 물론 예수님이나 석가모니나 다 거룩한 모범이지만, 해월 선생은 바로 우리 지척에서 삶의 가장 거룩한 모범을 보여주시고 가셨죠.
> - 장일순, 『나락 한 알 속의 우주』, 녹색평론사, 1997, 257-258쪽.

장일순은 개인적으로는 가톨릭 신자였지만, 그가 가장 존경한 인물은 해월이었다고 한다. 그는 해월을 예수와 석가모니와 대등하게, 아니 그 이상으로 언급하고 있다. 우리의 지척에 이렇게 훌륭한 분이 있었지만, 우리는 늘 바깥에서만 모범을 찾으려 한다. 하지만 해월이야말로 한국이 낳은 위대한 성자(聖者)이자 큰 사상가였다.

주지하다시피 해월은 체계적이고 전문적인 학문을 공부한 사람이 아니다. 그러므로 그의 사유는 일반적 기준에서 엄밀한 논리적 논증을 요구하는 철학적인 언어로 표현된 것은 아니다. 그럼에도 불구하고 그의 사유를 철학이라고 할 수 있는 이유는 무엇인가? 철학이란 일반적으로 삶의 절실한 문제에 대해서 논리적이고 논증적인 방법으로 사유하는 활동이라고 할 수 있다. 삶의 절실한 문제는 동서양이 다르지 않으며, 거기엔 개인적인 차원의 문제도 있고, 사회적인 차원의 문제도 있다. 어떤 사람에겐 먹고사는 문제가 가장 절실할 수도 있고, 어떤 사람에게는 인간관계가 가장 절실할 수도 있고, 어떤 사람에게는 좋은 사람이 되는 것이 가장 중요한 문제일 수도 있고, 또 어떻게 하면 좀 더 좋은 세상을 만들 수 있는지가 가장 중요한 사람도 있다. 또 어떤 사람에게는 신(神)의 존재와 우주의 기원, 또는 죽음 이후에 세상에 대한 문제가 가장 심각한 문제일 수도 있다.

이런 고민과 질문들이 흔히 형이상학과 인식론, 존재론, 윤리학, 사회철학, 정치철학의 분야로 나눠져 논의되기도 한다. 그 논하는 방법은 달랐지만 동서양을 막론하고 이런 문제들은 중요하게 다루어져 왔다. 서양이 주로 이성을 바탕으로 한 논리적 사유를 도구로 삼아서 철학적 작업을 했다면, 동양은 이성과 논리에 의존하기보다는 비유와 풍자, 제자와의 문답, 통찰이 담긴 짧은 경구와 시적 표현들, 그리고 신비적 직관 등을 통해 삶의 절실한 문제에 답을 해왔다.

　해월의 경우도 마찬가지다. 그의 놀라운 통찰들은 이성적 추론이나 논리적 사유의 결과물은 아니다. 그의 어록들은 스승 수운으로부터 전수받은 동학의 지혜를 바탕으로 하되, 그것을 다시 온몸으로 부딪치고 체험하며 깨친 통찰이었다. 그것도 수배에 쫓기는 그 살벌한 도망길의 와중에서 기도와 수련으로 깨친 신비적 직관의 산물이었다. 그리고 해월은 그 깨달음을 다시 쉬운 평민의 언어로 녹여냈다. 그는 누구보다도 신과 우주, 인간과 생명의 심연을 깊이 체득하고 헤아리며, 그 근본의 자리에서 우리가 놓친 삶의 핵심을, 그리고 다시 생명으로 돌아가는 길을 자상한 어조로 전해주고 있다. 그러므로 해월이 빠진 동학은 상상하기도 어렵다.

　이 책은 그의 사상을 우주론, 인간론, 수양론, 실천론 등의 측면에서 분석해 보고, 특히 '공경과 살림'이라는 키워드를 중심으로 살펴봄으로써 그의 평민철학의 성격을 밝혀보고자 한다. 이 책을 통해 신과 우주, 인간과 생명에 대한 깊은 이해가 이루어지고, 이 각박한 현실에서 어떻게 살아야 할지에 대한 지혜를 얻을 수 있기를, 그리하여 무엇보다도 해월이 수운을 만나 변한 것처럼, 우리의 마음과 삶이 거룩하게 변할 수 있기를 바란다. 나아가 오늘날의 문명적 위기에 대한 해법을 찾는 데 작은 도움이 되면 다행이겠다.

　이 책이 나오기까지 실로 많은 분들의 도움이 있었다. 거친 초고를 꼼꼼히 읽고 좋은 조언을 주신 전희식 형님, 늘 가까이에서 물심양면으로 보살펴주시는 가림다 농산의 도상록 형님, 부족함이 많은 사람을 늘 마음속 깊이 응원해 주시고 계신 방정환한울어린이집의 임우남 원장님과 최경미 선생님, 방황하던 시기에 마음을 다잡고 학문의 길에 들어서게 해 주신 고 김병채 교수님, 한국유학계의 태두이시면서도 동학으로 박사논문을 쓸 수 있도록 격려해 주시고 세심하게 지도해 주신 윤사순 교수님, 종교 본연의 모습을 알려주시고 종교의 사회적 실천과 경계 너머의 세계를 얼핏 보게 해 주신 오강남 교수님, 동학과 기독교의 벼리가 그리 다르지 않다는 점과 동학의 시천주 영성의 깊은 신학적 의미를 일깨워주신 김경재 교수님, 이 시대 동학으로 철학함이 가능하다는 것을 보여주시고 동학의 철학적 의미를 깊게 사유하시며 철학자의 참 모습을 보여주신 고 이규성 교수님, 물리학과 학부생 시절 나에게 처음으로 철학적 사유의 길로 안내해 준 김윤영 형, 늘 나에게 예리한 질문을 던지며 사유의 길을 넓혀준 영혼의 도반 이원영, 동양철학을 공부했지만 자연농에서 인류가 평화롭게 공존할 수 있는 길을 찾아 겸허하고 생태적인 삶의 길을 알려주신 최성현 형님, 나를 동학의 길로 이끌어주신 소중한 인연 김춘성 누님, 동학을 생명사상으로 정립하고 해월을 이 시대에 되살려 냈던 시대의 스승 장일순 선생님, 동학의 주요 용어에 대한 풍부한 영감과 언어를 갖게 해 준 김지하 시인, 철학함의 진정한 의미와 동학의 미래적 가치를 밝혀주신 도올 선생님, 동학과 동학농민혁명을 생명의 시선으로 재해석하여 후학들의 길잡이가 되어 주신 박맹수 교수님, 방황하던 나에게 진리의 빛을 던져주신 나의 스승 월산 김승복 선생님, 동학이라는 큰 진리의 등불을 이 세상에 밝혀 주신 수운 최제우 큰 선생님, 그리고 이 책의 주인공이신 한국이 낳은 위대한 성자, 해월 최시형 선생님께 이 자리를 통해 깊은 감사의 큰절을 올린다.

또한 나에게 생명을 주시고 지금도 나에게 생명의 숨결을 불어넣고 계신 천지부모님, 나를 낳아 지금까지 사랑으로 키워주신 육신의 부모님, 그동안 나와 연결되어 나의 생명을 지탱해 주고 있는 뭇 생명들, 뒤늦게 나에게 와서 매일 애정 표현을 쉴 새 없이 하며 생의 참된 기쁨과 아울러 모든 부모가 느꼈을 육아의 고통 역시 경험하게 해준 단우와 순우, 그리고 나의 영적 성장을 위해 많은 자극을 주고 늘 근본을 놓치지 않게 정신 줄을 붙들어 주는 아내 윤경, 이 모든 분들께 깊은 사랑과 감사를 드린다.

끝으로 이 책이 나오기까지 오랫동안 기다려주고 적절한 조언으로 책을 만들어준 〈모시는사람들〉의 박길수 대표와 편집부에 감사를 드리며, 이 책이 나올 수 있도록 지원해 준 한국연구재단에도 감사를 전한다. 부족하지만, 이 책이 우주와 인생의 근본을 묻고, 생명과의 연결을 열망하며, 우리의 문명이 더 품격 있게 재편되기를 꿈꾸는 모든 이들에게 작은 등불이 될 수 있다면 다행이겠다.

2025년 4월
경주에서 김용휘 씀

차례

평민철학자 해월 최시형

머리말 • 5

프롤로그 ──────── 17

제1장 천지가 곧 부모다 ──────── 23
땅을 소중히 여기기를 • 25
수운이 이해한 우주와 자연 • 29
감각적 차원에서의 근본적 변화 • 41
지구를 공경하는 신앙 • 27
천지는 살아 있다 • 38

제2장 마음이 한울이다 ──────── 45
신은 존재하는가? • 47
스티븐 호킹의 『위대한 설계』 • 50
동학은 철학인가, 종교인가? • 54
만물이 한울 아님이 없다 • 58
시천주에서 양천주로 • 63
신에 대해 확장된 이해 • 67
서양의 신(神)과 동양의 천(天) • 49
동아시아의 '천' 개념의 변천 • 52
수운이 만난 한울님 • 56
마음이 한울이다 • 60
심즉천의 실천적 함의 • 65

제3장 사람을 한울같이 섬겨라 ──────── 69
수운과의 만남과 열망 • 71
사인여천 • 75
태도를 선택할 수 있는 자유 • 84
세 가지 공경 • 87
새로운 물질주의 • 92
한울을 모신 인간 • 73
대인접물 • 79
유무상자 • 85
공경의 극치, 경물 • 91

차례 | 13

제4장 수도와 마음공부 ─────────────── 97

깨달음의 학으로서의 동학 • 99
수심정기 • 106
주문 수련의 의미 • 112
마음과 기운의 관계 • 125

시천주의 체험과 양천주 • 101
수심정기하는 방법, 심고 • 111
수도의 마음가짐─정성, 공경, 믿음 • 118
마음 씀에서 화복(禍福)이 생긴다 • 129

제5장 여성이 새 세상의 주역이다 ─────────── 133

여성의 시선으로 동학을 보다 • 135
부인이 한 집안의 주인이다 • 142
부화부순 • 150

며느리가 한울님이다 • 138
내수도문 • 143
살림의 주체, 여성성과 새로운 문명 • 154

제6장 생명의 이치와 살림의 실천 ─────────── 157

해월이 생애 마지막으로 한 일 • 159
이천식천의 사상가 • 165
양천(養天)의 생명살림과 내칙 • 173
영부와 이심치심 • 178
거룩한 마음과 새로운 살림운동 • 186

밥 한 그릇의 이치 • 160
동질적 기화와 이질적 기화 • 168
십무천─해월의 생명헌장 • 176
살림운동의 계승 • 181

제7장 나를 향해 제사상을 차려라 ─────────── 189

향아설위 • 191
마음으로 절을 하라 • 199
나의 정신은 억조 정신의 반영 • 205

해월의 시간관 • 197
성령출세, 우주는 영의 표현이다 • 202
동학의 생사관 • 209

평민철학자 해월 최시형

제8장 평화와 개벽의 세상 ─ 213

생명과 평화 • 215

도와 덕이 사람 살리는 기틀 • 219

마음의 평화, 일상의 평화 • 221

해월의 '개벽' • 223

혁명과 개벽 • 229

사해동포주의와 동귀일체 • 232

생명운동이 개벽운동이다 • 234

맺음말 | 해월 생명철학의 특징과 의의 ─ 243

해월의 철학의 특징 - 요약 • 245

해월 철학의 현대적 의의 • 251

에필로그 ─ 255

[부록] 해월 최시형의 생애 ─ 261

참고문헌 • 293

찾아보기 • 296

일러두기

1. 해월이 남긴 가르침을 직접 인용할 때는 현재 천도교중앙총부의 『천도교경전』의 「해월신사법설」을 저본으로 한다. 해월의 말씀은 제자들이 한문으로 받아 적은 것으로 그동안 『이기대전』, 『도종법경』, 『천도교서』, 『천도교창건사』 등에 부분적으로 실렸는데, 이들 해월 어록을 총망라한 것이 1987년 『천도교경전』에 편입된 「해월신사법설」이기 때문이다.

2. 「해월신사법설」에서는 평어체를 사용하고 있는데 이를 경어체로 바꿔서 인용했음을 밝힌다. 해월의 말은 주로 제자들 앞에서 강론 형식으로 이루어졌으며, 주로 "~하옵소서"라는 지극히 공손한 어법으로 가르침을 편 것으로 보인다. 이는 해월이 직접 지으신 「내칙」, 「내수도문」에서도 확인할 수 있다.

3. 이 책에서는 신의 명칭을 '한울님'으로 통일한다. 본래 수운은 『용담유사』에서 'ᄒᆞᄂᆞᆯ님'으로 썼는데, 당시의 발음을 고려해서 현대어로 바꾼다면 '하늘님'에 가깝고, 오늘날 표준어 규정에 따르면 '하느님'이라고 하는 것이 맞겠으나, '한울님'으로 쓰고자 하는 이유는 이 용어가 동학의 신관에 가장 부합하는 용어라고 생각되기 때문이다.

프롤로그

해월이 처형되기 직전에 찍었다는 그의 사진을 볼 때마다, 나는 가슴이 저린다. 고문으로 온몸이 망가져 몸을 가눌 수 없었기에 뒤에서 사람이 등을 받치고서야 찍었다는, 그래서 옷고름이 이상하게 오른쪽으로 치우쳐 올라가 있는 그 사진 말이다. 36년간을 도망자로 살아야 했던 신산했던 삶, 그것을 온몸으로 보여주기라도 하듯 그의 발은 퉁퉁 부어 있었다. 하지만 형형한 눈망울은 깊고도 고요하며, 영롱하면서도 모든 것을 초월한 듯했다. 게다가 그에게 사형을 언도한 판사가 동학혁명을 촉발시킨 전 고부군수 조병갑이었다니, 피가 거꾸로 솟을 일이다.

사형 집행을 며칠 앞두고 해월이 지상에서 마지막으로 한 일은 감옥의 모든 죄수들에게 배불리 떡을 먹인 일이었다. 당시 감옥의 상황은 열악하기 그지없어서 굶주리는 죄수들이 많았던 모양이다. 배급이 제대로 이루어지지 않아 끼니를 자체 해결해야 하는 경우가 많았기 때문이다. 늘 민중들과 함께했던 삶이었으며, 밥이 한울이라고 했던 삶이었다. 평생을 쫓겨 다니는 와중에도 일을 손에서 놓지 않고, 일이 없으면 꼬았던 짚을 풀어서 다시 꼬곤 했다던 그였다. 내일 길을 떠나면서도 오늘 과일나무를 심고 갔으며, 제자가 감옥에 갇혔을 때는 밤새 뜬눈으로 지새우며 고초를 함께 한 그였다.

그런 그에게 가장 쓰라린 일은 갑오년, 그 많은 동학도들과 죄 없는 농민들의 무참한 희생이었다. 공주 우금치 싸움에서만 3만 명 이상이 희생되었고, 전국 각지에서 최대 삼십만 명이 희생되었다. 그 결과를 예감해서였을까? 그래서 혁명 초기에 전봉준이 재가 없이 깃발을 든 것을 그리도 안타까워했던 것일까. 하지만 그것 역시 백성의 뜻이었고, 한울의 뜻이었다.

세상에는 육신의 목숨보다 더 귀한 것이 있다. 그것은 인간의 존엄을 지키는 일이다. 그것을 우리는 '혼'이라, '정신'이라 부른다. 해월이 갑오년의 봉기를 마침내 '천명'(天命)이라고 받아들였을 때는 목숨보다 더 귀한 것이 있음을 보았기 때문이었으리라. 부패하고 불의한 권력에 순종하는 굴종의 삶보다는, 차라리 한때나마 떨쳐 일어나 불의에 항거하는 삶이, 우리의 강토와 주권을 침탈하는 외세에 굴복하기보다는, 비록 목숨을 잃더라도 힘을 합쳐 몰아냄으로써 민족적 자존을 지키는 삶이, 그리고 그 목숨값으로 우리 아이들이 살아갈 세상이 지금보다는 조금 더 나아질 것이라는 희망이, 결과적으로 더 큰 생명이라는 것을 보았기 때문이었으리라.

하지만 그것을 가슴으로 받아들이는 데는, 또다시 숱한 밤을 하얗게 지새우며 눈물을 쏟은 뒤에야 겨우 허락될 수 있었던 두렵고 두려운 '명령'(天命)이었다. 풀 한포기라도 함부로 꺾지 말라고 했던 그가 삼십만 명의 주검 앞에서 홀로 살아남았을 때의 남겨진 자의 슬픔을 어찌 말로 형언할 수 있을까. 그 억장이 무너지는 고통을, 차라리 맷돌에 갈려져도 시원찮을 그 자책감을, 그 무거운 짓눌림을 어떻게 그 작은 어깨로 견디어 냈을지 나는 상상조차 하기 어렵다.

혁명 이후의 목숨은 이미 당신의 것이 아니었을 것이다. 어쩌면 함께 죽임당하는 것이 차라리 깃털보다 더 가벼웠을 일이었다. 그래서였을까.

마지막 길을 가는 사진 속 해월의 눈은 차라리 평온해 보인다.

평범한 향촌의 가난한 백성으로 태어나 그저 그런 별 볼 일 없는 삶을 살다 갔을지도 모를 해월은 스승 수운을 만남으로써 비로소 심안(心眼)을 뜨게 되어 실로 비범한 인격으로 거듭났으며, 수운 사후 꺼져가던 동학의 불씨를 살려내 끝내 활활 타오르는 횃불로 키워냈다. 그뿐만 아니라 스승의 사유를 발전시키고 새로운 개념들을 창안함으로써 동학의 지평을 확장시켰다.

해월은 스승 수운의 핵심 사상인 '시천주'(侍天主, 사람들의 내면에는 거룩한 한울님이 모셔져 있다)를 '사람을 한울님같이 섬기라'는 '사인여천'(事人如天)의 가르침으로 재해석했다. 특히 당시 핍박받던 민중, 여성과 어린이까지도 한울님으로 공경하라고 가르쳤다. 또한 사람만이 한울님을 모신 것이 아니라, 만물이 다 한울님을 모셨다는 것을 깊이 통찰하여 만물을 공경하는 경물(敬物)에까지 나아갔다. 그래서 아침에 지저귀는 새소리를 들으면서 "저 새소리도 시천주의 소리."라고 했고, "땅을 소중히 여기기를 어머님의 살결같이 하라."고 하여 '공경'을 새로운 삶의 원리로 제시하였다.

이러한 그의 가르침은 머리에서 나온 것이 아니라 가슴 깊숙한 곳에서 우러나온 한울의 명(天命)이었으며, 만물을 자기 몸처럼 느낀 데서 나온 생태적 감수성의 본능적 발로였다. 이로써 그는 유교의 '주일무적'(主一無適), '정제엄숙'(整齊嚴肅)의 경건함을 위주로 하는 경(敬) 철학과는 다른, 모든 사람과 만물을 차별 없이 섬기는 수평적 '공경'의 자세와 생태적 감수성을 새로운 삶의 원리로 제시하였다. 내면 깊숙이 다른 존재와 생명을 받들어 모시고, 떨리는 마음으로 만물을 외경하는 그 마음의 자세를 그는 거듭 강조했다.

또한 해월은 모든 사람들이 한울님을 모시고 있지만, 그 사실을 안다고 바로 한울 사람이 되는 것은 아니기 때문에 종자를 땅에 심어 기르듯이, 내 안의 한울의 씨앗을 잘 기르고 키우는 '살림'의 공부와 실천이 필요하다고 하였다. 여기서 '살림'은 주부의 '살림살이'의 살림이면서, '살리다'의 명사형으로 '죽임'에 반대되는 살림이며, 더 적극적으로는 씨앗과 같은 작은 생명을 그 본래의 결대로 온전히 실현한다는 의미를 담고 있다. 이를 해월은 '양천주'(養天主)라고 하였다. 그리고 그것을 '십무천'(十毋天)이라는, 열 가지 생명살림에 대한 계명(戒名)으로 구체화하여 내놓기도 하였다. 따라서 해월의 동학사상은 '공경과 살림'의 생명철학으로 요약할 수 있다. 해월은 자신의 삶에서 이러한 공경과 살림을 직접 구현해 보임으로써 동학적 인격의 전형을 형성하였고, 동학을 진정한 평민철학으로 정립했으며, 한국 생명사상의 단초를 열었다.

　당시의 국내와 세계의 문제는 지금까지도 이어지고 있다. 아니 오히려 더 심화 확장되었고, 생명의 조건인 생태계는 대멸종의 한가운데로 곤두박질치고 있다. 그럴수록 해월의 철학과 사상은 더욱 빛이 나 보인다. 그의 사상이 만능열쇠는 아니다. 다만 우리가 지금 그의 사상을 깊이 연찬해야 하는 이유는 그 누구보다도 우주와 생명, 신과 인간의 심연을 깊이 체득하고, 그 근본의 자리에서 우리가 놓친 삶의 핵심과, 다시 생명으로 돌아가는 길을 자상한 어조로 전해주고 있기 때문이다.

제1장 천지가 곧 부모다
― 해월의 우주론과 자연관

" 그에게 자연은 생명의 끊임없는 유동과 숨겨진 높은 의식적 차원들과 빛나는 신성으로 가득 찬 살아있는 세계였다. 심지어는 그 안에 있는 작은 돌멩이 하나, 풀 한 포기에도 생명과 의식이 잠복해 있는, 그 자체로 존중받아야 할 아름답고 거룩한 '님'이었다. "

땅을 소중히 여기기를

비가 억수같이 쏟아지던 1891년 7월의 어느 날이었다. 해월은 전라도 포덕을 위해 부안 땅 옹정리에 있는 김영조라는 제자 집에서 하룻밤을 지내게 되었다. 해월은 격포 앞바다가 훤히 내려다보이는 방안에 앉아 비가 내리는 바다를 하염없이 바라보고 있었다. 이때 한 아이가 나막신을 신고 급하게 앞을 지나갔다. 빗물이 튕기면서 '철썩' 하고 땅이 크게 울렸다. 사소하다면 사소하고, 보통 사람 같으면 그냥 지나쳤을 이 일을 해월은 나중에 제자들 앞에서 다음과 같이 언급하였다.

우주에 가득 찬 것은 도시 혼원한 한 기운이니, 한 걸음이라도 감히 경솔하게 걷지 못할 것입니다. 내가 한가히 있을 때에 한 어린이가 나막신을 신고 빠르게 앞을 지나는데 그 소리 땅을 울리어, 놀라서 일어나 가슴을 어루만지며, "그 어린이의 나막신 소리에 내 가슴이 아프구나"라고 말했습니다.
땅을 소중히 여기기를 어머님의 살 같이 하옵소서. 어머님의 살이 중합니까 버선이 중합니까. 이 이치를 바로 알고 공경하고 두려워하는 마음으로 체행하면, 아무리 큰 비가 내려도 신발이 조금도 젖지 아니할 것입니

다. 이 현묘한 이치를 아는 이가 적으며 행하는 이가 드뭅니다.[1]

사실 당시의 정황을 보면 그리 한가한 때는 아니었다. 전라도 편의장으로 천민 출신 남계천을 임명하자, 전라도의 양반 출신 도인들이 크게 반발하였다. 반발은 아주 거셌다. 자칫 전라도의 교세(敎勢)가 반쪽날 위기의 순간이었다. 그래서 해월은 이를 수습하기 위해 직접 부안으로 발걸음을 한 터였다. 이 급박한 와중에서도 해월은 땅의 울림을 마치 자신의 가슴이 밟히는 아픔으로 느끼며 땅을 어머니처럼 대할 것을 역설하였던 것이다.

이런 생태적 감수성으로 그는 양반 제자들을 설득했을 뿐 아니라, 오히려 위기를 기회로 대반전시켰다. 이로써 전라도 땅에서 포덕이 다시 크게 일어났으며, 이 무렵에 입도한 이들이 3년 후 동학혁명의 주역이 되었다. 땅을 어머니처럼 대하고, 낮은 자를 차별 없이 대하는 태도를 끝내 지킨 그의 굳센 온화함은 유교적 신분질서와 제국주의적 폭력을 무력화하는 가장 강력한 무기였다.

---

1 『해월신사법설』,「성경신」, 宇宙間 充滿者 都是渾元之一氣也 一步足不敢輕擧也 余閒居時一小我着屐而趨前 其聲鳴地 驚起撫胸曰「其兒屐聲我胸痛矣」惜地如母之肌膚 母之肌膚所重乎 一襪子所重乎 的知此理體此敬畏之心 雖大雨之中 初不濕鞋也 此玄妙之理也 知者鮮矣 行者寡矣 吾今日 始言大道之眞談也

지구를 공경하는 신앙

그런데 오늘날 사람들이 자연을 대하는 태도는 해월과 정반대이다. 자연을 단지 인간 삶의 배경(환경)이나 자원으로만 치부하거나, 심지어 돈 되는 상품으로 취급한다. 이런 태도는 서양의 근대로부터 시작된 것이라 할 수 있다. 서양의 근대(近代)는 무지와 몽매에 사로잡힌 중세의 억압적 질서를 혁파하면서 전개되었지만, 그 과정에서 자연을 마구 이용하고 정복하고 착취해도 되는 것으로 생각하였다.

원래 서양도 근대 이전에는 자연을 신성한 것으로 바라보았다. 그리스 신화의 '가이아' 여신이 대표하듯이, '어머니 지구'라는 감성을 가지고 있었다. 하지만 근대 이후 심신이원론과 기계론적 세계관이 주도하게 되고, 이것이 자본주의의 시장경제와 만나면서 토지와 자연을 한갓 돈벌이 수단으로 취급하게 되었다. 그 결과 자연과 생태계 파괴가 필연적으로 초래되었다.[2]

그중에서 가장 심각한 것이 기후위기이다. 이미 많은 사람들이 이상기후와 극단적인 기상 현상으로 고통받고 있다. 그런데 정치권은 이 기후위기를 단지 탄소의 문제로만 돌리고 있다. 그 대안도 탄소배출을 줄이고 '탄소중립'을 이루는 데만 혈안이 되어 있다. 왜 탄소가 증가했는지 그 이면을 들여다보지 않는다. 캐나다 출신의 저널리스트 나오미 클라인(Naomi Klein)은 기후위기의 진정한 원인은 탄소 과잉 배출이 아니라 자본주의 그 자체

---

2 존 벨라미 포스터 지음, 김현구 옮김, 『환경과 경제의 작은 역사』, 현실문화, 2001.

라고 역설한다.³ 돈이 되는 것이라면 뭐든 상품화해 온, 성장 일변도의 자본주의 경제 시스템이 문제의 진정한 근원이라는 것이다.

여기에 더해 더 근본적인 원인은 앞서 언급한 서양 근대 이후 사람들이 자연을 대하는 태도이다. 이 자연에 대한 인식을 근본적으로 바꾸지 않고서는 지금의 위기를 발본적으로 극복하기는 어렵다. 이러한 생각을 대표하는 생태 영성의 선구자인 토마스 베리(Thomas Berry, 1914-2009) 신부는 북아메리카에 정착한 유럽인들이 그 땅의 장엄함과 그 원주민들의 영성을 깨닫지 못한 것에 대해 슬퍼하며, 경이감과 외경심을 회복하는 것이 얼마나 절박한 과제인지를 호소한다. 그는 "현재 진행 중인 지구에 대한 파괴적인 기획을 바꾸어, 지금과는 전혀 다른 미래에 대한 비전을 가져야 한다."고 역설하면서, 인간이 지구와 상호 유익한 존재가 되는 '생태대'(Ecozoic Era)라는 새로운 시대구분을 제안한다. 그리고 '생태대'라는 미래는 우리가 지구를 착취의 대상이 아닌, 사귀어야 할 주체로 이해할 때에만 실현 가능하며, 그것이 미래 세대를 위해 지금 우리 세대에게 주어진 '위대한 과업'(The Great Work)이라고 역설한다.⁴

그런가 하면 뉴욕 유니온 신학대학의 래리 라스무쎈(Larry L. Rasmussen)은 오늘날의 전 지구적인 위기를 전환하기 위해서는 인간이, 먼저 이웃 사람들에게 물론 물, 흙, 공기, 불, 햇볕들에도 책임 있게 행동하는, 영적이고 생태학적인 삶의 방식을 강조한다. 이를 위해 그는 인류가 공유해 온 영적

---

3 나오미 클라인 지음, 이순희 옮김, 『이것이 모든 것을 바꾼다 - 자본주의 대 기후』, 열린책들, 2016.
4 토마스 베리 지음, 이영숙 옮김, 『위대한 과업』, 대화문화아카데미, 2014.

인 실천들과 오랜 종교 전통들을 중시하는 가운데, 특히 문명 전환을 위한 종교윤리로서 '지구를 공경하는 신앙'을 역설한다.[5]

이러한 사유는 150년 전 해월 최시형이 '천지'를 부모와 똑같이 공경해야 한다고 강조한 것과 너무 유사하다. 따라서 해월이 천지와 만물을 바라보고 대하는 관점들, 모든 존재를 공경과 살림의 태도로 대했던 그 마음가짐과 태도가 오늘날 생태 위기를 극복할 수 있는 가장 중요한 열쇠가 될지도 모른다. 이것이 우리가 그의 사유를 깊이 들여다보고자 하는 이유이다.

수운이 이해한 우주와 자연

우주와 자연에 대한 해월의 관점을 살펴보기 전에, 먼저 동학의 창시자인 수운의 관점을 살펴볼 필요가 있다. 수운의 우주와 자연에 대한 사유는 기존의 동아시아적 사유에서 크게 벗어나지 않는다. 본래 동아시아에서 인간은 자연과 분리되어 살아갈 수 있는 존재가 아니라고 본다. 자연은 인간의 삶의 무대이자 심리적으로 교감하는 생명의 마당(場)이다.[6] 또한 자연은 "그 자체의 힘과 원리에 의해서 스스로 움직이는, 자기조직화하고 자기 규제적인 존재로 이해된다. 따라서 서양의 경우처럼 창조주나 법칙 수

---

5 래리 라스무쎈 지음, 한성수 옮김, 『지구를 공경하는 신앙』, 생태문명연구소, 2017.
6 유아스 야스오 지음, 이정배·이한영 옮김, 『몸과 우주-동양과 서양』, 지식산업사, 2004, 65쪽.

여자가 불필요하다."[7]

수운의 우주와 자연에 대한 이해도 이와 크게 다르지 않다. 다만 수운은 그 생명의 마당이 전통적으로 이해해 온 것보다 더 근본적인 차원에서 우주생명의 영적 활력으로 가득 차 있다고 보았다. 그 우주생명의 영적 활력을 수운은 '한울님'이라고 불렀다. 따라서 수운의 '한울님'은 그리스도교의 창조주 하느님과는 달리 초월적 존재도 아니고, 어떤 인격적 실체를 가진 절대자도 아니다. 수운의 한울님은 우주자연 속에 가득 차 있는 기운이며, 스스로 생성 변화하면서 만물 속에 깃들어 있는 신령한 우주생명을 의미할 뿐이다. 물론 어떤 특별한 계기에서 인간에게 인격적 존재로 체험될 수는 있지만, 우주 너머에 독립적 실체를 가진 초월적 유일신은 아니다.

그렇기에 수운에겐 자연 그 자체의 자기조직화하는 힘과 원리를 표현하는 또 다른 개념어가 필요했다. 수운은 그 힘을 '지기'(至氣)라고 불렀고, 그 원리를 '무위이화'(無爲而化)[8]라고 했다. 무위이화는 자연에 내재된 자율적 창조의 원리를 가리킨 용어이다. 자연의 주재자가 따로 존재하는 것이 아니기 때문이다. 무위이화가 의미하는 바는, 우주가 그 자체의 자율적 원리에 의해 작동될 뿐, 그 너머에서 그것을 주재하는 어떤 인격적 실체를 요구하지는 않는다는 것이다. 이 무위이화를 인간의 실천적 차원에서 하나의 삶의 방식으로 이해할 수도 있는데, 인간이 우주의 자연한 원리를 깨

---

7 김희성, 「Asian Naturalism : An Old Vision for a New World」, 『學術院論文集』(人文・社會科學篇) 第49輯 1號, 別冊, 2010, 7쪽.
8 『동경대전』, 「논학문」, "吾道, 無爲而化矣."

달아서 그에 합치되는 삶을 살 때 모든 일이 억지로 애씀 없이 저절로 조화로움을 이루게 된다는 뜻이기도 하다.

수운은 자신의 한울님 체험을 '시천주'(侍天主)라는 철학적 명제로 정립하였다. 그중에서도 시(侍) 자를 스스로 해석하면서 '안으로 신령이 있고(內有神靈) 밖으로 기화가 있어(外有氣化), 온 세상 사람들이 각기 그것에서 분리될 수 없음을 아는 것(一世之人 各知不移)'[9]이라고 정의했다. 즉 '한울님을 모신다'는 것은 "안팎에서 영과 기운으로 실재하는 한울님을 깨달아, 그로부터 분리되지 않는 자각적 실천, 즉 합치되는 삶을 사는 것"을 의미한다.

이처럼 수운은 자연 자체를 우주적 기운과 영적 활력으로 가득 찬, 살아 있는 생명의 마당으로 인식하였다. 따라서 인간 또한 그 기운 속에서 연결되어 살고 있음을 자각하라고 하는 것이다.

'천지부모'의 사유

해월의 우주와 자연에 대한 이해는 기본적으로 스승 수운의 관점을 계승하고 있다. 그러나 단지 계승만 한 것이 아니라 그 사유를 더 밀고 나갔다. 해월은 "어찌 사람만이 홀로 한울님을 모셨다 하겠습니까. 천지만물이 다 한울님을 모시지 않은 것이 없습니다. 저 새소리도 또한 시천주의 소리입니다."[10]라고 하면서, 시천주를 만물에까지 확대시켰다.

9　『동경대전』,「논학문」, "侍者, 內有神靈, 外有氣化, 一世之人 各知不移者也."
10　『해월신사법설』,「영부주문」, "何必斯人也 獨謂侍天主 天地萬物皆莫非侍天主也 彼鳥

그래서 서양철학자로서 해방 이후 초창기 동학 연구자 중 한 사람인 신일철은 "최시형의 동학 이해는 스승의 시천주 신앙을 보다 철저히 세속화시켜 만물에는 하늘이 내재하고 만물이 곧 하늘이라 하는 범천론(汎天論)에 도달했다."[11]라고 평가하였다. 여기서 '세속화'라는 표현은 부정적인 의미가 아니라 시천주 체험의 신비적 요소를 좀 더 일상적이고 보편적인 방식으로 해석했다는 의미이다.[12] 이처럼 시천주의 의미를 확장하고 명확하게 하는 과정에서 함께 제시된 개념이 '천지부모'라고 할 수 있다.

'천지부모'라는 용어는 수운의 글에서는 보이지 않는다. 이는 해월의 독창적인 용어로 보인다. 하지만 해월은 자신이 처음으로 한 말이라 하지 않고 스승 수운이 먼저 밝힌 것이라고 하였다.

> 천지는 만물의 아버지요 어머니입니다. 그러므로 경(經-논학문: 필자 주)에 이르기를 '님이란 것은 존칭하여 부모와 더불어 같이 섬기는 것이라' 하

聲亦是侍天主之聲也."
11 신일철, 『동학사상의 이해』, 「제4장 최시형의 범천론적 동학사상」, 사회비평사, 1995, 110쪽.
12 세속화는 신과 신앙의 영역을 아예 인정하지 않고 이 둘이 갖는 힘을 몰수함으로써 모든 것을 세상적인 것으로 끌어내리려는 세속주의와 구별된다. 세속화는 인간과 신 내지 지식과 신앙의 관계를 통해 유한한 세계의 변화를 의도하는 긍정적인 측면을 지닌다. 세속화는 세상과 더불어 다시금 신앙으로 들어가는 것을 지시한다. 속된 세계와 역사는 초월의 세속화를 통해 변증법적으로 성스러운 세계로 변모된다. 종교의 내용은 초월적인 것이 아니라 개인의 마음 가운데 생생하게 살아있는 특유한 것이며, 삶의 구체적인 마당에서 역사하는 것이다. 그러므로 진정한 세속화는 현실과 개인의 내면을 가로질러 가면서 이들을 새로운 모습으로 변형시키는 정신적인 힘의 과정으로도 이해된다. 최신한, 「세속화의 변증법」, 『동서철학연구』, 31호, 참조.

시고, 또 말씀하시기를 '예와 이제를 살펴보면 인사(人事)의 할 바이니라' 하셨으니, '존칭하여 부모와 더불어 같이 섬긴다'는 것은 옛 성인이 밝히지 못한 일이며, 수운 대선생님께서 비로소 창명하신 큰 도입니다. 지극한 덕이 아니면 누가 능히 알겠습니까.[13]

  수운이 '시천주'를 해석하면서 '주'(主) 자를, '존칭하여 부모와 더불어 같이 섬긴다는 뜻'이라고 풀이했는데, 이것을 해월은 '천지부모'의 가르침으로 받아들인 것으로 보인다. 여기서 '천지'는 단순히 물리적인 공간으로서의 하늘과 땅만이 아니라 만물이 화생되어 나오는 생명의 근원을 의미한다. 인간을 비롯한 만물이 이 천지로부터 생성(生成)하여 나오므로 천지는 곧 우리의 부모라고 할 수 있다는 것이다.

  물론 천지를 부모에 비유한 것은 이전의 사유에도 있었다. 예를 들어, 『역전』(易傳)에도 "건(乾)은 하늘이다. 그러므로 아버지라 부른다. 곤(坤)은 땅이다. 그러므로 어머니라고 부른다."[14]고 하였다. 또 장횡거(張橫渠)의 『서명』(西銘)에서는 한 걸음 더 나아가 천지의 기운과 이치가 나의 몸과 본성을 이룬다고 하였다.

    건(乾)을 아버지라 부르고 곤(坤)을 어머니라고 부른다. 나는 여기서 미

---

13 『해월신사법설』,「천지부모」, "天地萬物之父母也故 經曰「主者稱其尊而與父母同事者也」又曰「察其古今則 人事之所爲」「稱其尊而與父母同事者」前聖未發之事 水雲大先生主 始創之大道也 非至德孰能知之 不知天地其父母之理者 迄五萬年久矣 皆不知天地之父母則 億兆蒼生 孰能以孝養父母之道 敬奉天地乎."
14 『易傳』,「說卦傳」,"乾天也, 故稱乎父. 坤地也, 故稱乎母."

미한 존재로서 그 가운데 뒤섞이어 만물 속에 존재한다. 그러므로 천지에 가득 찬 기운이 나의 몸을 이루고, 천지를 주재(主宰)하는 이치가 나의 본성을 이룬다.[15]

다만 여기서는 천지를 직접 부모라고 한 것이 아니라, 건곤의 성정(性情)을 부모에 비유할 수 있다는 뜻이다. 반면 해월은 천지가 실제 생명의 부모임을 설파하며, 천지를 부모로서 공경하고 받들어 모셔야 한다고 강조하였다.

지극한 덕이 아니면 누가 능히 알겠습니까. 천지가 그 부모인 이치를 알지 못한 것이 오만 년이 지나도록 오래 되었으니, 다 천지가 부모임을 알지 못하면 억조창생이 누가 능히 부모에게 효도하고 봉양하는 도로써 공경스럽게 천지를 받들 것입니까.[16]

해월에게 천지는 말 그대로 어머니이며 아버지이다. 우리의 생명은 육신의 부모로부터만 오는 것이 아니다. 더 근원적인 차원에서 생명은 천지로부터 온다. 그렇기에 천지가 나의 부모인 것은, 해월에게 부인할 수 없는 진실로 인식되었다. 그는 마치 잃어버린 부모를 다시 찾은 것과 같은

---

15 張載,「西銘」, "乾稱父坤稱母予茲藐焉乃混然中處. 故天地之塞, 吾其體, 天地之帥, 吾其性."
16 『해월신사법설』,「천지부모」, "非至德孰能知之 不知天地其父母之理者 迄五萬年久矣 皆不知天地之父母則 億兆蒼生 孰能以孝養父母之道 敬奉天地乎."

감격으로 "천지를 부모님처럼 섬겨야 한다"고 역설했다.

그런 점에서 해월에게 일차적으로 받들어 모셔야 하는 한울님은 '천지부모'라고 할 수 있다. 여기서 천지는 물리적 자연이 아니라 영적 활력으로 가득 찬 우주생명이자, 그 생명의 마당을 의미한다. 이 점에서 단순히 자연을 소중히 여겨서 보호해야 한다는 환경론자의 논리나 지구를 살아있는 유기체로 봐야 한다는 생태론자의 이론과도 구분될 뿐 아니라, 원리적 차원에서 '건칭부곤칭모'를 언급했던 성리학자들의 인식과도 구분된다.

이처럼 천지를 부모로서 섬기라고 하는 해월은 그 섬김의 도리로서 '식고'(食告)가 중요하다고 역설한다.

> 사람이 천지의 녹(祿)인 줄을 알면 반드시 식고(食告)하는 이치를 알 것이요, 어머님의 젖으로 자란 줄을 알면 반드시 효도로 봉양할 마음이 생길 것입니다. 식고는 반포(反哺)의 이치요 은덕을 갚는 도리이므로, 음식을 대하면 반드시 천지에 고하여 그 은덕을 잊지 않는 것이 근본이 됩니다.[17]

'식고'는 밥 먹을 때 천지에 고하는 의식(儀式)이다. 일종의 감사기도이다. 밥 한 그릇도 천지의 은덕이며, 내가 태어나고 숨 쉬는 것 또한 천지부모의 은덕이기 때문에 먹기 전에 감사를 드리고, 또 그 음식으로 천지부모를 받드는 것이다. 여기서 반포(反哺)란 '도로 먹인다'는 뜻으로, 자식이 커서 부모의 은혜를 갚는 것을 의미한다. 식고는 하늘과 땅과 이웃으로부터

---

17 『해월신사법설』, 「천지부모」, "人知天地之祿則 必知食告之理也 知母之乳而長之則 必生孝養之心也 食告反哺之理也 報恩之道也 對食必告于天地 不忘其恩爲本也."

받은 생명의 양식을 다시 갚는 보은(報恩)의 행위이다. 자기 안에 계시는 한울님에게 생명인 밥을 올리는 일이기 때문이다.

생명과 영적 활력으로 가득 찬 공간

이처럼 천지를 부모로 인식한 해월은 "우주에 가득 찬 것은 도시 혼원한 한 기운이니, 한 걸음이라도 감히 경솔하게 걷지 못할 것"[18]이라며 천지를 생명과 기운, 영적 활력으로 가득 차 있는 공간이자, 그 자체로 살아 있는 존재로 인식하면서 외경(畏敬)해야 한다고 설파했다. 지금 사람들이 별다른 죄책감 없이 '지구 어머니'의 피와 살을 파헤치고 있는 것과는 대조적이다.

해월은 눈에 보이는 창공이 곧 한울이 아님을, 오감으로 감지되는 물질적 세계 너머에는 생명의 세계가 있음을, 그리고 더 근원적으로는 살아 있는 의식의 세계가 있음을 가르치고자 했다.

천지는 한 기운 덩어리입니다. 천·지·인은 모두 한 이치기운일 뿐입니다. 사람은 바로 한울 덩어리이며, 한울은 바로 만물의 정기입니다. 푸르고 푸르게 위에 있어 일월성신 해와 달과 별들이 걸려 있는 곳을 사람이 다 한울이라 하지마는, 나는 홀로 한울이라고 하지 않습니다. 알지 못하는

---

18 『해월신사법설』, 「성경신」, "宇宙間 充滿者 都是渾元之一氣也 一步足 不敢輕擧也."

사람은 나의 이 말을 깨닫지 못할 것입니다.[19]

천지는 단지 물리적 공간으로서의 창공(蒼空)과 땅을 가리킨 것이 아니라, 무한한 생명력과 신성함으로 가득 찬 에너지의 장(場)이다. 그리고 사람과 만물은 그 기운이 응축되어 생명으로 드러난 것이다. 그러므로 천지인이 하나의 이치기운으로 꿰뚫어져 있다고 말한다. 여기서 '이치기운'이라는 표현에 주목할 필요가 있다. 리(理)와 기(氣)를 둘로 나눠 보지 않고 일원적으로 보는 것이다. 이기가 통합되어 있는 것이 한울이며, 사람 역시 이 이기가 통합된 한울로부터 생성된 존재이다.

인간은 고립된 원자적 존재가 아니라 천지 기운 안에서 하나로 연결되어 있는 존재이다. 해월은 이를 마치 물고기가 물 속에서 살 듯 우리는 신성한 생명의 에너지로 충만한 우주적 음수(陰水) 속에 살고 있다고 표현하기도 했다.[20] 이는 우리가 살고 있는 이 공간이 비어 있는 것이 아니라 사람의 오감으로는 감지되지 않지만, 생명의 기운과 에너지로 가득 차 있으며, 이 기운 속에서 모든 존재가 연결되어 있다는 뜻이다. 한 마디로, 나의 기운은 천지의 기운과 연결되어 있는 것이다.

---

19 『해월신사법설』, 「천지인 · 귀신 · 음양」, "天地一氣塊也. 天地人都是一理氣而已 人是天塊 天是萬物之精也. 蒼蒼在上日月星辰所係者人皆謂之天 吾獨不謂天也. 不知者不能覺斯言矣."
20 『해월신사법설』, 「천지이기」, "水有陰水陽水也 人能見陽水不能見陰水也 人之在於陰水中 如魚之在於陽水中也 人 不見陰水 魚不見陽水也 確徹大悟然後 能睹此玄妙之理也."

나의 한 기운은 천지 우주의 원기와 한줄기로 서로 통했으며, 나의 한마음(一心)은 한울님 조화의 작용에 의해 함께 운용되는 것이니, 그러므로 한울이 곧 나며 내가 곧 한울입니다. 그러므로 기운을 사납게 하는 것은 한울을 사납게 하는 것이요, 마음을 어지럽게 하는 것은 한울을 어지럽게 하는 것입니다.[21]

인간과 천지가 연결되어 있으므로, 우리는 천지로부터 기운을 일방적으로 받기만 하는 것이 아니라, 우리의 기운이 천지에 영향을 줄 수도 있다. 나의 사나운 기운은 한울을 사납게 하며, 나의 맑은 기운은 한울을 맑게 할 수도 있는 것이다. 이처럼 인간의 기운과 천지의 기운은 서로 주고받는 상호적 교응 관계에 있다.

천지는 살아 있다

해월은 천지를 생명과 에너지, 영적활력으로 가득 찬 공간으로 볼 뿐만 아니라, 마치 의지를 가진 하나의 영적 실재로 보고 있다. 영적 실재로 본다는 것이 초월적 상제나 최고신처럼 본다는 뜻은 아니다. 천지는 하나의 기운이지만, 그 자체가 살아 있는 우주생명, 우주의식이라는 의미이다.

---

21 『해월신사법설』,「기타」," 我의 一氣 天地宇宙의 元氣와 一脈相通이며, 我의 一心이 造化鬼神의 所使와 一家 活用이니, 故로 天卽我이며 我卽天이라. 故로 氣를 暴함은 天을 暴함이요, 心을 亂함은 天을 亂케 함이니라."

크도다, 천도의 영묘함이여! 일에 간섭치 아니함이 없으며 만물에 있지 아니함이 없으니, 모든 형상이 다 천도의 표현입니다. 지금 어리석은 풍속이 산에 빌며 물에 빌어 복을 비는 자 또한 기이한 증험이 없지 않으니, 이것은 천지의 영묘가 어느 곳에든지 비추지 아니한 바 없는 것입니다.[22]

해월은 모든 형상이 다 천도의 표현이라고 본다. 또 그는 "어찌 홀로 사람만이 입고 사람만이 먹겠는가. 해도 역시 입고 입고, 달도 역시 먹고 먹습니다."라고 하면서 천지가 살아 있는 것으로 본다. 그래서 신일철은 "자연관에 있어서 최해월은 대자연을 결코 죽은 물질로 보거나 유물론적 또는 기 철학적인 오행의 결합으로 된 속된 자연으로 보지 아니하고 오히려 자연의 오묘함에서 시천주를 각득하였다."[23]고 평가하였다.

앞에서도 언급했듯이 최근의 신과학에서는 우주를 하나의 신성한 모체(Divine Matrix)로 보면서 인간의 의식과 감정에 반응하는 존재로 그리고 있기도 하다.[24] 천지가 마치 거대한 하나의 사물인터넷처럼 인간에게 반응한다는 것이다. 만약 내가 속해 있는 땅이, 공간이 그냥 물질 덩어리가 아니라 나의 생각과 감정에 반응하는 하나의 우주지성이라고 한다면 어떻겠는가? 마치 동화나 어린이 영화에서나 있을 법한 이야기인데, 어쩌면 이것이 진실에 더 가까운 이야기일지도 모른다는 것이다.[25]

---

22 『해월신사법설』, 「기타」.
23 신일철, 「해월 최시형의 侍와 敬의 철학」, 『해월 최시형과 동학사상』, 예문서원, 1999, 105쪽.
24 그렉 브레이든 지음, 김시현 옮김, 『디바인 매트릭스』, 굿모닝미디어, 2008. 참조.
25 잘 알려져 있듯이 제임스 러브록은 〈가이아〉 이론을 통해 지구를 살아 있는 거대한

천지를 살아 있다고 생각하는 인식의 전환은 삶에서 매우 중요한 의미를 갖는다. 천지를 하나의 우주생명으로 본다면 천지는 나의 생명의 근원일 뿐 아니라, 나는 그 천지와 지금도 끊임없이 의식적, 감정적, 에너지적 교감을 주고받으면서 살아가는 존재인 것이다. 인간은 실존철학에서 흔히 언급되듯이 무의미하게 '내던져진 존재'도 아니고, 고립된 섬도 아닌 것이다. 인간은 천지와 더불어 세계와 역사를 공동으로 만들어가고 있는 공역자(共役者), 공동창조자일 수 있는 것이다.

진정으로 내가 밟고 있는 땅이 살아 있다고 느낀다면, 실제로 내가 속한 공간이 그냥 텅빈 공간이 아니고 나의 생각과 감정에 반응하는 존재라면, 우리의 삶은 아마도 엄청 달라질 것이다. 우선 고립감이나 외로움, 정신적 소외, 불안과 같은 어려움에서 벗어나, 부모의 품에 안긴 듯한 안도감과 평화를 느낄 수 있을 것이다. 또한 나의 생각과 감정을 다스림으로써 나의 운명을 스스로 창조하는 사람이 될 수 있을 것이다.

또한 우주가 그 자체로 어떤 위대한 힘과 높은 의식을 가진 하나의 우주생명이라면, 한 인간의 태어남은 단지 우연한 사건이 아니라, 우주적 섭리에 의한 필연적 사건이라고 볼 수 있을 것이다. 지금 우리가 살고 있는 것 역시 우연한 일이 아니라 우주적 힘과 원리의 끊임없는 감응과 보살핌 속에서 살고 있다는 이야기가 가능해질 것이다. 어쩌면 원래 수운이 밝히고자 한 것도 다름 아닌 이 우주적 힘과 연결되는 삶, 그리고 내 안의 우주생명과 연결되는 삶이 아니었을까? 그렇기에 해월은 '천지부모'의 사유를

생명으로 보는 과학적 입장을 내놓기도 했고, 물리학자 장회익 교수는 우주를 하나의 살아 있는 큰 생명이라는 뜻에서 '온생명' 개념을 제창하기도 하였다.

자신의 창안이라고 하지 않고 스승으로부터 나온 것이라고 한 것이 아니었을까?

감각적 차원에서의 근본적 변화

그런데 여기서 해월의 천지부모의 사유의 형성은 한갓 이성적 추론에 의해 나온 것이 아니라, 그의 지독한 수련을 통한 깊은 종교적 경험, 즉 근본경험에서 나왔다는 점이 강조될 필요가 있다. 해월은 쫓기는 와중에서도 시간이 나면 49일 수련을 수시로 하였다. 일정한 거처가 없어 때론 도인 집에서 때론 절간을 빌려 49일 수련에 정진했다. 그런 수련을 통해 해월은 자연 속에서 한울님의 신비와 현존을 깊이 느끼며 안도했고 평화를 찾았을 것이다.(心和氣和) 동시에 지칠 줄 모르는 실천궁행의 힘을 얻었을 것이다. 이규성은 여기에 대해 다음과 같이 언급하고 있다.

> 자연에 대한 이러한 긍정에 의거한 우주적 심정은, 신성을 표현하면서 펼쳐져 있는 자연 경관 속에, 사물과 인간의 존재가 공동으로 귀속하고 있음을 경험한다. 이러한 경험에 자연 존재에 대한 진정한 긍정의 윤리가 근원하고 있다. 이 근원적 경험이 진정한 사회-윤리적 관계의 산실이다. 최시형이 체험한 근본 경험은 실천적 능동성을 가지고, 존재의 부정에 기초

한 시대의 어두운 폭력성에 저항하는 빛이었다.[26]

이처럼 해월의 천지부모의 사유는 단지 이성적 사유에서 나온 것이 아니라, 깊은 종교적 수련과 체험에서 나왔으며, 그것은 한울님이 늘 옆에 계신 것처럼 느끼는 현존의 경험이었다.[27] 그리고 이러한 경험은 시대의 어두운 폭력성에 저항하는 빛으로서 강력한 윤리적 결단과 실천을 촉구하는 생명사상으로 나아갔던 것이다.

그에게 자연은 산과 강과 들로 이루어진, 많은 부분이 텅빈 창공으로 이루어진 그런 물리적 세계가 아니었다. 그에게 자연은 생명의 끊임없는 유동과 숨겨진 높은 의식적 차원들과 빛나는 신성으로 가득 찬 살아있는 세계였다. 심지어는 그 안에 있는 작은 돌멩이 하나, 풀 한 포기에도 생명과 의식이 잠복해 있는, 그 자체로 존중받아야 할 아름답고 거룩한 '님'이었다. 그에게 생물, 무생물이라는 구분은 무의미한 것이었다. 더 본질적인 차원에서 그들은 비록 아직 드러나지 않았다 하더라도 그 안에 생명과 의식과 신성(神性)을 함유하고 있는 '한울님'이었다.

눈에 보이는 물리적 세계보다 더 리얼한 세계가 있다. 드러난 물리적 대상들의 이면에 엄연히 실재하면서 그 가시적 대상들을 드러나게끔 하는 보이지 않은 힘이자 그 배경이 되는 공간이자 장(場)인 세계가 있다. 우리는 흔히 사물과 사물 사이를 텅빈 공간으로만 인식한다. 하지만 어떤 측면에서는 눈에 보이는 사물보다 더 리얼하게 실재하면서 가시적 영역에

---

26 이규성, 『최시형의 철학』, 이화여대출판부, 2011, 34쪽.
27 김춘성, 「해월 사상의 현대적 의의」, 『해월 최시형과 동학사상』, 예문서원, 1999, 59쪽.

실질적인 규정력을 행사하는 것은 그 사물과 사물 사이의 공간이다. 그리고 그 공간은 실제로 비어 있는 것이 아니라 어떤 힘으로 가득 차 있는 에너지의 장이자, 생명의 장이다. 이 공간은 산소, 질소, 이산화탄소 등의 물리화학적 화합물들도 존재하지만, 그 외에도 햇빛과 달빛, 바람, 새소리, 꽃향기 등 온갖 생명의 자취로 가득하다. 이 공간이야말로 모든 가시적 현상들을 가능하게 하는 비가시적 실재이며, 만물의 근본적 배경으로서 혼원한 기운이며 모든 생명의 근원으로서 천지부모라는 것이 바로 해월의 근본적 자각이었다. 그는 그것을 머리로서가 아니라 그 실재와 하나로 연결되는 현존을 경험함으로써 체득했던 것이다.[28]

지금까지 살펴보았듯이 해월의 '천지부모' 사상이야말로 모든 환경운동의 헌장이라고 할 수 있다. 실제로 여러 환경단체의 행사에서 「천지부모」가 낭독되기도 한다. 세계적 신학자이자 불교철학자이기도 했던 길희성은 '아시아적 자연주의'에 주목하면서 한국의 사례로 해월을 다음과 같이 언급한 바 있다.

> 해월의 보편적 공경의 윤리는 환경문제에 대한 도덕적 접근을 훨씬 넘어선다. 자연 안의 모든 존재에 대한 근원적 차원에서의 공경심 없이는 우리 안에 자리 잡은 뿌리 깊은 인간중심주의를 극복하지 못한다고 그는 말

---

28 주요섭은 생명은 본래 움직임이며, 감응하고 감동하는 것이며, 따라서 보이지 않는 생명의 흐름에 대한 느낌, 감응 등의 정동적 차원이 중요하다고 역설한다. 그런데 오늘날 생명운동에는 그러한 느낌-생각, 정동이 없다고 비판하면서 '가치의 생명운동'과 다른 '감응의 생명운동'을 주창하고 있다. (주요섭, 『한국 생명운동과 문명전환』, 도서출판 풀씨, 2023.)

했을 것이다. 인간이 자연의 하찮은 존재들까지 공경하는 겸손을 배우지 못한다면 오늘 인류가 처한 위기의 극복은 어려울 것이라고 경고했을 것이다. 심층생태학(deep ecology)은 우리에게 다가올 대재난이 단지 기술적인 자원 관리의 차원을 통해 해결될 성질의 것이 아님을 계속해서 상기시켜주고 있다. 마음의 근본적 변혁, 삶의 양식의 혁명적 변화를 요청하고 있다는 것이다. 이를 위해서는 자연의 성스러운 깊이를 느끼는 근원적 감성의 회복과 세계의 재주술화(re-enchantment of the world)가 필수적 전제가 될 것이며, 아시아 자연주의에 대한 진지한 참여적 관심은 이를 향한 중요한 걸음이 될 수 있을 것이다.[29]

우리에겐 우주와 인간, 생명에 대한 새로운 관점, 아니 통합적 관점이 필요하다. 해월에게 천지자연은 비어 있는 공간도 아니고, 기본 입자들의 단순한 물리적 총합도 아니며, 그 자체로 살아있는 우주적 생명이자, 모든 만물을 낳는 생명의 근원, 영적 활력과 기운으로 가득 차 있는 유기적 생명체일 뿐 아니라 받들어 모셔야 할 '님'이었다. 또한 그 '님'은 나의 마음과 기운에 감응하는 한울기운이기도 하다. 따라서 우리에게 늘 마음과 기운을 바르게 하는 실천을 요구하는 감응적 주체이기도 했다. 이러한 천지자연에 대한 인식의 전환이야말로 "마음의 근본적 변혁, 삶의 양식의 혁명적 변화."를 이끄는 중요한 첫 걸음이라고 할 수 있다.

---

29 길희성, 「Asian Naturalism : An Old Vision for a New World」, 『學術院論文集(人文·社會科學篇)』 第49輯1號, 別冊, 2010, 20쪽.

제2장 마음이 한울이다
—해월의 신관

신은 이 우주를 창조하고, 저 하늘나라에 초월적으로 계신 인격적 절대자가 아니다. 또한 그가 정한 율법과 교리에 따르는 사람에게만 구원을 주고, 인간의 행위에 따라 상벌을 내리는 그런 선악의 감시자가 아니다. 이 우주 자체가 애초에 우주적 의식의 펼쳐짐이며, 우주적 생명의 향연이다. 이 우주에 가득 찬 우주생명, 우주의식이 바로 신이다. 그리고 그 신은 인간 행위의 심판관이 아니라, 인간의 마음 상태에 반응하는 우주적 에너지이자 우주적 파동이다.

신은 존재하는가?

어릴 때부터 필자의 최대 관심사는 신(神)의 존재 여부였다. 중2부터 교회를 다니기 시작하면서 절대자에 대한 믿음을 키워 갔지만, 확신하지 못했다. 고등학생이 되면서 기독교의 구원에 대한 의구심이 커졌다. 당시 목사님은 교회를 다니는 사람에게만 구원이 있다고 했다. 십일조를 지키는 것도 중요한 기준이라고 했다. 하지만 당시 교회 다니는 사람들 중에서도 앞뒤가 다른 사람들이 많이 보였다. 반대로 믿지 않는 사람들 중에서도 훌륭한 인물들을 얼마든지 찾을 수 있었다. "만약 신이 있다면 구원의 기준은 인간의 진실성과 선한 마음이 기준이 되어야지, 교회를 다니는 여부로 결정될 수 있는 것인가." 라는 생각이 들었다.

대학에 와서도 개신교단을 두루 경험하면서 그때마다 목사님에게 질문을 던졌지만, 속시원한 답을 얻지 못했다. 2학년이 되면서 기독교를 넘어 다른 종단들에도 관심을 가지고 기웃거리기 시작했다. 그러나 진리에 대한 갈증은 더 심해지기만 했다. 이 갈증이 나를 철학과 대학원으로 이끌었다. 물리학을 공부하던 과학도가 전공을 동양철학으로 바꾼 것이다. 물리학은 세계를 구성하고 있는 물질의 기본구조를 탐구하고 사물들 간의 힘의 상호작용을 탐구하며, 세계를 수와 양으로 기술하려고 하는 학문이라고 할 수 있다. 그런데 어느 순간 세계는 수와 양으로 다 기술할 수 없는 질적인 부분이 있다는 것을 알게 되었다. 비트겐슈타인의 영향이기도 했다.

대학원에 진학한 해는 1991년, 일명 분신정국이었다. 대학생들이 대학 건물 옥상에서 기름을 끼얹고 몸을 불사르고 민주주의를 외치며 죽어갔다. 충격적이었다. 당시 나는 인문대학 옥상에 위치한 대학원실에서 거의 숙식을 하다시피 했기 때문에, 이 일이 남의 일 같지 않게 느껴졌다. 게다가 1층 로비에는 분향소가 늘 차려져 있었다. 나는 또래 학생들의 죽음에서 뭔가 부끄럽기도 하고, 표현할 수 없는 분노감이 치밀어 내가 믿었던 신에게 절규했다; "당신은 어디 계시냐고? 왜 당신은 세상의 불의에 침묵하시느냐고?"

이런 절규 끝에 나는 길을 떠났다. 진리는 책에 있는 것이 아니라는 생각이 들었다. 매우 절박한 심정이었고, 심리적으로 매우 예민한 상태였다. 그래서인지 공중에서 어떤 신비한 소리를 듣기도 하고, 지리산에서 어떤 도인을 만나 몇 달 동안 기(氣) 수련을 지도받기도 하였다. 그리고 그 길의 끝에서 동학을 만나게 되었다. 거기서 나의 평생 스승을 만났다. 그분의 말씀을 들으며 나는 그동안 갈급했던 신에 대한 궁금증이 눈처럼 녹는 것을 느꼈다. 신은 많은 명칭으로 불린다. 신에 대한 이해는 일의적이지 않으며, 그 사람의 의식 수준에 따라 달라진다. 그래서 비록 신의 음성을 듣는다 하더라도 곧이곧대로 받아들여서는 안 된다. 그리고 나중에야 알았다. 20세기 최고의 신학자 존 힉(John Harwood Hick, 1922-2012)도 비슷한 말을 했다는 것을; "신은 많은 이름을 가졌다."

서양의 신(神)과 동양의 천(天)

신은 존재하는가? '마음'이란 무엇인가? 마음보다 더 깊은 차원의 '참나' 또는 '영혼'이라는 차원이 있는가? 죽는다는 것은 무엇인가? 과연 영생(永生)이라는 것이 가능한가? 누구나 한 번쯤은 품어 보았겠지만 쉽게 꺼내기 힘든, 그리고 답을 구하기도 어려운 질문이다. 철학에서 이런 질문은 형이상학과 존재론, 종교철학, 심리철학 등에서 다루지만 그렇다고 명확한 답이 있다고 보기도 어렵다. 하지만 개인적 삶에서 가장 궁금한 가장 본질적인 의문이라고 할 수 있다.

동아시아 문명권에서는 '신'(神)이라는 명칭 대신 '상제'(上帝)나 '천'(天) 같은 용어를 썼다. 원래 동아시아 문명권에서 '하늘'(天)은 '땅'에 대비된 공중의 '하늘'만 가리키는 말이 아니다. '하늘'(天)이란 용어만으로도 '인격천으로서 상제'를 가리키기도 하고(상제천), 또 운명을 가리키기도 하고(운명천), 도덕의 근원을 가리키기도 하고(의리천), 이법으로서 하늘(이법천)을 가리키기도 한다.[1]

동아시아에서의 '천'은 최고신에 해당될 수는 있어도 유일신은 아니었다. 이 시대 최고의 종교학자이자 베스트셀러 작가인 카렌 암스트롱(Karen Armstrong)이 잘 지적하고 있듯이, 유일신앙은 인류문명사에서 특이한 케이스였다고 할 수 있다.[2] 그것은 기원전 6세기 이스라엘, 팔레스타인 지역에서 형성된 것이다. 중국과 인도는 말할 것도 없고 본래 유럽문명의 발상

---

1 풍우란, 『중국철학사』, 까치글방, 1999, 61쪽.
2 카렌 암스트롱, 『축의 시대』, 교양인, 2013, 119-124쪽 참조.

지라고 할 수 있는 그리스에서도 신은 하나가 아니었다. 그리스 신화에 잘 나타나 있듯이 자연을 다스리고 인간 삶의 주요한 부분을 관장하는 수많은 신들이 등장한다. 그리고 이들은 가족적인 계보로 연결되어 있는 경우가 많았다. 또 지역을 관장하는 신들이 있었다. 흥미로운 점은 정치적 통합 과정이 신들의 통합 과정이기도 했다는 점이다.

반면 '신'(神)이라는 용어는 '철학'과 '종교' 등의 용어와 같이 19세기 말에 영어의 God을 번역하기 위해 만든 용어이다. 그 이전에 '신'(神)은 '신령한', '신묘한'이란 의미의 형용사로 주로 사용되었다. 지금은 '신'이라고 하면, 기독교의 하느님을 가장 먼저 떠올리지만, 사실 인류 문명에서는 다양한 '신'에 대한 관점이 존재했다. 그러므로 '신은 존재하는가?'라는 질문에 앞서 어떤 '신'을 상정하고 있는지에 대한 개념 정의가 선행되어야 한다.

스티븐 호킹의 『위대한 설계』

아인슈타인 이후 최고의 천재 물리학자로 불리는 스티븐 호킹은 그의 마지막 저서 『위대한 설계』(The Grand Design)에서 "신이 우주를 창조하지 않았다."라고 주장해 세계 과학자들과 종교인들의 격렬한 논쟁을 불러일으켰다.[3] 스티븐 호킹은 신의 존재를 상정하지 않아도 지금의 우주를 물

---

3 스티븐 호킹, 레오나르드 믈로디노프 지음, 전대호 옮김, 『위대한 설계』, 까치, 2010.

리적으로 잘 설명할 수 있다는 것을 설득력 있게 제시한다. 이 책의 미덕은 대중적 언어로 현대물리학의 최신 이론들을 접할 수 있다는 데 있다.

그렇지만 이 책은 우주의 설계자인 신(神)이 없어도 우주를 설명할 수 있다는 것을 말하고 있을 뿐, 신이 우주를 창조하지 않았다는 것을 증명하고 있는 것은 아니다. 이를 살인사건을 예로 들어 비유해 보면 좀 더 명확해진다. 살인사건을 해결하는 데는 두 부류의 사람이 필요하다. 하나는 검시관이다. 검시관은 해부를 통해서 죽음의 물리적 원인, 즉 사인(死因)과 타살 여부, 사망 시각 등을 밝히는 역할을 한다. 하지만 그것으로 범인을 곧바로 잡을 수 있는 건 아니다. 또 다른 사람이 필요하다. 바로 경찰이다. 범인을 잡기 위해서는 경찰의 수사가 반드시 필요하다. 경찰은 죽음의 물리적 원인 외에 주변 인물들과의 원한관계, 애정관계, 금전관계 등을 조사함으로써 사건의 핵심적 원인을 밝힌다.

마찬가지로 우주와 생명의 기원을 물리적으로 설명할 수 있다고 해서 우주와 생명이 다 규명된 것은 아니다. 여전히 빅뱅이라는 대폭발이 왜 138억 년 전에 갑자기 일어났는지, 왜 물질에서 생명이라는 독특한 현상이 나타날 수 있었는지, 또 생명에서 정신이라는 또 다른 현상이 나타날 수 있었는지에 대해서는 아직 해명이 안 되고 있다.

게다가 스티븐 호킹은 기독교 문명에 한정해서 신을 논하고 있다. 그가 비록 창조주의 존재를 부정하고 있지만, 앞에서 언급한 것처럼 다른 문명권에는 다양한 신(神)에 대한 관점이 존재한다. 김경재는 "인류 종교사 속에 나타난 다양한 유일신 이름들(야훼, 알라, 브라만, 도, 하늘님 등)은 신비 자체, 진리 자체, 존재 자체이신 언표 불가능한 절대 포괄자로서의 '궁극적 실재'가 구체적인 인간 공동체들의 '삶의 자리', 곧 그들이 처한 정치적 · 문화적 · 자연 환경적 맥락 속에서 계시된 '궁극적 실재'를 이해하고 응답한 해석학적 반응"4이라고 했다.

따라서 스티븐 호킹이 "신이 우주를 창조하지 않았다."라고 한 언급은 자신들 문명권의 신이 유일한 신인 것처럼 착각한 데서 나온 것이다. 전형적인 '유럽 중심주의'의 사고이다. 그는 기독교적 신관에 갇혀 있을 뿐 아니라, 과학으로 모든 것을 설명할 수 있다는 과학적 환원주의에서 벗어나지 못한 것이다.

동아시아의 '천' 개념의 변천

앞에서 잠깐 언급한 것처럼, 서양의 신(神) 개념에 해당하는 동아시아의 '천'(天)의 개념은 중국 고대에서부터 매우 다의적으로 쓰여 왔다. 주로 '자연천', 상제천의 개념으로 쓰이던 '천'은 주나라에 와서 인격성이 약화되는 반면 '천명'(天命)이라는 정치적 함의와 함께 하늘의 명을 대리하는 '천자'(天子)의 수양을 강조하는 도덕적 함의를 가지게 되었다.5

앞에 잠깐 언급했던 카렌 암스트롱은 좀 더 재미있는 해석을 하고 있는데, 원래 천(天)이란 개념은 주(周)나라가 믿던 신의 명칭이고, 상제(上帝)는 상(商)나라에서 믿던 최고신의 명칭이었다는 것이다. 그런데 주나라가 상나라를 무너뜨리고 나서 이 두 개념을 통합해 '상제천'이라는 명칭이 생

---

4 김경재, 『이름 없는 하늘님』, 삼인, 2002, 88쪽.
5 김충열, 『중국철학사1-중국철학의 원류』, 예문서원, 1994, 30-39쪽.

겼다는 것이다.⁶ 정치적 통합의 과정은 신들의 통합을 수반한다는 전형적인 사례를 보여주고 있다. 다만 다른 지역과의 차이점은 보통의 경우 복속된 지역의 신을 정복한 지역의 신 아래로 두는 데, 주나라의 경우에는 수평적 통합이 일어났다는 점이다.

한대(漢代)에 와서 동중서(董仲舒)는 음양오행설과 유학을 결합하여 '인간이 하늘에 순응한다'는 기본 관념 아래 '천인감응설'(天人感應說)을 제기하고, 또 군주의 실덕(失德)에 따라 하늘의 견책(譴責)이 따른다는 '천견설'(天譴說)을 주장하여 군왕의 도덕적 반성을 촉구하기도 하였다.

그러나 송대(宋代) 이후는 '천'을 주로 형이상학적으로 해석하였다. 성리학은 자연에 대한 원리적 이해를 강화하면서, 만물을 생성시키는 존재 원리로서 '리'(理)를 강조하였다. 성리학자들은 태극(太極)을 리로 보면서, 태극이 우주의 궁극적 원리라고 하였다. 자연이 태극이라는 궁극의 리로 생성된다고 이해하는 것은 천제(天帝)의 존재를 부인하는 사고로 연결되었으며, 천(天) 마저도 리(理)의 개념 아래에 놓고 해석하게 되었다. 한때 최고신을 의미했던 '천'(天) 개념이 성리학자들에 이르러 '태극'(太極)이라는 '리'(理) 개념으로 대체되면서, 천에 대한 관념은 '이법천'(理法天)으로 변하게 되었던 것이다.⁷

조선 성리학에서의 천 관념은 대체로 정주(程朱) 성리학(性理學)의 이해를 계승하지만, 중국학자들에 비해 인격적 의미가 조금 더 강한 것으로 알

---

6   카렌 암스트롱 지음, 정영목 옮김, 『축의 시대』, 교양인, 2010, 69쪽.
7   윤사순, 「유학의 자연철학」, 『조선 유학의 자연철학』, 예문서원, 1997, 37쪽.

려지고 있다.⁸ 하지만 여전히 이법천의 틀 안에 있었다. 그러나 조선 후기로 오면서 성리학적 이기론의 틀에서 벗어나고자 했던 일부의 학자들은 서양의 영향을 받아 천(天)을 물리적 자연으로 이해하기도 하였다. 그런가하면 사회적 혼란에 따라 이법천의 관념으로는 도덕의 원리를 세우기가 어렵다고 판단한 정약용(丁若鏞)은 초기유학의 상제천(上帝天)을 부활시킴으로써 무력화된 리(理)를 대신하고자 하기도 하였다.⁹

동학은 철학인가, 종교인가?

가끔 사람들이 "동학은 철학인가, 종교인가?" 라고 묻는 경우가 있다. 그런데 이런 질문 자체가 문제적이다. 이런 질문은 대개 서양의 학문 기준으로 묻는 것이다. 유학과 불교, 도교와 같은 동양의 학문들은 딱히 어느 하나에 속한다고 답변하기 어렵다. 철학이면서 종교이기도 하다. 이 양 측면을 다 가지고 있다. 동학도 마찬가지다. 철학이면서 종교이고, 종교이면서 철학이다.

오늘날 종교가 제 역할을 못해서 종교에 대한 부정적 인식이 많긴 하지만, 종교의 본래 가르침은 '자기 비움'과 타자에 대한 공감을 바탕으로 한 사랑과 자비의 실천이 그 핵심이다. 카렌 암스트롱은 "종교의 핵심은 깊

---

8 유초하, 「조선 유학의 하늘 개념에 담긴 관념성과 인격성」, 『조선 유학의 자연철학』, 예문서원, 1998.
9 유권종, 「茶山의 천관」, 『정약용』, 고려대 출판사, 1990.

은 수준에서 자신을 바꾸는 행동을 하는 것"이며, "인간 의식의 한계를 밀고 나가 인간 존재의 내면 깊은 곳에서 초월적 차원을 발견"[10]하는 것이라고 하였다. 그런 점에서 원래 종교는 삶의 근본을 놓치고 비본질적 삶에 매몰되어 있는 무지와 어둠을 구제하는 순수한 지혜이자 빛이었다.

따라서 동학을 철학으로 볼 수도 있지만, 종교의 관점에서도 바라볼 필요가 있다. 특히 동학은 1860년 수운의 결정적인 '한울님 체험'으로 탄생하였다. 여기서 '한울님'에 대한 이해가 절대적으로 중요하다. 철학자 김용옥은 2021년 두꺼운 두 권짜리 『동경대전』 주해서를 내면서, 동학은 단순히 한국사상사에서만 의미가 있는 것이 아니라 세계철학사에서도 동서를 회통시킨 탁월한 사상이며, 인간의 잘못된 생각과 그로 인해 발생하는 문명의 폐해를 극복할 수 있는, 인류가 만들어낸 가장 탁월한 사상체계라고 역설하고 있다. 그리고 "이 대도의 실현은 서구적 신관의 파기에서만 가능"하다고 하면서, 동학을 통해서 서양의 우월성, 과학과 자본주의의 예속된 서구적 근대를 넘어서 새로운 문명의 단초를 열 수 있다고 하였다.[11] 이 말은 동학에 서구적 신관을 넘어선 가능성이 있다는 것이며, 이러한 동학의 새로운 신관과 형이상학이 새로운 문명의 단초가 될 수 있다는 뜻으로 이해된다.

---

10 카렌 암스트롱, 앞의 책, 서문 참조.
11 김용옥, 『동경대전 - 나는 코리안이다』, 통나무, 2021, 11-12쪽.

수운이 만난 한울님

수운은 그의 『동경대전』에서 주문(呪文) 21자를 직접 풀이하면서 유독 '천'(天) 자에 대해서는 풀이하지 않았다. 아마도 '천'은 언어로 풀이되거나 규정될 수 없는 것이라고 생각했기 때문이 아닌가 한다. '천'을 규정하지 않았다는 점, '천의 무규정성'이 매우 중요한 의미가 있다.

수운에 있어서도 '을묘천서'(乙卯天書) 체험 이전까지 '천' 이해는 앞에서 언급한 성리학의 '천' 개념에서 크게 벗어나지 않은 것으로 보인다. 을묘천서는 1855년 수운이 울산 여시바윗골에 머물고 있을 때 금강산에서 온 이인(異人)으로부터 받았다는 책을 가리킨다. 이 체험이 현실의 사건이었는지 여부는 분명하지 않지만, 수운에게 이 사건이 중요한 계기가 된 것은 분명하다. 이 사건을 계기로 공부법이 달라지기 때문이다. 특히 '천'에 대한 인식의 전환이 일어난다. 그때까지만 해도 '천'은 '이법천'의 개념이었지, 섬겨야 할(事天) 대상은 아니었다. 그런데 '을묘천서'의 체험 이후 비로소 '천'을 기도의 대상으로 인식하기 시작하였던 것 같다.

수운은 이 체험을 한 이듬해(1856) 양산의 천성산에 들어가 하늘에서 가르침을 내려주기를 빌며 49일 기도를 하였다. 이렇게 수차례 49일 기도를 하면서 여러 신비체험을 하게 되지만, 결정적으로 세상을 건질 대도(大道)를 통하지는 못하였다. 몇 가지 영적 체험만으론 세상을 구원할 방도를 찾았다고 자신할 수 없었던 것이다. 그렇게 답답해하던 중, 생계를 위해 여기저기 돈을 빌려 시작한 철점이 파산하게 되었다. 사십 평생 하는 일마다 어그러지고 이룬 것은 하나도 없이 길바닥에 나 앉게 된 것이다. 더 이상 울산에 머물 수 없게 된 수운은 마침내 가족들을 이끌고 비참한

심정으로 고향 경주 용담으로 돌아오게 된다. 이후 도를 통하지 않으면 다시는 산에서 내려오지 않겠다는 각오를 다지고 죽을 힘을 다해 수도에 정진한다. 그렇게 해서 마침내 1860년 4월 5일 한울님의 음성을 듣고, 한울님과 문답을 주고받는 결정적인 신비체험을 하게 된다.[12] 이로써 수운에게 우주와 인간을 전혀 새로운 관점에서 바라보는 근본적인 전환이 일어난다.

수운의 한울님 체험은 경신년 4월 5일 일회적으로 끝나지 않고 몇 달 동안 계속되었다고 한다.[13] 이 기간에 그의 한울님 관념은 몇 차례의 변화를 겪으며 한층 깊어진다. 처음에는 한울님을, 공중에서 말씀을 내리는 초월적이고 인격적인 절대자로서 체험했지만, 체험이 깊어지면서 한울님은 특정 장소에 어떤 형상을 가지고 존재하는 절대자가 아니며, 이 우주에 가득 차 있는 신령한 기운이면서, 동시에 우리 안에 모셔져 있는 거룩한 영이라는 것을 자각하게 된다.

수운의 한울님은 '한울'(天)에 대한 존칭으로서 '님'(主)을 붙인 것에 불과하다. 이는 우리 민족이 고대로부터 신앙해 온 '하늘님', '하늘님'과 다른 존재가 아니며, 기독교의 '하느님'과도 다른 존재가 아니다. 다만 그 이해가 확장되었을 뿐이다. 수운에게 한울님은 단순히 물리적 자연이나 천상에 계신 어떤 절대자가 아니라, 모든 존재의 근거이자, 만물의 근원적 실재이며, 신성한 에너지로 가득 찬 우주적 기운이며, 동시에 내 안의 깊은 차원에 내재하고 있는 거룩한 영이기도 하다. 그것을 수운은 시천주의 '내

12　윤석산 역주, 『초기동학의 역사, 도원기서(道源記書)』, 신서원, 2000, 19-39쪽.
13　이돈화, 『천도교 창건사』, 경인문화사, 1970, 15-16쪽.

유신령'(內有神靈), '외유기화'(外有氣化)라고 표현하였다. 모든 인간은 우주의 기운 속에서 태어나서 그 속에서 살며, 인간 안에는 우주적 영이 내재해 있다는 것이 수운의 깨달음이었다.

만물이 한울 아님이 없다

해월은 이러한 수운의 깨달음을 검곡동과 용담을 오가는 3년간의 만남을 통해 고스란히 전수받았다. 하지만 그것을 자기 것으로 만드는 데는 또 다시 7-8년에 걸친 눈물겨운 고난과 수도(修道) 과정을 거쳐야 했다. 그것도 삼엄한 도망 길에서 이루어진 것이었다. 해월은 이 기간 동안에 전수받은 동학의 진리를 삶에서 다시 검증하면서, 가슴 가장 깊숙한 곳에서 한울님의 현존을 체험하고 온몸이 떨리는 외경심을 느끼곤 하였다.

그런데 해월에 와서 한울님에 대한 관념은 또 다시 확장이 일어난다. 우선은 '물물천 사사천'(物物天事事天)의 범천론적(汎天論的) 사고로 확장된다. 또 수운에게는 없던 개념인 '천지부모'(天地父母)를 역설하기도 하고, 한편으론 '마음이 한울'이라는 '심즉천'(心卽天)의 사유로 나타나기도 한다. 이런 새로운 용어들은 '시천주'와 무관한 것이 아니라 시천주의 개념을 확장·심화하면서 나온 것임을 알 수 있다. 특히 '물물천 사사천'은 시천주를 만물에까지 확대 적용시킴으로써 나온 것이다.

우리 사람이 태어난 것은 한울님의 영기(靈氣)를 모시고 태어난 것이요, 우리 사람이 사는 것도 또한 한울님의 영기를 모시고 사는 것이니, 어찌 반드시 사람만이 홀로 한울님을 모셨다 이르겠습니까. 천지만물이 다 한울님을 모시지 않은 것이 없습니다. 저 새소리도 또한 시천주의 소리입니다.[14]

해월은 사람이 한울님의 영기(靈氣)를 모시고 태어나 살고 있지만, 사람만이 한울님을 모신 것이 아니라 천지만물이 모두 한울님을 모시고 살고 있다고 한다. 그래서 아침에 지저귀는 새소리도 천주(天主)를 모신 시천주의 소리라고 하였다. 수운도 만물의 화생을 지기(至氣)의 작용으로 보았지만, 그렇다고 만물에까지 한울님이 내재하고 있다고 말하지는 않았다. 해월은 스승 수운의 시천주를 만물에까지 적용시켜, 만물이 모두 시천주라고 한 것이다.

이렇게 시천주를 만물에까지 확대시키게 되니 만물 역시 한울님을 모신 거룩한 존재, 소중한 존재가 된다. 그래서 "만물 하나하나가 모두 한울이요, 일마다 한울"(物物天 事事天)이라고 했다. 만물 안에 한울이 모셔져 있을 뿐 아니라, 그 자체로 이미 한울이라는 것이다. 이는 시천주를 만물에까지 확대하였기 때문에 나올 수 있는 논리적 귀결이기도 했지만, 수련을 통해, 또 그렇게 해서 길러진 감수성을 통해 만물 속에 깃든 신비를 떨리는 감격으로 체험했기 때문이기도 했다.

---

14 『해월신사법설』,「영부·주문」, "吾人之化生 侍天靈氣而化生 吾人之生活 亦侍天靈氣而生活 何必斯人也 獨謂侍天主 天地萬物皆莫非侍天主也 彼鳥聲亦是侍天主之聲也."

마음이 한울이다

해월에게서 시천주는 밖으로는 만물에게로 확대되지만, 안으로는 인간의 본심(本心)과 합일되면서 천의 내재성이 강화된다. 여기서 발전된 사유가 '심즉천'(心卽天)이다. '심즉천'의 사유는 수운이 '오심즉여심'(吾心卽汝心, 네 마음이 곧 내 마음이다)을 언급하면서 천심(天心=吾心)과 인심(人心=汝心)의 상합(相合) 가능성을 언급한 데서 이미 그 단초가 보이긴 한다. 그렇다 해도 수운에게 있어서 '내유신령'은 엄연히 인간의 심과는 다른, 모셔야 할 '님'이었다. 그래서 수운은 내 몸에 모신 한울님을 마치 집에 계신 부모님처럼 섬기는 것이 '시천주'의 '주' 자의 의미라고 하였다.[15]

김경재는 '내유신령'에 대해 '내재적 초월자'[16]라는 표현을 쓰기도 했다. 그러나 해월은 '내유신령'을 이제 인간의 본심(本心)이라고 파악하고 있다.

> 마음은 어느 곳에 있습니까, 한울에 있습니다, 한울은 어느 곳에 있습니까, 마음에 있습니다. 그러므로 마음이 곧 한울이요 한울이 곧 마음이니, 마음 밖에 한울이 없고, 한울 밖에 마음이 없습니다. 한울과 마음은 본래 둘이 아니니 마음과 한울이 서로 화합해야 바로 시정지(侍定知)라 이를 수 있습니다. 마음과 한울이 서로 어기면 사람이 다 시천주라고 말할지라도,

---

15 『동경대전』 「논학문」. "主字, 稱其尊而與父母同事者也."
16 김경재, 「종교적 입장에서 본 현도 100년의 천도교」, 『동학학보』 제11호, 2006, 329쪽.

나는 시천주라고 이르지 않을 것입니다.[17]

마음이 한울에 있고, 한울은 마음에 있다고 한다. 한울과 마음이 본래 둘이 아니라는 것이다. 여기서 해월은 한울이 인간에게 들어와 있는 '내유신령'을 곧바로 인간의 본심으로 해석한다. 그런 의미에서 그는 '내유신령'이라는 표현보다는 '심령'(心靈)이라는 표현을 많이 쓴다. "몸은 심령의 집이요 심령은 몸의 주인"[18]이라고 했다. 인간의 본래의 마음이란 한울의 영이 들어와서 된 것이라는 의미이다. 여기서 심령은 인간의 감각기관에 의한 의식작용과는 구별된다.

심령은 오직 한울이니, 높아서 위가 없고 커서 끝이 없으며, 신령하고 호탕하며 일에 임하여 밝게 알고 물건을 대함에 공손합니다. 생각을 하면 한울 이치를 얻을 것이고, 생각을 하지 않으면 많은 이치를 얻지 못할 것이니, 심령이 생각하는 것이고, 육관(六官)으로 생각하는 것이 아닙니다. 심령으로 그 심령을 밝히면 현묘한 이치와 무궁한 조화를 가히 얻어 쓸 수 있으니, 쓰면 우주 사이에 차고, 폐하면 한 쌀알 가운데도 감추어지는 것입니다.[19]

---

17 『해월신사법설』, 「천지인·귀신·음양」, "心在何方 在於天 天在何方 在於心故 心卽天 天卽心 心外無天天外無心 天與心本無二物 心天相合 方可謂侍定知 心天相違則 人皆曰侍天主 吾不謂侍天主也."
18 『해월신사법설』, 「수심정기」, "身體心靈之舍也 心靈身體之主也."
19 『해월신사법설』, 「수심정기」, "心靈惟天也 高而無上 大而無極 神神靈靈 浩浩蕩蕩 臨事明知 對物恭之 思之則 天理得焉 不思之則 不得衆理矣 心靈思之 六官不思之 以心靈明其心靈 玄妙之理 無窮之造化可得而用之 用之則 滿乎宇宙之間 廢之則藏乎一粒

해월은 나의 생각이 육관(六官) 작용에서 일어나는 것이 아니라 심령의 작용에서 일어나는 것이라고 하였다. 그가 양천주(養天主)에서 양(養)하라는 것도 이 심령으로서의 한울이요, 수심정기(守心正氣)에서 지키라고 하는 마음도 이 심령을 의미한다. 따라서 해월이 마음을 언급할 때, 본래의 마음 즉 심령의 측면에서 언급할 때가 있고, 현실적인 마음을 말할 때가 있다는 것을 유의해야 한다. 그가 '이심치심'(以心治心)의 법설을 내놓은 것도 이런 이유이다.

내 항상 한울님 말씀과 사람의 말의 구별을 말하였습니다. 마음으로써 마음을 다스림도 또한 이 이치에서 생긴 것입니다. 사람의 마음에 어찌 두 가지 뿌리가 있겠습니까? 마음은 하나입니다. 다만 그 씀에 있어, 하나는 이심이 되고 하나는 치심이 됩니다. 이심은 한울님 마음이고, 치심은 사람의 마음입니다.[20]

'이심치심'에서 앞의 '이심'은 한울님 마음, 즉 심령이요, 뒤의 '치심'은 인간의 습관된 마음을 의미한다. 인간의 본래는 천심을 온전히 간직한 갓난아기의 마음으로서 심령이지만, 살면서 후천적으로 형성된 경험적, 일상적인 자아의 마음이 있다. 그래서 일상적인 마음을 근본, 즉 본래 마음으로 되돌리는 노력이 필요하다. 그것이 수도(修道)이다. 수도란 일상적인 나의 마음과 심령이 다시 합치되는 과정, 즉 심령의 '참나'가 주권을 잡고

之中矣."
20 『해월신사법설』, 「이심치심」.

나의 습관된 마음을 잘 이끄는 것이라 할 수 있다. 이를 이규성은 다음과 같이 표현하고 있다.

> 이 심령은 일상에서는 빈부의 대립, 권세의 대립, 민족간의 대립을 극복하는 방향으로 움직이며, 그러한 심령은 서로 대립하는 고체화된 자아를 파괴하는 극기의 노력을 통해 만유의 끝없는 흐름을 통관하는 우주적 자아가 된다. 우주적 연대성을 회복한 심령은 만유의 본성과 자신의 본성의 일치를 경험한다.[21]

수도란 결국 이 습관된 마음을 쓰는 소아(小我)를 극복하고, 내 안의 한울마음을 회복함으로써 우주적 연대성을 회복한 대아(大我), 즉 우주적 자아로 확장되는 것이다.

시천주에서 양천주로

해월은 이 심령을 한울님의 영이 내재한 것으로 보고 있다. 그러므로 해월에게 있어 시천주 한울님은 한편으론 천지부모를 의미하지만, 한편으론 본래의 마음이라고 할 수 있다. 이 마음을 떠나 공중에서 한울을 찾는 것은 해월이 보기에 어리석은 것이다.

---

21 이규성,『최시형의 철학』, 이화여대출판문화원, 2011, 24쪽.

앞서 언급한 것처럼, 수운에게 '내유신령'의 한울님은 내 몸에서 모시고 섬겨야 하는 '내재적 초월자'였다. 그런데 해월은 처음부터 사람의 마음과 한울님(마음)이 둘이 아니라는 것을 더 강조하고 있다. 해월에게서 심령은 마치 종자와 같은 것으로 이해되었다.

> 한울이 내 마음 속에 있음이 마치 종자의 생명이 종자 속에 있음과 같으니, 종자를 땅에 심어 그 생명을 양(養)하는 것과 같이 사람의 마음은 도에 의하여 한울을 양하게 되는 것입니다.[22]

심령은 내 안에 있는 한울로서 애초부터 인간의 마음과 떨어져 있는 것이 아니라 인간의 본래적 마음이다. 그러나 이 심령은 아직 싹트지 않은 하나의 가능성으로 있는 종자일 뿐이다. 따라서 잘 가꾸고 보살피고 양해야 한다는 것이다. 이렇게 되니 해월은 인간이 몸 안에 천주를 모시고 있다고 하는 '시천주의 체험'보다는 날 때부터 가지고 있는 천심으로서의 심령을 잘 길러서 나의 인격과 삶이 천심으로 가득 찰 수 있도록 해야 한다는 '양천주'(養天主)를 더 강조하고 있다.

---

22 『해월신사법설』, 「양천주」.

심즉천의 실천적 함의

그렇다면 이 '심즉천'의 사고의 실천적 함의는 무엇일까? 첫째, 그것은 관심의 초점이 천(天)에서 심(心)으로 전환되고 있다는 점이다. 그리고 수도의 측면에서 보면 한울님이 중심이 된 신앙에서 인간을 중심으로 하는 수도로 전환되고 있다는 점이다. 물론 이는 수운에게서도 어느 정도 나타났지만, 그럼에도 불구하고 수운에게는 '모신 한울님'을 발견하고, 그와 연결되는 삶을 통해 각자위심을 극복하는 실천이 가장 핵심이었다면, 해월은 본래의 마음을 공경하는 것을 중심에 놓고, 이웃과 만물을 공경하는 실천을 더 중시하고 있는 것이다. 이는 시천주가 서민들의 삶의 현장으로 내려왔다는 것을 의미한다. 해월은 어느덧 동학 초기의 신비체험을 중시하던 데서, 일상에서의 공경의 실천을 중시하고 있는 것이다.

둘째, 마음을 공경하는 것이 모든 실천의 출발이라는 점이다. 마음을 공경한다는 것은 마음을 늘 살펴서 탐욕이나 분노, 두려움 등의 부정적 감정에 사로잡히지 않고 항상 맑고 밝고 온화한 마음을 유지하는 것을 말한다. 아무리 진귀한 음식으로 하루 세 번 한울에 제사를 지내고, 억만금을 기부하여 큰 사원을 짓는다 하더라도 마음이 탐욕에 가득 차 있고, 시비하는 마음이 있고, 교만한 마음이 있다면 이는 한울을 잘 공경하는 것이 아닌 것이다. 그래서 마음을 잘 살피고 공경하는 것이 모든 실천의 출발점이라는 것이다. 이것이 타인에게 적용될 때도 단순히 예의 바른 행동이나 친절함에 그치지 않고, 그 마음을 세심하게 살펴서 존중하는 것으로 이어진다.

셋째, 마음의 세계가 더 참되게 현실을 규정하고, 또 미래를 만들어낸다는 것을 이해하는 것이다. 눈앞에 보이는 물리적 세계보다 더 참되게 현실을 규정하는 것은 바로 마음의 세계이다. 더 구체적으로 말하면 감정이다. 예를 들어 나의 감정이 분노나 탐욕에 사로잡혀 있으면, 그것이 곧바로 인간관계를 비롯해 나의 일상의 삶에 영향을 미치게 된다. 또한 가장 가까운 사람의 감정은 직접적으로 나에게 영향을 미친다. 따라서 감정이 우리 삶에 큰 영향을 미친다. 해월의 동학은 바로 그 감정에 집중한다.

따라서 나의 감정이 불편하면 한울을 잘 섬기는 것이 아니다. 바로 곁에 있는 부인의 감정, 또는 남편의 감정, 또는 아이들의 감정을 잘 살피지 못하면 그것은 한울을 잘 섬기는 것이 아니다. 내 마음에서 부정적 감정들을 녹여내고 긍정적 감정으로 채우는 것이 동학의 수행이다. 과거가 아니라 지금 여기 가슴에 집중하는 삶, 그리고 지금 자기 옆에 현존하고 있는 사람에게 집중하는 삶을 제시한 것이 동학이다. 특히 주변에 고통받고 있는 사회적 약자를 한울님으로 먼저 섬기는 것이 해월의 동학인 것이다.

이처럼 해월의 한울님의 관념은 넓고 깊어져서 천지 자체를 한울님으로 보는가 하면, 모든 사물, 모든 사람들을 한울님으로 보았다. 무엇보다도 나의 마음이 곧 한울이라고 함으로써 자신의 마음을 공경하는 것을 모든 실천의 출발점으로 삼았다. 자신의 마음을 세심하게 살피고 그 마음을 '한울님 마음'(天心)으로 지켜내고자 애쓰며, 떨리는 외경심으로 뭇 사람들과 뭇 생명을 공경할 것을 가르쳤다.

신에 대해 확장된 이해

　나는 오랜 종교적 방황 끝에 동학을 만나 신과 우주에 대한 이해를 넓힐 수 있었다. 신은 이 우주를 창조하고 저 하늘나라에 초월적으로 계신 인격적 절대자가 아니다. 또한 그가 정한 율법과 교리에 따르는 사람에게만 구원을 주고, 인간의 행위 선악에 따라 상벌을 내리는 그런 도덕적 감시자나 집행자가 아니다. 이 우주 자체가 애초에 우주적 의식의 펼쳐짐이며, 우주적 생명의 향연이다. 이 우주에 가득 찬 우주생명, 우주의식이 바로 신이다. 그리고 그 신은 인간 행위의 심판관이 아니라, 인간의 마음의 상태에 반응하는, 더 구체적으로는 생각과 감정에 반응하는 우주적 에너지이자 우주적 파동이다. 우주와 의식 현상 모두가 에너지와 파동의 원리에 의해 작동되는 것이다.
　한때는 그 신을 인격적 절대자로 믿고 온갖 소원을 간구하기도 했고, 한때는 절규하며 반항하기도 했던 그 하느님, 기독교의 하느님과 다른 존재가 아니지만, 나는 그 존재에 대해 예전보다 훨씬 깊은 이해와 연결감을 느끼며, 그 품 안에 안긴 듯한 평화와 동시에 내 안에서 그 숨결을 느낀다.

제3장 사람을 한울같이 섬겨라

―해월의 인간관과 윤리관

> 모두가 차별받지 않고 불의가 없는 개벽의 세상은 우리 생전에 당도하지 않을지도 모른다. 하지만 어떠한 상황 속에서도 마음이 무너지지 않고 얼굴에 미소를 잃지 않으며 인간에 대한 예의와 인격적 품위를 잃지 않는 일은 지금 당장 가능하다. 세상을 지상천국으로 만드는 일은 비록 하지 못할지라도 적어도 내가 속한 공간이나마 작은 천국으로 만드는 일은 나의 노력 여하에 따라 가능하다. 해월은 그렇게 일상의 도를 역설했다.

수운과의 만남과 열망

혼란한 세상에서 올곧게 살려는 이의 삶은 결코 녹록치 않다. 비록 평민이긴 했지만, 힘도 세고 수완도 있었던 해월이 돈 있고 권세 있는 사람에게 줄을 섰다면 편안한 삶을 살았을 수도 있다. 하지만 어느 순간 삶의 가장자리로 밀려 급기야 검곡에서 화전을 일굴 때의 심정은 헤아리기조차 어렵다. 세상을 경영할 정도의 안목은 아니라 하더라도, 오랜 세도정치 속에 갈수록 세상이 미쳐 가고, 백성들의 삶은 나락으로 떨어져 가는 것을 온몸으로 느끼고 있었다. 하기야 다른 선택지도 있었을 테지만 검곡을 선택한 데는 조용한 곳에서 세상 더러운 꼴 안 보고 살고 싶은 마음도 있었을 터였다. 또 세상에 없는 현묘한 길을 탐구하고 싶은 마음도 없지 않았던 듯하다. 그러던 차에 용담에서 현인이 났다는 소문을 들었다. 불원천리하고 굽이굽이 산길을 넘어 용담에 도착한 것은 신유년(1861) 6월 더위가 막 시작된 어느 날이었다.

해월이 수운을 만난 건 그야말로 역사적 사건이었다. 땀투성이 범벅의 몰골로 누가 봐도 변변치 않아 보이는 행색의 촌부가 이마의 땀을 소매로 훔치며 마당에 들어섰다. 그런 그를 수운은 아무 격의 없이 그야말로 한울님처럼 따뜻하게 맞이한다. 이규성은 "대부분의 종교와 철학 및 문학에서 일어나는 창조는 '만남'의 순간에 배태된다."고 강조하면서 그 만남을 '열망'이라는 용어로 다음과 같이 감동적으로 역설하고 있다.

> 최수운이라는 개체에 집약된 영혼의 너그러움과 다정함은, 비록 그것이 개체의 성질이라고 할지라도 그 성질은 역사에 침투하는 빛이다. 밖에서 보기에 그 성질은 개체에 종속된 속성이라고 인식될 수 있지만, 오히려 그 성질이 최수운이라는 일상인을 독특한 개체로서 형성시키고 그 개체를 통해 빛을 발함으로써 개체로 하여금 역사성을 갖게 만든다고 보는 것이 더 나을 것이다. 그는 역사 속의 존재이다. 그리고 그는 과거의 역사와 그 진부하고도 끈질긴 습관으로부터 전환하여 새로운 역사의 생성과 새로운 습관을 창조하는 삶을 현재에서 살게 된 존재이다.[1]

이러한 수운을 만난 해월의 입장은 이렇게 설명된다.

> 최해월에게 일어난 기쁨의 열망은 최수운이라는 개체의 혼이 전달한 것이다. 이 때의 전달은 설파라기보다는 감응의 소통이며, 이를 배경으로 의사의 소통이 가능한 것이었다. 감응의 소통에서 오고 간 것은 생의 역사적 의미이자 영원한 의미였고, 이 의미에 대한 계시적 직관이 평온한 희열을 일으켰던 것이다. 영혼의 만남을 통해 지상의 깊이와 천상의 높이가 같은 것이었음을 체험하는 영혼의 내적 운동을 그들은 심학이라고 불렀다.[2]

---

1 이규성, 「열망에 대하여」, 『해월 최시형과 동학사상』, 예문서원, 1999, 20쪽.
2 앞의 글.

해월은 태어나 처음으로 사람대접을 받아보는 환대에 자기도 모를 감격을 체험했을 것이다. 그것은 자기를 온전히 한 인격으로 맞아준 사람을 만난 기쁨이었다. 그동안의 설움이 눈 녹듯 녹고, 그의 가슴에 알 수 없는 열망의 불꽃이 타올랐을 것임을 충분히 짐작할 수 있다.

그날 이후 해월은 틈만 나면 스승을 찾았다. 검곡에서 용담까지는 반나절 넘게 몇 개의 산을 넘어야 하는 먼 길이었다. 하지만 그 만남이 그의 생에서 가장 행복한 시간이었을 것이다. 스승을 만날 때마다 마음이 깊어지고 눈이 맑아지고, 큰 숨이 쉬어졌으며, 마침내 길이 보이기 시작했다.

한울을 모신 인간

해월은 그로부터 3년 동안 스승 수운으로부터 많은 것을 배웠다. 수운은 사람 안에 거룩하고 무궁한 한울님이 모셔져 있음을 끊임없이 피력했다. 한울님은 저 멀리 계신 것이 아니라 바로 지금 여기 가득 차 있는 신령한 기운이며, 모든 사람 속에 모셔져 있는 거룩한 영이라는 것을 그의 경신년 체험을 통해 역설했다. 반면 지금 사람들이 한울과 분리되어 자기밖에 모르는 각박한 마음에 사로잡혀 있다고 한탄했다. 그래서 수운은 자신의 깨달음은 다름 아니라 끊어진 한울과 다시 연결하는 방법에 관한 것이며, 고대 성인들이 추구했던 경천명 순천리(敬天命順天理)의 삶을 다시 회복하는 것임을 누차 강조했다.

또한 스승 수운은 당시의 신분 차별에 대해서도 한탄하면서, 사람은 누구나 그 신분과 무관하게 한울님을 모신 거룩한 존재라는 점을 역설했다.

수운은 자기 안에서 한울의 신성을 발견한 사람은 더 이상 과거의 낡은 자기로 있을 수 없으며, 다른 존재 속에서도 한울의 신성을 발견하게 된다고 하였다. 따라서 신분과 계급, 남녀와 노소를 막론하고 누구나 공경해야 한다고 가르쳤다. 적어도 이 문하 즉 동학교단 내에서는 어떤 차별도 해서는 안되며, 서로 경어를 쓰고 맞절을 하는 것이 마땅하다고 했다.

해월은 이러한 스승의 가르침을 온 몸과 마음으로 받아들였다. 스승의 인간 이해의 출발점은 언제나 '한울님을 모신 존재'였다. 인간은 누구나 한울님을 모신 거룩한 존재이다. 멸시받던 상놈, 차별받던 서얼, 구박받던 며느리, 콧물 줄줄 흘리는 아이들도 모두 거룩한 우주적 주체라는 것이다.

해월은 스승의 말씀을 통해서도 배웠지만 스승이 다른 사람들을 대하는 태도에서, 특히 부인과 가족을 대하는 태도에서, 그리고 붓과 벼루, 신발과 의복 등 주변의 물건을 대하는 태도에서 무언의 배움을 얻었다. 무엇보다도 스승 수운이 무극대도를 받은 직후 제일 먼저 여종 둘을 해방시킨 것을 알고 깜짝 놀랐다. 그 중에 한 사람은 수양딸로, 또 한 사람은 며느리로 삼았다고 했다. 아마 조선 왕조에서 초유의 일이었을 것이다.

이처럼 스승은 온몸으로 그의 깨달음을 보여주었다. 비록 수운의 가르침이 모든 백성들을 굶주림에서 해방시키거나, 왕조를 뒤엎을 혁명적 사상을 피력한 것은 아니었을지언정, 모든 사람이 한울님을 모신 존재로서 다 같이 평등하다고 역설함으로써, 굶주림보다 더 견디기 힘든 차별과 멸시에 시달리던 백성들에게 새로운 삶의 길을 제시하였던 것이다.

사인여천

해월은 스승 수운의 시천주가 단지 인간 본성에 대한 이론적인 가르침이 아니라는 것을, 그래서 결국 삶 속에서 실천으로 드러나야 하는 것임을 간파했다. 그는 비록 짧은 기간이었지만 스승 곁에서 그가 사람과 사물을 어떻게 대하는가를 유심히 지켜보았다. 스승은 그의 죽음조차도 천명으로 받아들였다. 곽덕원을 통해 전해들은, 처형 전 감옥에서의 스승의 모습은 죽음을 앞둔 사람이라고 할 수 없을 정도로 지극히 평화로웠다. 어떤 상황에서도 내면의 평정과 얼굴의 미소를 잃지 않는 것이 정신적 성취의 유일한 지표였다.

"등불이 물 위에 이미 밝았으니 남은 의혹이 없고, 기둥은 마른 것 같아도 힘은 남아 있도다"(燈明水上無嫌隙 柱似枯形力有餘)라는 수운의 마지막 가르침을 거룩한 유훈으로 받들며, 해월은 전 생애를 다해 마른 기둥과 같은 가르침에 살을 붙이고 생기를 불어넣었다. 또한 민중의 삶 속으로 스며들게 하였다. 이로써 해월은 우리나라 역사상 가장 위대한 민중 사상가가 되었다.

그의 가르침 중에 가장 대표적인 것이 바로 '사인여천'(事人如天)이다.

> 사람이 바로 한울이니 사람 섬기기를 한울같이 하십시오. 내가 여러분들을 보니 스스로 잘난 체 하는 사람이 많으니 안타까운 일이며, 도에서 이탈되는 사람도 이래서 생기니 슬픈 일입니다. 나도 또한 이런 마음이 있고. 누구나 이런 마음이 생길 수 있습니다. 그러나 이런 마음을 감히 내지

않는 것은, 한울님을 내 마음에 양하지 못할까 두려워하기 때문입니다.[3]

이 사인여천 법설은 1871년 12월에 한 것이다. 이 시기는 이필제와 함께 영해교조신원운동을 하다가 실패하고, 이필제는 잡혀서 끝내 처형당하고, 해월도 관군에 쫓기며 죽을 고비를 몇 차례나 넘기고 겨우 한숨을 돌리던 바로 그 엄중한 시기였다. 이런 급박한 상황에서도 해월은 삶에서 가장 중요한 것이 일을 이루고 이루지 못하는 데 있는 것이 아니라, 일상에서의 사람 섬기는 도리에 있음을 설파한다. 그것을 한마디로 '사인여천'이라고 한 것이다. 이것이 도인의 일상에서 가장 중요한 것이다. 손님이 와도 그냥 손님이 온 것이 아니라, 한울님이 오신 것이라고 했다. 이를 깊이 이해한 도인들은 자기 집에 찾아오는 모든 사람들을 공경히 맞이하였고, 심지어 거지도 방으로 안내하여 따뜻한 밥을 내어주었다.

그런데 이 사인여천은 해월이 시천주를 해석하면서 나온 개념이었다. 사실 수운의 시천주 개념은 이해하기가 만만치 않다. 수운 스스로 시(侍)자를 '내유신령, 외유기화, 각지불이'[4]라고 해석하긴 했지만 어렵기는 마찬가지이다. 씹으면 씹을수록 풍부한 해석의 여지가 있어서 좋긴 하지만, 일반인들에겐 피부로 잘 와 닿지 않는 것이 사실이다. 이것을 해월은 "시천주란 다름 아니라, 사람을 한울님같이 섬기라는 뜻"이라고 너무도 쉽게 풀어준 것이다. 그리고 '시천주'를 한울님 모심에 대한 신비적 체험이나

---

3 『해월신사법설』, 「대인접물」, "人是天, 事人如天. 吾見諸君, 自尊者多矣, 可嘆也. 離道者自此而生, 可痛也. 吾亦有此心, 生則生也, 不敢生此心也, 天主不養吾心也恐也."
4 『동경대전』, 「논학문」, "侍者 內有神靈 外有氣化 一世之人 各知不移者也."

이론적 자각이 아니라 일상의 실천으로 재해석한 것이다.

해월은 자신의 내면에서 한울님을 더 분명히 느끼는 것도 중요하지만, 모든 사람들이 빈부와 귀천, 남녀와 노소를 막론하고 거룩한 한울님이라는 것, 따라서 신분, 지위나 능력에 무관하게 '존재 그 자체'로 존중하고 공경해야 한다는 것을 더욱 강조했다. 그리고 이 사인여천의 정신으로 당시 계급사회의 낡은 도덕을 혁파할 것을, 특히 반상과 적서의 차별을 없애고, 남녀 차별을 엄히 경계하고, 어린아이도 존중함으로써 모든 사람들을 차별 없이 대할 것을 역설했다.

그러므로 이러한 사인여천의 정신이 인간의 평등을 강조하는 것으로 이어지는 것은 자연스러운 일이다. 해월은 1865년 10월 검곡에서 수운 탄신향례를 지낸 후의 법설에서 "사람은 한울이라 평등이요 차별이 없나니 사람이 인위로써 귀천을 분별함은 곧 천의에 어기는 것이니 여러분들은 일절 귀천의 차별을 철폐하여 선사의 뜻을 잇기로 맹세하십시오."[5]는 말을 남겼다. 또한 우리나라의 큰 폐단이 두 가지 있다고 하면서 다음과 같이 일갈했다.

> 소위 반상의 구별은 사람의 정한 것이고, 도의 직임은 한울님이 시키신 것이니, 사람이 어찌 능히 한울님께서 정하신 직임을 도로 걷을 수 있겠습니까. 한울은 반상의 구별이 없이 그 기운과 복을 준 것이고, 우리 도는 새 운수에 둘러서 새 사람으로 하여금 다시 새 제도의 반상을 정한 것입니다.

---

5 이돈화, 『천도교창건사』, 「해월신사편」, 경인문화사, 1970, 7쪽.

이제부터 우리 도 안에서는 일체 반상의 구별을 두지 마십시오. 우리나라 안에 두 가지 큰 폐풍이 있으니 하나는 적서의 구별이고, 다음은 반상의 구별입니다. 적서의 구별은 집안을 망치는 근본이고, 반상의 구별은 나라를 망치는 근본으로, 이것이 우리나라의 고질입니다. 우리 도는 두목 아래 반드시 백배 나은 큰 두목이 있으리니, 여러분들은 삼가십시오, 서로 공경을 주로 하여 층절을 삼지 마십시오. 이 세상 사람은 다 한울님이 낳았으니, 한울 백성으로 공경한 뒤에라야 가히 태평하다 이를 수 있습니다.[6]

남계천이 천민의 신분인데도 호남 좌우도를 총괄하여 책임을 지는 편의장의 중책을 맡기자 양반 출신 도인들은 물론 상민 출신 도인들도 불평이 심했다. 이에 해월은 신분이란 사람이 정한 것이지 한울이 정한 것이 아니며, 동학의 임직은 한울님의 뜻에 따른 것이므로 재론하지 말 것과, 나아가 절대 반상의 구별과 적서의 차별을 두지 말라고 설파하고 있는 것이다.

실학자들의 글에도 반상과 적서의 차별을 논한 사례는 많이 있지만, 실제로 이런 조직의 중책을 양반이 아닌 사람에게 맡긴다는 것은 당시의 정서로서는 상상하기 어려운 일이다. 여기서 해월의 실천적인 면모를 볼 수

---

6 『해월신사법설』,「포덕」, "所謂班常之別 人之所定也 道之職任天主之所使也 人豈可以 能天定之任撤回乎 唯天無別班常而賦其氣寵其福也 吾道輪於新運而使新人 更定新制 班常也 自此以後 吾道之內一切勿別班常 我國之內 有兩大弊風 一則 嫡庶之別 次則班常之別 嫡庶之別亡家之本 班常之別亡國之本 此是吾國內痼疾也 吾道頭目之下 必有 百勝之大頭目 諸君愼之 相互以敬爲主 勿爲層節 此世之人 皆是天主生之 以使天民敬 之以後 可謂太平也."

있으며, 절대 차별[層折]을 두지 말고 모두 한울님으로서 공경하고 존중하라는 데서 해월의 동학이 비로소 평민의 철학으로 나아갔음을 알 수 있다. 그리고 그 바탕에 '공경'의 원리가 흐르고 있음을 알 수 있다.

대인접물

해월은 "일상의 모든 일이 도 아님이 없다."(日用行事莫非道也)고 하여 일상에서의 실천을 중시했다. 우리 삶은 관계의 연속이다. 그러므로 좋은 삶은 결국 대인관계를 어떻게 하느냐에 달려 있다고 해도 과언이 아니다. 또한 좋은 세상도 결국 사람들을 대하는 태도의 변화에 달려 있다고 할 수 있다. 따라서 수도를 하는 이유도 사람과 사물을 잘 대하는 방법을 터득하는 것이라 할 수 있다. 정좌징심(靜坐澄心), 즉 고요하게 앉아서 마음을 맑게 하는 것도 물론 중요하지만, 그것은 일상의 거룩함으로 나타나야 한다. 따라서 해월이 제자들에게 설법을 할 때마다 가장 강조한 것이 일상에서 사람을 대하고 물건을 대하는, 즉 '대인접물'(待人接物)의 자세였다. 사인여천을 강조하고, 경물을 강조한 것도 다 대인접물의 차원에서 언급되고 있는 것이다.

> 다만 교만하고 사치한 마음을 길러 끝내 무엇을 하겠습니까. 내가 본 사람이 많으나 학을 좋아하는 사람을 아직 보지 못했습니다. (중략) 누가 나에게 어른이 아니며 누가 나에게 스승이 아니겠습니까. 나는 비록 부인과 어린아이의 말이라도 배울만한 것은 배우고 스승으로 모실 만 한 것은 스

승으로 모시려고 합니다.[7]

　대인접물을 바르게 하는 출발점은 스스로 잘난 체하는 마음을 내려놓고, 모든 사람들을 한울로 섬기는 것이다. 누구나 '내가 잘났다' 하는 마음이 있지만, 이런 마음을 내면 한울을 양(養)할 수 없으므로 가장 경계해야 한다는 것이다. 그래서 그는 겸손한 마음과 늘 배우는 자세의 중요성을 첫 번째로 강조한다.

　교만한 마음과 겉을 꾸미는 마음으로는 참된 만남도, 깊은 교류도 불가능하다. 수도의 목표는 높아지는 것이 아니라 결국 낮아지는 것이며, 자기를 비우는 것이다. '나는 아직 모른다', '나는 부족하다', '내가 틀릴 수도 있다'는 고백 속에서만, 우리는 다른 사람이 들어올 수 있는 여백을 가지게 된다. 그 여백은 새로운 앎이 자리할 수 있는 공간이 된다. 배우기를 좋아하는 사람은 열린 사람이며, 낮아진 사람이며, 빈 구석이 있는 사람이며, 가슴에 겸허한 마음을 가지고 있는 사람이라고 할 수 있다. 이렇게 열리고, 낮아지고, 비어서 받아들이는 능력이 '덕'(德)이라고 할 수 있다. 모든 만남을 배움의 기회라고 생각할 수 있다면, 삶은 영혼의 성장을 위한 배움의 장이 될 수 있을 것이며, 만나는 모든 사람이 나의 스승이 될 수 있다.

　사람을 대할 때 두 번째로 중요한 것은, 그 사람의 잘못을 들춰내기보다는 잘하는 점, 좋은 점을 위주로 보는 것이다. 우리는 대개 남의 잘못에는 민감하고, 칭찬에는 인색하다. 하지만 해월은 사람의 단점을 보기보다는

7　『해월신사법설』,「대인접물」, 只長驕慢奢侈之心 其終何爲也 吾見人者多矣 好學者未見也. … 孰非我長 孰非我師 吾雖婦人小兒之言 可學而可師也.

장점을 주로 보라고 이야기한다.

> 사람을 대하고 물건을 접함에 반드시 잘못은 가려주고, 잘한 것은 칭찬하는 것으로 주를 삼으십시오. 저 사람이 포악으로써 나를 대하면 나는 어질고 용서하는 마음으로써 대하고, 저 사람이 교활하고 교사하게 말을 꾸미거든 나는 정직하게 순히 받아들이면 자연히 돌아와 화할 것입니다. 사람을 대할 때에 욕을 참고 너그럽게 용서하며, 스스로 자기 잘못을 책하면서 나 자신을 살피는 것을 주로 하고, 사람의 잘못을 그대로 말하지 마십시오.[8]

이처럼 해월은 사람을 대하고 함께 일을 할 때, 그 사람의 잘못보다는 잘하는 점을 먼저 보라고 한다. 사람의 장단을 가리지 말라는 것이다. 사람의 장단을 말하는 것은 도덕에 크게 해로우며, 사람을 능력이나 장단에 따라 차등을 두면 큰일을 하지 못한다고 한다. 사람은 비판한다고 바뀌지 않는다. 머리가 아니라 가슴을 움직여야 사람은 바뀐다. 따라서 말이 아니라 마음의 차원에서, 그리고 마음이 아니라 기운의 차원에서 사람을 대할 수 있어야 한다는 것이다.

나아가 다른 사람들이 비록 자신에게 나쁘게 대하더라도 오로지 어진

---

[8] 『해월신사법설』, 「대인접물」, "待人接物 必隱惡揚善爲主 彼以暴惡對我則 我以仁恕待之 彼以狡詐飾辭則 我以正直順受之則 自然歸化矣 此言雖易體用之難矣 到此來頭 可見道力矣 或道力未充 率急遽難忍耐 率多相沖 當此時 用心用力順我處我則易 逆我處我則難矣 是故待人之時 忍辱寬恕自責內省爲主 非人勿直."

마음으로 용서하라고 해월은 당부한다. 다른 사람이 나에게 부당한 일을 했을 때, 그것을 똑같이 돌려주거나 사과를 요구하거나 법적인 책임을 묻는 등의 대응이 필요할 때도 당연히 있다. 하지만, 도인의 대응은 그런 방식보다는 최대한 '용서하기'를 택하라는 것이다. 용서란 그 사람의 행위를 무조건 용납한다는 의미는 아니다. 다만 그 행위에 상응하는 방식으로 대응함으로써 폭력이 악순환하는 것을 그치고, 연민을 바탕으로 한 공경의 원리가 상식화된 사회를 만들어야 한다는 뜻이다. 그렇게 해야 하는 것은 모든 사람이 근원에서는 거룩한 한울님을 모신 존재이기 때문이다.

또한 용서는, 하나의 사건으로 인해 생긴 내 안의 상처를 회복하는 일은 전적으로 저쪽에 달린 것이 아니라 나의 몫이란 사실을 이해하는 것이다. 왜냐하면 감정은 나의 감정이기 때문이다. 그래서 그 감정의 응어리를 푸는 열쇠를 저쪽에 맡길 것이 아니라 내가 주체가 되어 내 감정을 다스려야 하는 것이다. 물론 이렇게 하는 것은 쉬운 일은 아니다. 그래서 수도가, 마음공부가 요구되는 것이다. 해월이 덧붙이고 있듯이, 남이 포악하게 하는데도 순히 받아들일 수 있는 것이 참다운 도력(道力)이다.

그다음으로 해월은 시비하는 마음과 탐욕을 내려놓을 것을 다시 강조한다. 나는 옳고, 너는 그르다는 데서 모든 싸움과 분쟁이 시작되고, 거기서 미워하는 마음과 원망하는 마음이 생긴다. 해월은 말한다.

내 핏덩어리만이 아니니 어찌 시비하는 마음이 없으리오마는 만일 혈기를 내면 도를 상하므로 내 이를 하지 않습니다. 나도 오장이 있거니 어찌 탐욕하는 마음이 없으리오마는 내 이를 하지 않는 것은 한울님을 양(養天

主)하는 까닭입니다.⁹

　우리들 마음 안에는 한울마음도 있지만, 교만하고 시비하고 탐욕하는 마음도 있다. 그런데 그런 마음을 내는 것은 한울 씨앗의 성장을 저해하는 것이 되기 때문에 내려놓으라는 것이다. 그래서 늘 일에 임하여 어리석은 듯 말을 많이 하지 않고, 하더라도 마치 말을 더듬는 듯 진심을 담아 말하는 '우(愚)·묵(黙)·눌(訥)' 세 자를 실천 덕목으로 삼으라고 하였다.
　그리고 마지막으로 다시 강조하는 것은 물건을 대할 때조차도 함부로 하지 말고 인격적으로 소중히 대하고 함부로 생명을 해쳐서는 안 된다고 경계한다.

> 만물이 시천주 아님이 없으니 능히 이 이치를 알면 살생은 금치 아니해도 자연히 금해질 것입니다. 제비의 알을 깨치지 아니한 뒤에라야 봉황이 와서 거동하고, 초목의 싹을 꺾지 아니한 뒤에라야 산림이 무성할 것입니다. 손으로 꽃가지를 꺾으면 그 열매를 따지 못할 것이고, 폐물을 버리면 부자가 될 수 없습니다. 날짐승 삼천도 각각 그 종류가 있고 털벌레 삼천도 각각 그 목숨이 있으니, 만물을 공경하면 덕이 만방에 미칠 것입니다.¹⁰

9　『해월신사법설』,「대인접물」, "吾非血塊 豈無是非之心 若生血氣傷道故 吾不爲此也 吾亦有五臟 豈無貪慾之心 吾不爲此者養天主之故也."
10　『해월신사법설』,「대인접물」, "萬物莫非侍天主 能知此理則 殺生不禁而自禁矣 鷰雀之卵 不破以後 鳳凰來儀草木之苗 不折以後 山林茂盛矣 手折花枝則 未摘其實 遺棄廢物則 不得致富 羽族三千 各有其類 毛蟲三千各有其命 敬物則德及萬方矣."

동물을 어떻게 대하느냐를 보면 그 사람의 인격을 알 수 있다고 한다. 대인접물의 덕은 결국 만물을 공경하는 데까지 이르러야 그 덕이 실제로 천하에 미칠 수 있다는 것이다. 결국 대인접물을 잘하는 데서 실제로 덕이 생기며, 그 원리는 공경하는 마음과 온화함으로 모든 존재를 소중하게 대하는 데 있다는 것을 다시 강조하고 있는 것이다.

태도를 선택할 수 있는 자유

오늘날 문명은 다른 사람을 이겨야 하는 대상으로 간주하고, 자연을 정복해야 하는 대상으로 간주한다. 대인접물은 사람을 어떻게 대해야 하고, 천지자연과 만물을 어떻게 대해야 하는가에 대한 가르침이다. 우리 일상과 멀리 떨어진 이야기가 아니라, 가까운 사람부터 사소한 물건에까지 어떤 마음으로 어떤 에너지로 대할 것인가의 이야기다. 아무리 사회적 성취를 이루어도 가까운 사람과 불화하고 물건을 함부로 대한다면 더 큰 것을 잃고 있는 것이다.

『죽음의 수용소에서』의 저자 빅터 플랭클 박사는 아우슈비츠의 극한 상황에서도 다른 사람을 위로하고 마지막 남은 빵을 나눠 주는 사람이 있었다는 사례를 들면서, "인간에게 모든 것을 빼앗아 갈 수 있어도 단 한 가지, 마지막 남은 인간의 자유, 주어진 환경에서 자신의 태도를 결정하고 자기 자신의 길을 선택할 수 있는 자유만은 빼앗아 갈 수 없다."[11]고 했다. 아무리 척박한 환경에서도 사람은 자기 자신이 정신적으로나 영적으로 어떤 사람이 될 것인가를 선택할 수 있다는 말이다. 빅터 플랭클은 그것이 위대한 내적 성취라고 말하고 있다.

결국 일상에서 그리고 내면으로부터 삶의 혁명이 일어나야 한다. 그렇기에 사람과 만물을 다르게 대할 것을 역설하는 해월의 가르침은 평범한 것 같지만 삶의 근본을 다시 묻고 있는 것이다.

유무상자

동학에서는 수운 시절부터 동학 공동체에 들어오는 모든 사람들에게 '유무상자'(有無相資), 즉 넉넉한 사람과 가난한 사람, 지식이 있는 사람과 없는 사람들이 서로서로 돕고 아껴야 한다는 공동체적 덕목을 강조했다.

> 귀천과 등위를 차별하지 않으니 백정과 술장사들이 모이고, 남녀를 구별하지 아니하고 유박(집회소)를 설치하니 홀아비와 과부들이 모여들고, 돈과 재물을 좋아해 있는 사람과 없는 사람이 서로 도우니 가난하고 궁핍한 사람들이 기뻐했다.[12]

---

11 빅터 플랭클 지음, 이시형 옮김, 『죽음의 수용소에서』, 청아출판사, 2020, 108쪽.
12 「동학배척통문」, 1863년(박맹수, 『개벽의 꿈, 동아시아를 깨우다』, 모시는사람들, 2011, 69쪽. 재인용).

이 글은 보수 유생들이 동학을 비판하기 위해 쓴 글이지만 그 내용을 보면 동학은 귀천과 등위의 차별이 없는 신분 평등의 공동체였으며, 남녀 차별이 없는 양성평등의 조직이며, 있는 사람과 없는 사람이 서로 돕는 상호부조의 생활공동체 성격이 강한 조직이었다는 것을 알 수 있다.[13]

1880년대 후반 이후 동학교도가 급격히 늘어난 원인과 배경에는 신분 차별이 없고 모두를 한울님으로 대하는 절대평등의 정신이 첫 번째로 작용했을 것이다. 그 한 예로 백범 김구가 청년 시절 황해도 해주 지방의 동학 지도자인 오응선을 만났을 때 "빈부귀천의 차별이 없고, 누구나 평등으로 대접한다."는 말을 듣고 상놈 된 한이 골수에 사무친 자신으로서 너무나 고맙고 감격스러워 동학에 입도하였다는 증언이 있다.

하지만 단순히 평등사상만으로는 동학교도의 폭발적인 증가를 설명하기 어렵다. 여기에는 동학 초기부터 강조되었던 유무상자의 정신이 민씨 척족의 경제정책 실패와 가렴주구 때문에 극한의 궁핍에 내몰린 많은 사람들이 동학으로 몰려오게 한 주요한 원인이 되었을 것이다.[14]

동학하는 사람들이 꿈꾼 세상은 누구도 신분으로나, 빈부로나, 성별로나, 강약으로나 차별받지 않는 세상이기도 하지만, 무엇보다 우선적으로 누구도 굶주리거나 헐벗은 사람이 없는 세상을 만드는 것이기도 했다. 이것이 적어도 당시 동학의 접(接) 조직 안에서는 가능했던 듯하다. '접'은 동학의 정신을 공유하고 함께 수련을 하는 영성공동체이기도 했지만, 동시에 삶의 어려움을 나누는 생활공동체이기도 했던 것이다. 동학의 시천주

---

13 박맹수, 『개벽의 꿈, 동아시아를 깨우다』, 모시는사람들, 2011, 69쪽.
14 윤석산, 『해월 최시형의 삶과 사상』, 모시는사람들, 2014, 197쪽.

사상이 구호로 그치지 않은 것은 이런 유무상자의 전통이 실제로 살아 있었기 때문이다.

세 가지 공경

시천주를 실천적 의미에서 사인여천으로 해석한 해월은 이를 다시 세 가지 공경, 즉 '삼경'(三敬)으로 발전시켰다. '삼경'은 잘 알려져 있듯이, 경천(敬天), 경인(敬人), 경물(敬物)이다.[15] 사인여천과 삼경은 거의 비슷한 시기에 형성된 개념인 듯하다. 삼경의 개념이 형성되면서 해월은 '공경'을 가장 중심에 놓는 동학적 삶의 태도를 확립하였다.

여기서 동학의 '경'(敬)은 성리학의 '경'(敬)과는 조금 다르다. 성리학에서의 '경'은 '주일무적'(主一無適), '정제엄숙'(整齊嚴肅), '상성성'(常惺惺) 등으로 해석되며, 이는 마음을 한 곳에 집중하여 어떤 유혹에도 흔들리지 않고, 항상 깨어 있어 순일한 마음을 지켜내는 마음의 경건성을 의미한다. 또 "마음은 몸의 주재자고, 경(敬)은 마음의 주재자이며 모든 일의 근본"이라고도 하였다. 이런 성리학적 '경' 공부는 마음을 주의 집중하여 한 치라도 사욕이 들어오지 않도록 엄격하게 살피는 수기(修己) 공부의 핵심임은 말할 것도 없다.

하지만 해월에서의 '경'은 그런 수기(修己)의 의미라기보다는 실제로 '공

---

15 삼경에 대한 자세한 논의는 다음을 보라. 오문환, 「해월의 삼경 사상 : 하늘, 사람, 생태계의 조화」, 『해월 최시형과 동학사상』, 예문서원, 1999.

경'하는 행위, 타인에 대한 섬김의 태도를 의미한다. 성리학적 경(敬) 공부는 동학에서 보면 '수심정기'의 '수심'(守心) 공부에 가깝다고 할 수 있다. 해월의 '경'은 사람과 사물을 대하는 태도이자 삶의 원리라고 할 수 있다. 여기에는 자기 자신을 대하는 태도까지 포함된다. 그것이 삼경의 첫 번째 덕목인 '경천'이다.

사람은 첫째로 한울을 공경하지 않으면 안 될 것이니, 이것이 돌아가신 스승님께서 처음 밝히신 도법입니다. 한울을 공경하는 원리를 모르는 사람은 진리를 사랑할 줄 모르는 사람이니, 왜 그러냐 하면 한울은 진리의 중심을 잡은 것이기 때문입니다. 그러나 한울을 공경함은 결단코 빈 공중을 향하여 상제를 공경한다는 것이 아니며, 내 마음을 공경함이 곧 한울을 공경하는 도를 바르게 아는 길이니, 「내 마음을 공경치 않는 것이 곧 천지를 공경치 않는 것이라」함은 이를 말하는 것입니다. 사람은 한울을 공경함으로써 자기의 영원한 생명을 알게 될 것이고, 한울을 공경함으로써 모든 사람과 만물이 다 나의 동포라는 전체의 진리를 깨달을 것이며, 한울을 공경함으로써 남을 위하여 희생하는 마음과 세상을 위하여 의무를 다할 마음이 생길 수 있으니, 그러므로 한울을 공경함은 모든 진리의 중심이 되는 부분을 움켜잡는 것입니다.[16]

여기서 경천은 저 공중의 한울을 공경하라는 것이 아니라, 존재의 중

---

16 『해월신사법설』, 「삼경」.

심이자 영원한 생명으로서, 나에게 들어와 있는 마음으로서의 한울을 공경하라는 것이다. 해월은 '마음이 곧 한울'이라고 했고, 모든 사람의 내면에 의식과는 구별되는 더 본래적인 마음인 '심령'이 인간의 더 깊은 차원을 형성하고 있다고 믿었다. 따라서 마음 깊숙한 곳에 숨겨져 있는 한울을 발견해서 그것이 내 삶의 주인이 되도록 해야 한다는 말이다. 몸의 욕구나 감정, 또는 생각이 이끄는 삶이 아니라 내 안의 심령이 주인이 되어 내 삶을 이끌 수 있도록 해야 한다는 것이다.

나아가서 내 안의 한울(심령)이 존재의 참된 중심임을 온전히 자각하게 되면 육신의 유한성을 넘어 영원한 생명을 알게 된다고 한다. 몸은 한때의 객체이지만, 내 안의 심령은 영원한 생명이기 때문이다. 이 차원을 수운은 "무궁한 이 울 속에 무궁한 내 아닌가"라고 노래한 바 있다.

내 안의 영원한 생명이자 진리의 중심인 한울이 주재하는 삶이 진정한 경천이다. 그리고 그 한울은 모든 존재 속에도 있는 것이기 때문에, 한울을 공경하는 삶으로의 전회(轉回)는 이제 더 이상 자기 자신의 사적인 욕망과 소유적 관계에 머물지 않고 진정으로 타인과 만물을 공경하는 실천으로 나아가며, 만물이 다 나의 동포라는 확장된 마음으로, 남을 위하여 희생하는 마음이 가능해진다. 그러므로 자신의 본래 마음을 발견하고, 그 심령의 목소리를 공경히 따르는 것이 참된 경천인 것이지, 공중의 상제를 공경하고, 화려한 사원에서 진귀한 제물로 제사를 지내는 것이 참된 경천이 아니라는 것이 해월이 강조하는 바이다.

이러한 이유로 경천은 경인(敬人)을 통해서 실제로 그 효과가 드러난다.

둘째는 사람을 공경함이니 한울을 공경함은 사람을 공경하는 행위에 의

지하여 사실로 그 효과가 나타나는 것입니다. 한울만 공경하고 사람을 공경함이 없으면 이는 농사의 이치는 알되 실지로 종자를 땅에 뿌리지 않는 행위와 같으니, 도 닦는 사람이 사람을 섬기되 한울과 같이 한 후에야 처음으로 바르게 도를 실행하는 사람이라고 할 수 있습니다. 도인 집에 사람이 오거든 사람이 왔다 이르지 말고 한울님이 강림하셨다 이르라 하셨으니, 사람을 공경치 아니하고 귀신을 공경하여 무슨 실효가 있겠습니까. 어리석은 풍속에 귀신을 공경할 줄은 알되 사람은 천대하니, 이것은 죽은 부모의 혼은 공경하되 산 부모는 천대하는 것과 같습니다. 한울이 사람을 떠나 따로 있지 않으니, 사람을 버리고 한울을 공경한다는 것은 물을 버리고 해갈을 구하는 자와 같습니다.[17]

경인은 사인여천을 다르게 표현한 것이기도 한데, 해월은 "한울을 공경함은 사람을 공경하는 행위에 의하여 사실로 그 효과가 나타난다."고 하면서 가장 차별받고 억압받는 사람들에 주목한다. 당시 풍속에서는 돌아가신 조상 제사는 극진히 지내면서도 그 제사를 지내기 위해서 산 사람들, 특히 주변 여성들과 하인들에겐 혹독하게 대하는 경우가 많았다. 지금도 상황이 그리 다르진 않다. 명절과 제사 때만 되면 집집마다 고부 갈등이 재현되는 것은 당시의 어리석은 풍속이 아직까지 내려오기 때문이라 할 수 있다.

그래서 해월은 경인을 강조하면서도 가장 천대받던 사람들을 먼저 섬

---

17 『해월신사법설』, 「삼경」.

기라고 강조한다. 특히 며느리와 아이를 한울님으로 극진히 사랑하고, 하인을 내 자식과 같이 여기라고 한다.[18] 이러한 해월의 사상이 1920년대 천도교의 여성운동과 어린이운동의 발판이 된 것이다.

공경의 극치, 경물

삼경에서 가장 주목할 부분은 바로 '경물'(敬物)이다.

> 셋째는 물건을 공경함이니 사람은 사람을 공경함으로써 도덕의 최고경지가 되지 못하고, 나아가 물건을 공경함에까지 이르러야 천지기화의 덕에 합일될 수 있습니다.[19]

여기서 '물'(物)은 생명, 무생명, 유기물, 무기물은 물론 인간이 만든 물건까지 포괄하는 말이다. 따라서 경물은 생물이든 무생물이든 모든 존재를, 심지어 주변의 작은 물건조차도 아끼고 소중히 대하는 것이다. 나뭇가지를 함부로 꺾지 않는 데서부터 신발을 가지런히 하고 물컵 하나라도 소중히 대하는 마음의 결을 의미하는 것이다. 그렇기에 해월은 사람뿐만 아니라, 만물을 공경하는 데까지 이르러야 도덕의 극치에 이를 수 있으며, 천지기화의 덕에 합일될 수 있다고 하였다. 해월은 사람만이 한울님을 모

---

18 『해월신사법설』, 「내수도문」.
19 『해월신사법설』, 「삼경」.

신 것이 아니라, 만물이 다 한울님을 모셨다는 것을 깊이 통찰하였다.

땅은 물론 그 땅에서 난 모든 것들을 아끼고 소중하게 여기는 것, 작은 것 하나라도 소중하게 대하는 따뜻한 마음이 경물이다. 이러한 경물의 실천은 소극적인 환경보호에 그치지 않고 적극적인 생명살림의 실천으로 나아가게 한다. "모든 존재를 마음을 가진 존재로서 다정하게 대하는 것이 이 세상 속에서 우리 마음이 이루어 내야만 하는 제일 큰일"[20]이다. 돈 되는 것이라면 뭐든 마구 파헤치는 이 천박한 시대에 경물이야말로 가장 긴절한 가르침이라고 할 것이다.

새로운 물질주의

한편, 경물에서 '물'(物)을 '물질'로 번역하면, 경물은 물질을 신성하게 대하는 것으로 해석할 수 있다. 그 물질을 극도로 추상화하여 대표하는 것이 바로 돈이다. 그러므로 진정한 경물은 돈에 대해서도 나쁘게 보지 않고, 그것이 제대로 순환하여 모두에게 골고루 분배되고, 좋은 프로젝트에 적절하게 쓰일 수 있도록 하는 것이다.

모든 사회문제의 근본 원인은 돈이나 탐욕 자체라기보다는 화폐 시스템, 금융 시스템 차원에 놓여 있다는 관점도 있다.[21] 대표적으로 『모모』의 저자 미하일 엔데는 "중요한 점은 빵집에서 빵을 사는 구입 대금으로서

20　나탈리 골드버그 지음, 권진욱 옮김, 『뼛속까지 내려가서 써라』, 한문화, 115쪽.
21　카와무라 아츠노리, 김경인 옮김, 『엔데의 유언』, 갈라파고스, 2013.

의 돈과 주식시장에서 거래되는 자본으로서의 돈은 서로 다른 두 종류의 돈"[22]이라고 하면서, 자연파괴, 전쟁, 빈곤, 실업 등의 모든 문제가 '무한히 자기증식하는 돈', '상품으로 매매되는 돈' 때문이라고 역설하였다. 신자유주의의 전면화 이후 이러한 현상은 더 심화되고 있다. 현재 거래되는 돈의 98퍼센트가 헤지펀드, 금융파생상품 등과 같은 투기에 사용되고 있으며 이것이 실물경제를 왜곡하고, 불평등을 심화하는 등 모든 경제위기의 근본 원인이 되고 있다고 한다.

그러므로 후손들이 살아갈 지속가능한 문명을 위해 귀중한 자연과 자원을 고갈시키면서 끊임없이 자기증식하는 돈을 전제로 한 현대의 경제 시스템을 바꾸는 것이 참다운 경물이라고 할 수 있다. 이런 문제의식에서 질비오 게젤은 시간이 흐를수록 돈의 가치를 떨어지게 하여 재화의 교환 수단으로서의 화폐 본연의 기능을 회복하자고 역설하기도 하였다.[23]

최근에 이런 흐름을 통합적으로 성찰하고 있는 찰스 아이젠슈타인 역시 화폐 시스템의 문제를 제기하고 있다. 그는 진짜 원인은 돈이 만들어지고 유통되는 방식에 내재해 있으며, 그 시스템의 중심에 고리대금이 있다고 한다. 고리대금이야말로 이 세계에 만연한 결핍의 원인이자, 이 세계를 집어삼키는 무한 성장 신화에 연료를 공급한다는 것이다.[24] 그는 이제 본격적으로 역행 과정을 시작할 때가 왔다고 한다. 그 예로 상품과 서비스 영역에 있던 것들을 선물, 호혜, 자급자족, 공유의 영역으로 되돌리

---

22 같은 책, 65쪽.
23 질비오 게젤, 『자연스러운 경제질서』, 클, 2021.
24 찰스 아이젠슈타인 지음, 정준형 옮김, 『신성한 경제학의 시대』, 김영사, 2015, 120쪽.

는 과정을 "역이자 화폐, 경제적 지대의 제거, 공유자원 고갈에 대한 배상, 사회·환경 비용의 내부화, 경제통화의 지역화, 사회배당금, 탈성장, 선물문화와 P2P 경제" 등으로 제기하고 있다.[25]

찰스 아이젠슈타인의 특별함은 새로운 경제학을 경제의 관점에서만이 아니라 인간성의 문제에서도 고찰하고 있다는 점이다. 그는 "개인적 차원에서 우리가 실행할 수 있는 가장 큰 혁명은 자아의식과 정체성의 혁명"이라고 하면서, "우리는 서로 분리될 수 없고 모든 생명과 분리될 수 없음을 깨달아가고 있다."고 역설한다. 영적으로나 생태적으로나 우리가 서로 연결돼 있다는 원리를 경제에 구현해야 한다는 것이다.

그는 탐욕조차도 근본적인 문제의 원인이 아니라 하나의 증상일 뿐이라고 한다. 가능한 한 많은 부를 소유하고 지배하고 가로채면서 냉담한 우주 속에 고립된 자아는 연결된 존재의 풍요와 단절되었기에 결핍을 낳았고, 이것이 탐욕을 낳는다는 분석이다. 그래서 필요한 것은 오히려 그들의 결핍을 치유해 주고 우리 모두가 하나로 연결되어 있다는 진리를 깨달아서 스스로 나눔의 경제에 참여할 수 있도록 도와주는 일이라고 한다.

이러한 입장을 찰스 아이젠슈타인은 '새로운 물질주의'로 명명한다.[26] 그는 '영적'(spiritual)이라는 말을 '물질적'이라는 말과 대립적으로 쓰지 않는다. 오히려 물질세계를 지금보다 더 신성한 대상으로 다뤄야 한다고 말

---

25 찰스 아이젠슈타인, 같은 책, 18장 참조. 경제적 지대의 제거는 조지 헨리의 『진보와 빈곤』에서 제기한 탁월한 통찰인 토지소유에 따른 지대 제거를 오늘날 경제 상황에 맞게 모든 경제 영역으로 확대한 것이며, 사회배당금은 최근 한국 사회에서 논의되고 있는 기본임금과 비슷한 내용이다.
26 찰스 아이젠슈타인, 같은 책, 462쪽.

한다. 관계와 순환과 물질적 삶 자체를 신성한 것으로 여겨야 한다는 말이다.[27] 또한 '부'(富)를 물질적 수치로만 평가할 것이 아니라, 정신적 '부'(富)까지 고려하는 더 성숙한 자세가 필요하다고 한다. '진정한 부가 무엇인가', '무엇이 존엄한 삶인가'에 대한 새로운 성찰이 필요하다는 것이다.

이런 점에서 해월의 경물 역시 '새로운 물질주의'로 해석될 수 있다. 이렇게 볼 때 참된 경물은 자연을 소중하게 대하는 태도는 물론이고, 신비로 가득 찬 경이로운 마음의 회복, 어린아이 같은 순수성과 현자의 사물에 대한 깊은 시선, 깊은 마음의 드러남이며, 물건 하나하나를 인격적으로 대하고, 그것에 유일성과 연대성을 부여하는 것이다. 돈이나 물질조차도 문제적으로 생각하는 것이 아니라 그것의 신성한 의미를 회복시켜 제 역할을 할 수 있도록 하는 것이라 할 수 있다. 따라서 경물이야말로 '깊은 마음의 생태학'[28]이라고 할 수 있으며, 해월의 생명철학의 꽃이라고 할 수 있을 것이다.

일상의 도

요컨대 해월은 수운의 시천주를 사인여천과 삼경이라는 실천적 의미로 재해석함으로써 시천주를 단지 내유신령, 외유기화라는 체험에만 빠지지 않게 하고, 일상에서의 공경의 실천이라는 동학적 삶의 특징을 형성해 낼

---

27 찰스 아이젠슈타인, 같은 책, 461쪽.
28 김우창, 『깊은 마음의 생태학』, 김영사, 2014.

수 있었다. 이것은 당시의 시대 상황 속에서 계급해방과 여성해방은 물론, 신으로부터의 해방까지 포함한 진정한 인간해방의 메시지로 이후 역사에서 큰 파급력을 발휘하며 한국적 해방운동을 이끌어 왔던 것이다. 특히 신을 부정하지 않으면서도 내 안의 신성을 주체적으로 발견하고 그 목소리를 따르는 삶으로의 전환이 참된 경천이라는 메시지는 인간 주체적 종교로서의 동학의 특징을 선명하게 보여준다고 하겠다.

 모두가 차별받지 않고 불의가 없는 개벽의 세상은 우리 생전에 당도하지 않을지도 모른다. 하지만 어떠한 상황 속에서도 마음이 무너지지 않고 얼굴에 미소를 잃지 않으며 인간에 대한 예의와 인격적 품위를 잃지 않는 일은 지금 당장 가능하다. 세상을 전면적으로 지상천국으로 만드는 일은 비록 하지 못할지라도 적어도 내가 속한 공간이나마 작은 천국으로 만드는 일은 나의 노력 여하에 따라 가능하다. 해월은 그렇게 일상의 도를 역설했다.

제4장 수도와 마음공부
—해월의 수양론

> 수심정기의 핵심은 한울마음과 한울기운에 연결하되 내가 중심이 되어 삶을 주체적으로 운용할 수 있는 방법을 의미하는 것이다. 이를 비유적으로 보면, 수심정기는 마치 철새가 기류에 올라타는 것과 같은 이치이다. 시베리아 철새가 한반도까지 이동할 때 그냥 날개의 힘만으로 오는 것이 아니라 하늘의 기류를 타고 온다고 한다. 기류를 타려면 거기에 몸을 싣되 중심을 놓치면 안 된다. 그렇게 흐름에 올라타 하나가 되면서도 자기의 중심을 잃지 않는 것이 바로 수심정기라고 할 수 있다.

깨달음의 학으로서의 동학

지금 우리 시대는 불안이라는 심리적 정조가 지배하고 있는 듯하다. 많은 사람들이 각종 스트레스와 우울증, 외로움, 분노에 사로잡혀 있다. 경쟁이 기본 원리인 사회에서 타인에 대해 따뜻한 마음을 가지고 친절하게 대할 마음의 여유는 없다. 화려한 백화점의 네온사인과 북적대는 대형마트, 스타를 동원한 매스미디어의 과대광고는 소비자들의 텅 빈 가슴을 파고들어 불필요한 욕망과 소비를 부추긴다. 수많은 지식과 정보가 난무한 가운데, 여전히 수많은 편견과 선입견, 차별이 엄존한다.

이러한 사회이다 보니, 심리치료나 마음공부, 명상수행의 필요성이 더 커지고 있다. 이 분야 시장 규모가 벌써 10조원을 넘어섰다는 보도도 나온다. 하지만 단기 프로그램을 통해 잠시 체험하는 정도에 그쳐 근본적인 해결이 안 되는 경우가 대부분이다. 어떤 명상 수행이라도 심신의 릴렉스와 감정의 정화, 그로 인한 불안과 스트레스 완화 효과는 있다. 그러나 모든 명상 수행이 다 권할 만한 것은 아니다. 명상을 잘못할 경우 부작용도 적지 않다.

깨달음을 상품화하여 돈벌이의 수단으로 삼거나, 지도자에 대한 지나친 우상화, 끌어당김의 법칙을 과대 선전하면서 오히려 물질에 대한 욕망을 부추기는 문제, 자기 수행법을 절대시하는 영적 독단, 그리고 약간의 체험으로 자신이 보통 사람보다 우월하다는 영적 에고의 문제, 실제로 인도와 티벳의 구루들이 일으킨 성적 스캔들, 게다가 현실을 도외시하고 가족을 떠나 혼자만의 세계로 침잠해버리는 현실 도피, 또는 수행에만 매몰된 수행 폐인, 그리고 모든 문제를 마음의 문제로 환원시켜버림으로써 사회제도적 문제나 부조리, 모순에 눈감아 버리는 문제도 있다. 따라서 수행의 목표를 바르게 설정하고 긴 호흡을 가지고 일상에서 꾸준히 마음을 살피는 것이 중요하다.

명상수행은 궁극적으로는 깨달음을 목표로 하는 것이지만, '깨달음'을 초감각적 세계를 보는 눈이 열려서 다른 사람의 운명을 헤아리고 신통력으로 병을 고치는 그런 것으로 이해되어서는 안 된다. 수행은 우선 원만한 인격, 유덕한 사람이 되는 것이다. 부정적 감정을 정화하고, 맑고 밝은 마음을 회복하고, 어떤 상황에서도 따뜻한 마음을 잃지 않고, 감정의 흔들림 없이 주어진 결과를 의연하게 맞이할 수 있는 인격을 갖추고자 하는 것이다.

또한 늘 깨어있는 마음으로 지금 여기에 현존하면서 몸과 마음의 주인이 되는 공부가 수행이다. 나아가서 내면의 '참나'를 발견함으로써 생사를 초월해 어디에도 걸림이 없는 자유로운 인격이 되고자 하는 것이다. 그러기 위해서는 참회로부터 시작해 상처받고 억압된 감정을 치유하고, 본래의 맑고 밝은 한울마음을 회복해야 한다. 그리하여 내 안에서 한울의 신성(神性)을 발견하고, 궁극적으로 나와 한울이 둘이 아니라는 비이원성, 무궁성을 깨닫는 것이 수행이다.

동학 역시 이런 마음공부(心學)를 기본으로 한 수행의 학문이자 깨달음의 종교이다. 다만 동학에선 수행(修行)이라는 표현보다는 주로 수도(修道)라는 표현을 더 많이 쓴다. 동학 수도의 목적은 한마디로 '도성덕립'(道成德立)이라고 할 수 있다. 진리를 온전히 깨닫고 덕 있는 사람으로 우뚝 서는 것이다. 동학을 창시한 수운 최제우는 모든 사람들이 자기 내면의 한울을 발견함으로써 천심을 회복하고 거룩한 사람이 되기를 바랐다. 수운은 그 방법을 해월에게 가르쳤고, 해월 역시 오랜 수도를 통해 마침내 그런 사람이 되었다.

시천주의 체험과 양천주

동학의 수도는 일차적으로 내 몸에서 시천주를 체험하는 것에서 출발한다. 수운은 경신년에 "온 몸이 천지의 기운에 휩싸여 기화되는 체험을 하고, 안으로는 한울님의 가르침을 받는"(外有接靈之氣, 內有降話之敎)[1] 체험을 하였다. 이 체험을 나중에 '내유신령(內有神靈), 외유기화(外有氣化)'라고 표현한 것이다.

수운에게 한울님은 우주에 가득 찬 영기(靈氣)였다. 수운은 그것을 주로 '지기'(至氣)라고 표현했는데, 기 자체가 영(靈)이기도 하다는 데서 성리학의 기론(氣論)과 갈라지고, 서양의 유신론적 종교와 만나는 지점이 생긴

---

[1] 『東經大全』,「論學文」, "擧此一一不已故 吾亦悚然 只有恨生晚之際 身多戰寒 外有接靈之氣 內有降話之敎 視之不見 聽之不聞 心尙怪訝 修心正氣而問曰 何爲若然也."

다.² 물질과 정신이 둘이 아니고, 기와 영이 둘이 아니라 하나의 궁극적 실재의 양 측면으로 보는 것이다. 이 하나의 혼원한 일기(一氣), 또는 지기(至氣)가 인간에게 경험될 때, 밖으로는 기운의 떨림으로 체험되고, 안으로는 강화(降話)의 가르침으로 체험된다는 것이다. 이것이 시천주 '모심'의 두 측면이다.

수운의 깨달음은 한울님이 실재하되, 초자연적 인격신으로 실재하는 것이 아니라, 우주적 영기(靈氣)로서 우주에 가득 차 있다는 것, 그리고 그 우주적 영기가 모든 사람의 몸에 모셔져 있다는 것을 깨친 것이다. 그러므로 한울님은 사변적 증명의 대상이 아니라, 기운과 신령으로 체험되어야 하는 존재였다. 이에 대해서 1920년대 『개벽』 지(誌) 주간이자, 방정환 어린이운동의 이론적 뒷배였던 소춘 김기전은 다음과 같이 강조하고 있다.

> 한울님은 비록 육안에 비치는 형체 있는 것은 아닐지라도 이 천지에 충만하시사 이 몸에 영성(靈性 土體)이시니, 이 한울님을 실지로 모시어서 친면(親面)하여서 이 한울님의 무궁영덕(無窮靈德)을 이 몸뚱이로써 직접 받아 내리우는 그것이다. 고쳐 말하노니 첫째로 한울님은 펄펄 뛰시는 신령으로서 지금(現)에 살아계시고(活在), 또 영원에 살아계시며, 그래서 한울님은 한울님 스스로가 다시없는 한 큰 의사(意圖)이시며 경륜(經綸)이시며 능력이시라는 것을 분명히 알지(認識) 않으면 안 될 것이요.³

---

2 김경재, 「東學의 神觀」, 『東學思想論叢』 제1집, 天道敎中央總部, 1982, 218쪽 참조.
3 소춘, 「천사친면」(天師親面), 『신인간』 통권 172호(1942년 12월호).

김기전은 스승 수운에게 펄펄 뛰는 신령으로서 체험되었던 그 살아계신 한울님을 누구나 체험해야 함을 강조하면서, 마치 대제사장이 폐백을 들고 대제를 받드는 것 같은 마음으로, 한울님을 친면(親面)하고자 하는 강한 기원으로 시천주를 체험해야 함을 강조하고 있다.

인간은 이 체험을 통해 비로소 한울님의 실재를 수용하게 되고, 이 우주자연이 신성한 기운으로 가득 차 있다는 것을 느끼게 됨과 동시에 자신의 탄생이 우연한 물리적 현상이 아니라 우주적 영기의 필연적 섭리라는 것을 알게 되면서 한울님에 대한 '경외지심'(敬畏之心)과 감사한 마음이 생기게 된다는 것이다. 이러한 경외지심이야말로 인간을 '각자위심'에서 벗어나 겸허한 인격으로 모든 사람들을 대하게 하며, 어떤 상황이라도 의연하고 굳건하게 맞이할 수 있는 힘을 갖게 하는 것이다.[4] 그래서 수운은 본인이 체험했듯이 사람들이 '외유접령지기'와 '내유강화지교'를 체험함으로써 '시천주'의 '참뜻'을 이해하게 되고, 이로써 참된 경천(敬天)이 시작될 수 있을 뿐 아니라, 도성덕립(道成德立)의 마음공부도 여기서부터 출발한다고 보았던 것이다.

그런데 해월의 시대에 와서 동학 수도는 미묘한 변화를 보인다. 해월은 "밖으로 접령하는 기운이 있음과 안으로 강화의 가르침이 있음을 확실히

---

4 신학자 김경재는 지금의 천도교가 동학 초기의 역동적인 시천주 체험을 잃어버렸음을 안타까워 하기도 한다. 그는 동학 초기에는 한울님의 감응을 굳게 믿고 기다리는 시천주 신앙, 인간의 진솔한 탄원에 감응하여 응답하기도 하는 '내재적 초월자'로서의 신령한 지기(至氣), 곧 인격적 한울님 신앙이 있었지만, 이후 인간주체적 자각종교로 그 성격이 변화되어버렸다는 것이다. 김경재, 「종교적 입장에서 본 현대 100년의 천도교」, 『동학학보』, 2006, 제10권 1호, 329쪽.

투득해야 가히 덕을 세웠다 말할 것이며 그렇지 않으면 탁명이나 했다는 것을 면하지 못할 것"[5]이라고 하면서 여전히 시천주 체험을 중시하면서도, 거기에 머물지 말고 더 나아가야 한다는 점을 강조한다.

> 나는 수도할 때에 한울님 말씀을 여러 번 들었으나 지금 생각건대 이는 아직 도에 달하지 못한 초보입니다. 한울님 말씀과 사람의 말의 구별은 이는 바른 일과 바르지 않은 일 두 가지뿐이니 바른 마음으로 바르지 않은 마음을 다스리게 되면 무엇이 한울님 말씀 아님이 있겠습니까.[6]

앞장에서도 언급한 바 있지만, 그의 강조점은 시천주보다는 '양천주' 쪽으로 이동하고 있다. '내유신령'보다는 '심즉천'을 강조하는 해월에게 '천'은 '내재적 초월자'라기보다는 태어날 때부터 내재하고 있는 마음의 본체, 또는 '심령'의 의미가 더 강했다.

> 경전에 말씀하시기를 「안으로 강화의 가르침이 있다」하였으니 강화는 즉 심령의 가르침입니다. 사람이 누가 강화의 가르침이 없겠습니까. 오관(눈·귀·코·혀·몸)의 욕심이 슬기구멍을 가렸을 뿐입니다. 마음이 하루아침에 도를 환히 깨달으면 심령의 가르침을 분명하게 들을 수 있습니다.

---

5 『해월신사법설』,「심령지령」, "外有接靈之氣 內有降話之敎 丁寧透得可謂立德也 不然則未免托名矣."

6 『해월신사법설』,「기타」, "余 修道의 時에 天語를 屢聞하였으나 今에 思컨대 是 아직 未達一間의 初步니라. 天語 人語의 區別은 是 正邪의 兩端뿐이니, 正心으로써 邪心을 治케 되면 무엇이 天語아님이 있으리오."

그러나 강화도 아직 도에 달하지 못한 초보입니다. 사람의 일어일묵과 일동일정이 다 그 법을 범하지 아니하여 강화의 가르침과 같아진 연후에야 가히 이르렀다 할 것입니다. 그러므로 대신사(수운-필자주)의 말년에는 강화의 가르침이 없으셨으니, 생각건대 사람의 말과 행동이 원래 이것이 심령의 기틀에서 일어나는 것이니, 마음이 바르면 무엇이 강화의 가르침이 아니겠습니까.[7]

강화가 따로 있는 것이 아니라, 심령의 기틀에서 나오는 목소리, 즉 욕심을 비우고 본래의 마음을 회복하면 강화의 가르침이 아님이 없다는 것이다. 더 중요한 것은 바른 마음이며, 일상의 모든 말과 행동이 마음과 합치되는 것이 중요하다는 것이다. 이로써 내 안에서 한울마음을 키워나가는 양천주 공부가 더 중시되고 있다. 따라서 해월에게서 시천주 체험은 물론 중요한 과정이지만, 여기에만 머물지 말고, '마음이 한울'(心卽天)임을 깨달아 양천주의 공부로 나아가라고 했던 것이다.

---

7   『해월신사법설』,「기타」, "經에 曰「內로 降話의 敎 有하다」하였나니, 降話는 卽 心靈의 敎니라. 人이 誰降話의 敎 無하리오마는 五官의 慾이 慧竇를 蔽하였는지라, 心이 一朝에 豁然貫通하면 心靈의 敎를 歷歷히 聞하나니라. 然이나 降話도 아직 未達一間이니라. 人의 一語一黙과 一動一靜이 皆是其規에 越치 아니하여 降話의 敎와 如한 然後에야 可히 達하였다 할지니, 故로 大神師 末年에는 降話의 敎 無하셨나니, 思컨대 人의 言語動靜이 元來 是 心靈의 機發이라, 心이 正하면 무엇이 降話의 敎 아니리오."

수심정기

시천주의 체험이 동학 수도의 입문으로 중요한 부분이라면, 수심정기(守心正氣)는 동학 수도에서 가장 핵심적인 도법이라고 할 수 있다. 수운은 "인의예지는 옛 성인의 가르친 바요, 수심정기는 오직 내가 다시 정한 것"[8]이라고 했다. 여기서 수심(守心)은 한울로부터 본래 품부 받은 한울마음(天心)을 회복하여 그 마음을 늘 유지해 나가려는 것을 의미하며, 정기(正氣)란 한울의 기운에 화해져서 몸의 기운을 조화롭게 바로잡는 것을 말한다. 동학 수도법은 이처럼 마음을 기운과 항상 같이 언급하는 것이 특징이다. '수심정기'라 할 때도 그렇고 "군자의 덕은 기운이 바르고 마음이 정해져 있으므로"라든지 "마음이 화하고 기운이 화하여(心和氣和) 봄같이 화하기를 기다리라" 등 마음을 단독으로 쓰기보다는 항상 기운과 같이 사용하고 있다.

수심정기는 수운이 해월에게 1863년 8월 14일 도통을 전수하면서 함께 전한, 이른바 동학의 핵심 심법(心法)이라고 할 수 있다. 하지만 해월이 그것의 온전한 의미를 체득하는 데는 적지 않은 시간이 걸렸던 것 같다. 해월이 도통(道統)을 전수받은 것은 1863년이지만, 그때 수운으로부터 받은 수심정기 심법을 자신의 것으로 소화하여 표현하게 된 것은 1871년 이후인 것으로 보인다. 그리고 수심정기를 제자들에게 설법한 것은 1878년 무렵이다.[9]

---

8   『동경대전』,「수덕문」,"仁義禮智 先聖之所教 修心正氣 惟我之更定."
9   표영삼,『동학 2』, 통나무, 2005, 88쪽.

수운은 수심정기의 의의에 대해 선언적인 언급만 했을 뿐, 그것의 의미를 자세히 설명하거나 논의하지 않았다. 그 몫은 고스란히 해월에게 주어졌다. 그래서 해월은 오랫동안 수도에 힘쓰면서 수심정기의 참 의미를 숙고하여 나름의 방식으로 소화하고 마침내 제자들에게 설하게 되었던 것이다.

그는 먼저 수심정기를 마음과 기운의 어떤 상태, 즉 마음과 기운이 맑고 밝은 상태로 표현한다.

> 사람이 능히 그 마음의 근원을 맑게 하고 그 기운바다를 깨끗이 하면 온갖 티끌이 더럽히지 않고, 욕념이 생기지 아니하면 천지의 정신이 전부 한 몸 안에 돌아오는 것입니다. 마음이 맑고 밝지 못하면 그 사람이 우매하고, 마음에 티끌이 없으면 그 사람이 현철한 것입니다.[10]

수심정기는 첫째, 그 마음의 근원을 맑게 하고 기운을 깨끗이 하는 공부라는 점을 밝히고 있다. 마음의 티끌을 제거하면 자연히 맑고 밝아지며 어질게 된다는 것이다. 이는 한울로부터 받은 본래의 마음을 맑고 밝게 회복하는 것이기도 하다. 또한 기운바다를 깨끗이 한다는 것은 기운의 근원을 맑게 한다는 것인데, 기운이라는 것은 몸으로 나타나는 에너지를 말한다. 사람의 얼굴을 잘 관찰해 보면, 그 사람의 마음과 기운의 맑음과 밝음을 구분할 수 있다. 물론 기운은 마음의 상태가 반영된 것이기도 하다. 하지

---

10 『해월신사법설』, 「수심정기」, "人能淸其心源 淨其氣海 萬塵不汚 慾念不生天地精神總 歸一身之中 心無淸明其人愚昧 心無塵埃其人賢哲."

만 기운은 마음 외에도 먹고, 마시고, 말하고, 행동하는 모든 일상의 습관까지 포함해서 그 사람의 에너지로 형성되기 때문에 더 포괄적인 차원이라고 할 수 있다. 장자(莊子)도 "귀로 듣지 말고 마음으로 듣고, 마음으로 듣지 말고 기운으로 들어라."[11]고 하였다. 기운 상태에까지 바뀌어야 실제적인 존재상태의 변화가 일어났다고 할 수 있는 것이다.

둘째, 마음이 화하고 기운이 화한 상태, 즉 '심화기화'(心和氣和)[12]가 되어서 마음과 기운이 평정하고 온화한 상태를 가리킨다. 해월은 "성품이 중심에 이르면 백체가 자연히 편안하다."고 하여, 지극한 수련을 통해서 마음과 기운이 한울의 기운과 화해지면 자연히 심화기화(心和氣和)가 되어서 몸과 마음이 편안하고 한가로우며 평정한 상태가 될 수 있다고 한다. 마음이 화하고 기운이 화하게 되면, 자연히 마음이 기쁘고 즐거운 상태가 된다. 또한 마음이 기쁘고 즐거우면, 마음과 기운이 자연히 화해지기도 한다. 그래서 해월은 "마음이 기쁘고 즐겁지 않으면 한울이 감응치 아니하고, 마음이 기쁘고 즐거워야 한울이 감응"한다고 하였다.

셋째, 항상 깨어서 집중된 상태를 말한다. 그냥 마음만 맑고 편안한 상태가 아니라 도덕적 의지로 충만하고 항상 깨어서 집중해 있는 상태이다. 그래서 해월은 "잠잘 때라도 능히 다른 사람이 나고 드는 것을 알고, 능히 다른 사람이 말하고 웃는 것을 들을 수 있어야 수심정기라고 말할 수 있

---

11 『장자』,「인간세」, "若一志, 无聽之以耳而聽之以心, 无聽之以心而聽之以氣! 耳止於聽, 心止於符, 氣也者, 虛而待物者也. 唯道集虛. 虛者, 心齋也."
12 『東經大全』,「題書」, "得難求難 實是非難 心和氣和 以待春和."

다."¹³고 한다. 잠잘 때라도 사람이 들어오고 나가는 것을 알아야 한다는 것은 늘 정신이 깨어 있어야 한다는 말이다.¹⁴ 최근 강조되고 있는 '마음챙김'과도 상통하는 말이다.

운전으로 비유하자면 정신 바짝 차리고 전방주시를 잘하는 것을 말한다. 잠시만 방심해도 바로 사고로 연결된다. 삶의 운전도 마찬가지라서, 좋은 삶을 살기 위해서는 다른 어떤 것보다 이러한 깨어 있는 마음이 가장 중요하다. 나눠서 말하면, 지금 여기에 깨어서 자기 삶의 운전대를 잘 잡고 있는 것이 '수심'이고, 시동을 켜고 안전벨트를 잘 하고 운전석에 바르게 앉아 자동차와 하나가 되어 있는 상태를 정기라고 할 수 있다. 그렇게 할 때 몸과 감정, 생각에 매몰되지 않고, 그것들의 주인으로서의 '참 자아'의 자리에 바로 정위(正位)할 수 있는 것이다. 수심정기는 바로 그런 마음과 기운의 각성을 통해 근원과 잘 연결되어 있는 조화로운 '존재상태'(the state of being)를 말하는 것이다.

이렇게 수심정기가 되어 한울과 연결되면 자연히 신령해질 수 있다. 해월은 말한다.

거울이 티끌에 가려지지 않으면 밝고, 저울에 물건을 더하지 않으면 평하고, 구슬이 진흙에 섞이지 않으면 빛납니다. 사람의 성령은 하늘의 일월

---

13 『해월신사법설』,「守心正氣」, "鏡不蔽垢則明 衡不加物則平 珠不渾淤則光矣 人之性靈也如天之日月 日中則萬國自明 月中則千江自照 性中則百體自安 靈中則萬事自神矣."
14 이는 성철스님이 늘 강조했다는 '寤寐一如'와 상통하는 의미이다. 성철, 『백일법문』, 장경각, 2014. 참조.

과 같으니, 해가 중천에 이르면 만국이 자연히 밝고, 달이 중천에 이르면 천강이 자연히 빛나고, 성품이 중심에 이르면 백체가 자연히 편안하고, 영기가 중심에 이르면 만사가 자연히 신통한 것입니다.[15]

마음이 맑아지고 고요해지면 자연히 지혜가 나와 만사가 저절로 알아지고 형통해진다는 것이다. 이 지혜가 바로 내유강화지교(內有降話之敎)이며, 한울님의 가르침이라고 할 수 있다. 그래서 해월은 "사람은 마음에 한울님의 가르침을 얻은 뒤에라야 뜻과 생각이 신령한 것입니다."고 하였고, 수심정기가 되면 저절로 천지의 정신과 하나가 된다고도 하였다. 또 수심정기는 "한울과 끊어지고 멀어진 기운을 회복하는 것"이라고도 했다. 끊어져 있던 한울과 연결하는 것이 수심정기라는 의미이다. 안팎으로 한울과 연결됨으로써, 기운은 강건하고 마음으로는 지혜가 밝아질 수 있다는 것이다.

따라서 수심정기는 마음과 기운이 늘 맑고 밝고 온화하고 평정하며, 집중되어 있는 상태, 나아가 신령한 마음과 기운의 상태에 비벼, 고요한 가운데 한울의 지혜를 받을 수 있는 상태, 또한 몸과 마음의 주인으로서 깨어 있는 상태를 가리킨다. 이런 마음이 되어야 비로소 인의예지의 도덕 실천도 가능하며, 다른 사람들에게 늘 온화할 수 있다는 것이다.

---

15 『해월신사법설』,「守心正氣」,"鏡不蔽垢則明 衡不加物則平 珠不渾淤則光矣 人之性靈也如天之日月 日中則萬國自明 月中則千江自照 性中則百體自安 靈中則萬事自神矣 鏡不蔽垢則明 衡不加物則平 珠不渾淤則光矣 人之性靈也如天之日月 日中則萬國自明 月中則千江自照 性中則百體自安 靈中則萬事自神矣."

오늘날처럼 '불안'이라는 심리적 정조가 지배하고, 옆 친구조차도 경쟁자로 생각하고 처음 만나는 사람은 늘 경계하는 마음으로 살며, 자주 마음을 놓치고 사는 우리들에게 맑고 밝고 온화하고 깨인 마음의 상태를 강조하는 수심정기의 필요성은 더욱 요구된다고 하겠다.

수심정기하는 방법, 심고

그럼, 이런 수심정기는 어떻게 하는 것인가? 이에 대해서 해월은 "수심정기 하는 법은 효·제·온·공이니 이 마음 보호하기를 갓난아이 보호하는 것같이 하며, 늘 조용하여 성내는 마음이 일어나지 않게 하고 늘 깨어 혼미한 마음이 없게 함이 옳다."고 하였다. 여기서 '효제온공'(孝悌溫恭)이라는 유교적 용어를 쓰고 있지만, 주의할 점은 그 대상이 바로 자신의 마음이라는 점이다. 이를 잘못 파악하여 해월이 여전히 유교적 관습을 못 벗어났다고 비판하는 경우가 있는데, 이는 문맥을 잘못 살핀 것이다. 이 말은 부모님에게 효도하고 형제간에 우애 있고, 누구에게든 따뜻하고 공손하게 대하는 그런 마음의 자세로 자기의 마음을 잘 보살피라는 뜻이다. 마치 갓난아이를 보호하듯이 자신의 마음을 잠시도 방심하지 말고 늘 주의 깊게 살피라는 의미이다.

매매사사를 한울님에게 고하는 '심고'(心告) 역시 수심정기를 위한 유력한 방법이다. 해월이 「내수도문」(內修道文)을 통해 가장 강조하는 점도 여기에 있다.

잘 때에 '잡니다' 고하고, 일어날 때에 '일어납니다' 고하고, 물 길러 갈 때에 '물 길러 갑니다' 고하고, 방아 찧으러 갈 때에 '방아 찧으러 갑니다' 고하고, 정하게 다 찧은 후에 '몇 말 몇 되 찧었더니 쌀 몇 말 몇 되 났습니다' 고하고, 쌀을 그릇에 넣을 때에 '쌀 몇 말 몇 되 넣습니다' 고하옵소서. 먹던 밥 새 밥에 섞지 말고, 먹던 국 새 국에 섞지 말고, 먹던 침채 새 침채에 섞지 말고, 먹던 반찬 새 반찬에 섞지 말고, 먹던 밥과 국과 침채와 장과 반찬 등은 따로 두었다가 시장하거든 먹되, 고하지 말고 그저 '먹습니다' 하옵소서.[16]

이처럼 심고는 나의 마음이 한울마음에서 떠나지 않고 항상 연결되게 하는 수심정기의 유력한 수단이다. 수련은 많이 한다고 꼭 좋은 것이 아니라, 마치 와이파이 연결하듯이 연결되는 것이 중요하다. 따라서 심고는 나의 마음을 한울마음에 연결시키는 일종의 심적(心的) 설정(setting)이라고 할 수 있다.

주문 수련의 의미

수심정기를 능수능란하게 하기 위한 가장 중요한 도구는 바로 '주문'(呪文)이다. 주문은 영부와 더불어 1860년 수운이 한울로부터 세상 사람들을

---

16 『해월신사법설』, 「內修道文」.

가르치라고 받은 짧은 '글'이다.[17] 동학의 주문은 '지기금지 원위대강'(至氣今至願爲大降)의 8자 강령주문과, '시천주조화정 영세불망만사지'(侍天主造化定 永世不忘萬事知)의 13자 본주문을 합쳐서 21자이다. 강령주문은 "지극한 한울기운 지금 여기 크게 내리소서"라는 기운을 접함을 청하는 기원문이고[18], 본주문은 "한울님 모셨으니 조화가 자리 잡고, 영원토록 잊지 않으니 만사가 깨쳐지네."라는 뜻이다.[19] 본주문은 시천주를 온전히 체험하면, 마음이 한울님의 무위이화의 덕에 합일되어 자연히 조화로운 삶을 살 수 있게 되며 이를 오랫동안 잊지 않고 수행하면 마침내 천도의 진리를 온전히 깨닫게 되리라는 염원을 담고 있다.

주문은 단순히 주술적인 효과를 바라는 기원의 도구가 아니라, 수심정기를 하기 위한 수도법이다. 수운은 "열세 자 지극하면 만권시서 무엇하며 심학이라 하였으니 불망기의 하였어라."라고 하여 주문(열세 자)만 열심히 외워도 누구나 현인군자가 될 수 있다고 했다. 또한 해월도 "주문 삼칠자는 대우주·대정신·대생명을 그려낸 천서(天書)"라고 하였고 "시천주 조화정(侍天主造化定)은 만물 화생의 근본을, 영세불망 만사지(永世不忘萬事知)는 사람이 먹고 사는 녹의 원천을 밝힌 것"이라고 의미를 부여하였다.[20]

일반적으로 주문이나 염불 수련은 기존의 전문가 위주의 수행에 비해

---

17 『東經大全』,「布德文」, "曰然則西道以敎人乎, 曰不然, 吾有靈符, 其名仙藥, 其形太極, 又形弓弓, 受我此符, 濟人疾病, 受我呪文, 敎人爲我, 則汝亦長生 布德天下矣."
18 『동경대전』,「논학문」, "今至者, 於斯入道, 知其氣接者也. 願爲者, 請祝之意也. 大降者, 氣化之願也."
19 『동경대전』,「논학문」, "造化者, 無爲而化也. 定者, 合其德定其心也."
20 『해월신사법설』,「영부·주문」, "呪文三七字 大宇宙 大精神 大生命 圖出之天書也"「侍天主造化定」萬物化生之根本也「永世不忘萬事知」人生食祿之源泉也."

대중적인 수련법으로 알려져 있다. 그런데 대중적이라 해서 깊은 체험을 할 수 없는 것은 아니다. 일반인들이 깊은 체험을 하기 힘든 것은 수행법이 심오하지 못해서라기보다는 큰 목적을 세워서 한 생각에 매진하기가 어렵기 때문이다. 생활하면서 정신을 집중하기 어렵기 때문에 방편으로 사용하는 것이 바로 주문이나 염불이다. 20세기 한국불교에서 다시 염불선을 주창한 청화스님은 "범상한 사람들은 좀처럼 마음을 통일시키기가 어렵기 때문에 이럴 때 가장 쉬운 방법이 염불을 통해 마음을 모으는 것"[21]이라고 했다. 또 염불이 결코 낮은 차원의 수행이 아니라, "우리 눈앞의 시비 분별하는 여러 가지 생각이 우리 본각(本覺)의 참 성품임을 각오(覺悟)하는 것이요, 부처와 내가 본래 하나임을 재확인하는 공부"[22]라고 했다. 이처럼 염불은 매우 간이해서 일상생활을 하면서도 어느 때나 어느 장소에서나 할 수 있는 대중적 수행법이면서도, 결코 낮은 차원의 수행이 아니라 우주의 본바탕인 진여불성을 깨닫게 하는 공부라고 할 수 있다.

마찬가지로 동학의 주문 수련은 간단한 몇 구절을 반복적으로 외움으로써 빠르게 성신십중을 하게 한다. 하나의 음절에 집중하게 되면 평소 복잡하고 산만했던 뇌파가 그 소리가 내는 단일한 주파수대로 수렴하게 되므로 뇌파를 안정시켜 준다. 그래서 복잡했던 마음이 편안해지는 효과가 있게 된다. 또한 한 호흡에 주문을 여러 번 반복하면 자연스럽게 단전호흡이 된다. 그러므로 호흡법을 통해 단전수련에 전념할 때와 같은 기운의 정련(精鍊)이 이루어지고 이에 따른 신체적 변화가 일어난다. 주문이나 염불

---

21 청화,『생명의 고향, 마음자리로 돌아다는 가르침』, 도서출판 상상예찬, 2007, 36쪽,
22 같은 책, 196쪽.

을 위주로 수행하는 단체에서 치유의 효력이 많은 것도 이런 이유이다. 또한 주문을 반복하면 마음이 정화되고 단련되면서 마음의 힘(心力)이 생긴다. 마음과 기운의 힘이 강해질수록 실천력도 강해진다. 주문은 신체적인 단련이 진행되고 마음이 수렴되어 일심(一心)이 되게 하므로 자연스럽게 수심정기가 되는 공부이다.

이처럼 대부분의 주문이나 염불은 신앙의 대상, 또는 소의경전을 외우면서 그 대상에 귀의하는 의미를 담고 있다. 그냥 아무런 의미가 없는 짧은 음절을 반복해서 외워도 집중력과 단전호흡과 같은 효과가 없는 것은 아니지만, 신앙 대상에 대한 절대적인 믿음과 간절한 마음을 가지고 반복할 때 신앙심이 깊어지고, 마음의 위안을 얻고 마음의 힘이 더욱 생기게 된다. 무엇보다도 삶의 자세가 세속적이고 육신적인 삶에서, 영적이고 진리 중심으로 마음이 정(定)해지게 된다. 다시 말해 마음이 맑아지고 몸의 에너지가 변화되는 체험이 가능한 것이다. 여기서 전면적인 인격의 변화는 물론 존재상태의 변화가 자연히 일어나게 된다.

여기에 더해 동학의 주문의 또다른 의미는 바로 의미론적인 측면이 더해진다는 것이다. 서울대 종교학과의 최종성 교수는 다음과 같이 말한다.

주문의 암송이 지닌 발화의 힘을 언급하지 않을 수 없지만, 그보다 주문의 문장론적 의미를 살펴볼 필요가 있다. 왜냐하면 주문은 의미 없는 언어의 조합이라기보다는 초기 동학의 핵심적인 가치와 내용을 정제된 언어의

형태로 압축하고 있는 고민의 산물이기 때문이다.[23]

주문 자체가 수운의 깨달음을 압축적으로 요약하고 있기 때문에, 그것이 하나의 '화두' 역할을 한다. '시천주 조화정 영세불망 만사지'를 반복적으로 외우는 가운데 그 깊은 의미를 저절로 되새기고 깨닫게 되는 것이다. 이처럼 동학의 주문 수련은 기존의 짧은 음절을 반복하는 것이 주는 심신의 효과에다가, 시천주의 의미론적인 차원이 보태져서, 자연한 가운데 수심정기가 되어 천심을 회복하게 하고 무위이화(無爲而化)의 천도의 이치를 깨달아 만사지에 이르게 하는, 쉬우면서도 매우 효과적인 수련법이라고 할 수 있다.

하지만 주문도 하나의 도구일 뿐, 주문을 너무 절대시해서도 안 된다. 배로 강을 건너면 배는 두고 가야 하듯 언젠가는 주문을 내려놓고 자유롭게 천심에서 노닐어야 한다. 핵심은 수심정기가 되는 데 있다.

요컨대 수심정기의 핵심은 한울마음과 한울기운에 연결하되 내가 중심이 되어 삶을 주체적으로 운용할 수 있는 상태를 의미하는 것이다. 수심성기는 마치 철새가 기류에 올라타는 것과 같은 것이다. 시베리아 철새가 한반도까지 이동할 때 오로지 날갯짓의 힘만으로 오는 것이 아니라 하늘의 기류를 타고 온다고 한다. 기류를 타려면 거기에 몸을 싣되 중심을 놓치면 안 된다. 그렇게 천지운행의 흐름에 올라타 하나가 되면서도 자기의 중심을 잃지 않는 것이 바로 수심정기라고 할 수 있다.

---

23 최종성, 『동학의 테오프락시』, 민속원, 2009, 153쪽.

하늘에 기류가 있듯이, 더 큰 우주적 차원의 흐름이 '천도'(天道)이다. 수심정기는 이 천도와 합치되는 구체적인 몸과 마음의 자세를 의미하는 것이다. 결코 추상적인 이론이 아니다. 이렇게 우주적 리듬을 타게 되면 애씀 없이 저절로 한울의 질서에 부합하는 삶을 살게 되는데, 이것을 '무위이화'(無爲而化)라고 한다. 그래서 해월은 다음과 같이 언급하고 있다.

> 주문 열세 자는 즉 천지만물 화생의 근본을 새로 밝힌 것이요, 수심정기 네 글자는 천지와 끊어졌던 기운을 다시 회복하는 것이며, 무위이화는 사람이 만물과 더불어 천도천리에 순응하는 우주만유의 참된 모습입니다.[24]

이를 보면, 수심정기는 내 몸과 마음의 기운이 천지의 기운과 끊어졌던 데서 다시 그것에 연결되는 방법이다. 한울마음과 합치되고 한울의 기운과 연결됨으로써 한울의 힘과 지혜를 적극 활용하면서 창조적 주체의 삶을 살아가는 방법이 바로 '수심정기'의 공부법이고, 그 도구가 '주문'이라고 할 수 있다.

본디 수운이 깨달아서 우리에게 밝히려고 했던 것은 다름 아닌, 그동안 끊어졌던 한울과 연결하는 방법이며, 한울과 합치되어 무위이화로 살아가는 방법이다. 그래서 해월도 주문과 수심정기와 무위이화를 하나로 꿰

---

[24] 『해월신사법설』, 「기타」, "大神師의 呪文十三字는 卽 天地萬物 化生의 根本을 發明한 것이요, 守心正氣 四字는 更히 天地隔絶의 氣를 補한 것이며, 無爲而化는 人與萬物의 順道順理의 法諦라. 故로 道는 別로 高遠한 處에 在한 것이 아니라, 汝의 身에 在하며 汝의 世界에 在하니라."

어서 언급하고 있는 것이다. 이렇게 주문과 수심정기를 통해 한울과 연결되어 무위이화로 사는 방법을 제시한 것이 동학이다.

수도의 마음가짐 — 정성, 공경, 믿음

수운이 수심정기 못지않게 중시한 덕목이 바로 성·경·신(誠敬信), 즉 정성·공경·믿음이다. 수운은 "우리 (동학) 공부는 오직 성경신 석 자에 있다."[25]라고 하였다. 성경신은 수도에서는 물론 일상을 살아가는 삶의 태도이자 지켜내야 할 중요한 가치이기도 하다. 이를 운전으로 비유하면, 목적지에 잘 도착하는 것도 중요하고, 그 길이 평탄한 것도 중요하겠지만, 그보다 더 중요한 것은 운전하는 사람의 자세와 태도인 것에 비유할 수 있다. 오늘날 고급차를 타고도 누군가 갑자기 끼어들거나, 차가 막히거나 하면 화를 버럭 내며 상소리까지 하는 사람이 많다. 이런 사람은 삶의 현장에서도 비슷한 모습을 보일 가능성이 높다. 만년에 사는 비록 고물차라도 늘 먼저 양보하고 차가 막히거나 길이 좁아지거나, 혹은 어둠이 찾아와도 개의치 않고 편안하게 운행하는 사람도 있다. 삶에서도 그런 마음으로 사는 사람이라면 어떤 어려운 상황이 와도 평정심을 잃지 않고 의연함을 유지할 수 있을 것이다.

그런 마음의 태도와 삶의 자세를 수운은 '성경신'이라고 하였다. 이는

---

25 『동경대전』, 「좌잠」, "吾道博而約 不用多言義 別無他道理 誠敬信三字."

세상을 대하는 태도이자, 다른 사람을 대하는 태도이며, 궁극적으로는 자기 자신을 대하는 태도이기도 하다. 수심정기가 수도의 원리라면, 성경신은 수도자(修道者)의 삶의 태도, 마음가짐이라고 할 수 있다. 수운은 이 성경신을 동학 공부의 알파요 오메가라고 정의한 것이다. 해월은 이러한 스승의 뜻을 깊이 헤아리고, 제자들에게 성경신의 마음가짐과 삶의 태도를 수시로 강조했다.

> 우리 도는 넓으면서 간략하고 마음은 세심하되 한결같이 함을 주로 삼으니, 넓고 간략하고 세심하고 한결같음은 정성, 공경, 믿음이 아니면 능치 못할 것입니다. 믿음이 있는 연후에 능히 정성하고 정성이 있은 연후에 능히 통하는 것이니 그러므로 정성에 있고 사람에 있다 함은, 하나는 정성에 있고 하나는 믿는 사람에게만 있다는 것입니다.[26]

도는 넓으면서도 간략하기 때문에, 마음 역시 세심하면서도 한결같아야 함을 강조하면서 정성, 공경, 믿음을 강조하고 있다. 그런데 그 순서를 보자면, 먼저 믿고 이후에 정성들여야 한다는 것이다. 믿는 사람에게만 있다는 것도 도를 이루는 것은 저쪽, 한울에 달린 것이 아니라 자신의 믿음에 달렸다는 것이다.

---

26 『해월신사법설』,「기타」, "吾道는 博而約하고 精而一로써 主를 삼나니, 博約精一은 誠敬信이 아니면 能치 못하리라. 信이 有한 然後에 能히 誠하고 誠이 有한 然後에 能히 通하는지라, 故로 在誠在人이라 함은 一則 誠에 在하고 一則 信하는 人에 뿐 在한다 함이니라."

그러면서 해월은 '성경신' 글자 하나하나를 다시 자세하게 풀이하고 있다. 먼저 성(誠)에 대해서는 다음과 같이 말하였다.

> 사시의 차례가 있음에 만물이 생성하고, 밤과 낮이 바뀜에 일월이 분명하고, 예와 지금이 길고 멀음에 이치와 기운이 변하지 않으니, 이는 천지의 지극한 정성이 쉬지 않는 도인 것입니다. 나라 임금이 법을 지음에 모든 백성이 화락하고, 벼슬하는 사람이 법으로 다스림에 정부가 바르며 엄숙하고, 뭇 백성이 집을 다스림에 가도가 화순하고, 선비가 학업을 부지런히 함에 국운이 흥성하고, 농부가 힘써 일함에 의식이 풍족하고, 장사하는 사람이 부지런히 노고함에 재물이 다하지 않고, 공업 하는 사람이 부지런히 일함에 기계가 고루 갖추어지니, 이는 인민이 지극한 정성을 잃지 않는 도인 것입니다.[27]

해월은 이렇게 천지가 쉬지 않고 운행하는 도(天道)와, 나라가 잘 돌아가는 것도 모든 백성(人民)이 자기 생업을 정성껏 하는 데 있다고 한다. 따라서 정성의 첫 번째는 쉬지 않고 변함없이 꾸준한 것이다.

> 순일한 것을 정성이라 이르고 쉬지 않는 것을 정성이라 이르니, 이 순일

---

27 『해월신사법설』,「성경신」, "四時有序萬物盛焉 晝夜飜覆日月分明 古今長遠理氣不變 此天地至誠無息之道也 國君制法 萬民和樂 大夫治法朝廷整肅 庶民治家家道和順 士人勤學國運興焉 農夫力穡衣食豊足 商者勤苦 財用不竭 工者勤業機械俱足 此人民至誠不失之道也."

하고 쉬지 않는 정성으로 천지와 더불어 법도를 같이하고 운을 같이하면 가히 대성(大聖), 대인(大人)이라고 이를 수 있습니다.[28]

해월은 순일하고 쉬지 않는 것을 정성이라고 하여, 정성으로 천지의 법도를 같이 하면 이미 큰 성인이며, 대인이라고 하였다. 해월은 삶에서 실제로 이런 쉬지 않는 정성을 몸소 보여주었다. 그는 관의 추적을 피해 피신하여 머무는 곳에서 쉬지 않고 노끈을 꼬고 멍석을 짜고 나무를 심었다. 일이 없으면 있던 노끈을 풀어 다시 꼬았다고도 한다.

두 번째로 공경이다. 해월의 가르침의 정점은 '공경' 한마디라고 해도 과언이 아니다.

사람마다 마음을 공경하면 기혈이 크게 화하고, 사람마다 사람을 공경하면 많은 사람이 와서 모이고, 사람마다 만물을 공경하면 만상이 거동하여 오니, 거룩하다 공경하고 공경함이여![29]

해월은 사람들이 보이지 않는 한울과 귀신은 공경하면서도 정작 사람은 공경하지 않는다고 비판한다. 또한 한울을 공경하는 것은 물론이지만 신분 고하를 막론하고 모든 사람들을 공경할 수 있어야 한다고 강조했다.

---

28 『해월신사법설』, 「성경신」, "純一之謂誠 無息之謂誠 使此純一無息之誠 與天地 同度同運則 方可謂之大聖大人也."
29 『해월신사법설』, 「삼경」, "人人敬心則氣血泰和 人人敬人則萬民來會 人人敬物則萬相來儀 偉哉敬之敬之也夫."

나아가서 물(物)까지도 공경하는 경물(敬物)에 이르러야 비로소 덕이 천지 기화에 합일될 수 있다고 하였다.

이러한 공경의 정신이 '사인여천'과 '삼경'으로 구체화되었고, 해월은 그의 삶에서 이 삼경을 실천으로 보여주었다. 특히 여성과 어린이, 하인 등 사회적 약자까지도 공경하고, 나아가 물건까지도 공경하는 삶의 자세를 역설하고 실천궁행함으로써 스스로 동학적 인간상을 정립하고 동학적 인격의 전형을 보여주었다.

셋째, 믿음에 대해서는 "억천 만사가 도시 믿을 신(信) 한 자뿐이니. 사람의 믿음이 없는 것은 수레의 바퀴가 없는 것과 같다."고 하였으며, 순서로 봐서도 정성과 공경에 앞서 먼저 믿는 마음이 있어야 실지가 있을 것이라고 하였다.

> 사람이 혹 정성은 있으나 믿음이 없고, 믿음은 있으나 정성이 없으니 가히 탄식할 일입니다. 사람의 닦고 행할 것은 먼저 믿고 그 다음에 정성 드리는 것이니, 만약 실지의 믿음이 없으면 헛된 정성을 면치 못하는 것입니다. 마음으로 믿으면 정성과 공경은 자연히 그 가운데 있습니다.[30]

마음으로 진정 믿으면 정성, 공경은 자연히 따라온다는 것이다. 또 믿음이란 초월적인 상제를 믿는 것이 아니라 자기 마음을 믿는 것이라고 하였다. 여기서 마음은 본래의 심령, 천심을 말한다.

---

30 『해월신사법설』, 「삼경」, "人或有誠而無信 有信而無誠 可嘆矣 人之修行先信後誠 若無實信則 未免虛誠也 心信 誠敬自在其中也."

마음을 믿는 것은 곧 한울을 믿는 것이요, 한울을 믿는 것은 곧 마음을 믿는 것이니, 사람이 믿는 마음이 없으면 한 등신이요, 한 밥주머니일 뿐입니다.³¹

마음을 믿는다는 것은 자기의 본래 마음을 잘 기를 뿐 아니라 믿고 신뢰함으로써 항상 마음을 편안하게 하고, 화평하게 하는 것이다. 마음을 믿게 되면 스스로 안달하지 않고 조급해 하지 않고, 남에게 굽신거리지 않게 된다. 그러면서 매사에 자신감을 가지고 일을 할 수 있다. 물론 이것이 말처럼 쉬운 것은 아니다. 사람들은 금방 마음을 먹었다가 작심삼일이 되면 스스로 자책하고 믿지 못하기 때문이다. 그렇기에 매사에 심고(心告)와 수심정기(守心正氣)로써 마음을 놓치지 않는 것이 중요하다. 이 둘은 서로 상보적인 관계에 있다.

성경신을 실천하는 것은 결코 쉬운 일이 아니다. 그래서 해월은 "만일 큰 덕이 아니면 실로 실천하고 행하기 어려운 것이요, 과연 성·경·신에 능하면 성인되기가 손바닥 뒤집기 같다."고 하였다. 또 이렇게 말했다.

우리 수운 대선생께서는 정성에 능하고 공경에 능하고 믿음에 능하신 큰 성인이시었습니다. 정성이 한울에 이르러 천명을 계승하시었고, 공경이 한울에 이르러 조용히 천어를 들으시었고, 믿음이 한울에 이르러 묵계가 한울과 합하셨으니, 여기에 큰 성인이 되신 것입니다. 생이지지(生而知

---

31 위의 글, "信心卽信天信天卽信心 人無信心一等神一飯囊而已."

之)하신 성인도 오히려 그러하셨거든, 하물며 어리석은 사람이 어질고자, 어두운 사람이 밝아지고자 범인이 성인이 되고자 함이겠습니까.[32]

성경신(誠敬信)을 지극히 할 수 있다면 이미 어떤 정신적 경지에 도달해 있다고 해도 과언이 아닌 것이다. 우리의 삶이 어떤 어려움에 처할지라도 자신과 사람에 대한 믿음을 잃지 않고, 매일의 정성을 변치 않고, 다른 사람에 대한 공경하는 마음을 잃지 않는다면 그 자체가 이미 위대한 성취이다.

해월이 수운으로부터 도통(道統)을 물려받을 수 있었던 것도 다름 아니라, 그가 성경신에 가장 지극한 사람이었기 때문이라고 단언할 수 있다. 어떤 상황에서도 마음이 변치 않을 사람, 어떤 상황에서도 마음의 온화함과 공경하는 마음을 잃지 않을 사람, 해월은 그런 사람이었다. 따라서 성경신은 삶의 자세이자 추구해야 할 가치이기도 하면서, 수도를 통해 도달해야 할 마음의 상태라고도 할 수 있다.

앞에서도 언급한 것처럼 수도는 무엇을 깨닫는 것이 중요한 것이 아니라, 어떤 마음 자세로 사람과 사물을 대하는가, 어떤 태도와 삶의 방식으로 세상을 사느냐, 그 마음이 중요한 것이다. 이에 대해 이규성은 다음과 같이 언급하고 있다.

---

[32] 위의 글, "我水雲大先生 克誠克敬克信之大聖也夫 誠格于天 承乎天命 敬格于天 密聽乎天語 信格于天契合乎天 玆以其爲大聖乎 生而知之聖猶然 矧乎 愚而欲賢暗而欲明 凡以欲聖乎."

동학적 주체성은 자신의 마음을 우주의 생성에 조율하는 노력을 통해 고요한 안정성과 포용성을 바탕으로 외부 사물과 소통하는 능력을 함양하는 데에서 이루어지며, (중략) 이런 체험은 천지를 부모님처럼 섬기는 실천과 더불어 다른 사람은 물론 모든 존재를 깊이 존중하는 진실성과 공경성, 신실함으로 일상에서 드러나게 된다.[33]

'마음을 우주의 생성에 조율하는 노력'이 수심정기라면, 뒷부분 '다른 사람은 물론 모든 존재를 깊이 존중하는 진실성과 공경성, 신실함'은 성경신을 현대적으로 풀이한 것이다. 동학적 실천의 요체를 압축적으로 잘 표현하고 있다.

마음과 기운의 관계

앞에서 말했듯이 동학은 늘 마음과 기운을 같이 언급한다. 마음만 언급하지 않고 늘 기운을 같이 언급하는 것은 이 기운의 차원까지 바꾸어야 실제의 변화가 일어날 수 있기 때문이다. 해월은 경전 곳곳에서 마음과 기운과의 관계를 논한다. 마음과 기운의 상관관계를 깨닫게 되면 주체적으로 마음을 활용하는 법을 깨달을 수 있다. 그는 말한다.

---

33 이규성, 『최시형의 철학』, 이대출판부, 2011, 23쪽.

움직이는 것은 기운이요, 움직이고자 하는 것은 마음이요, 능히 구부리고 펴고 변하고 화하는 것은 귀신입니다. 귀신이란 것은 천지의 음과 양이요 이치와 기운의 변동이요 차고 더움의 정기니, 나누면 한 이치가 만가지로 다르게 나타나고 합하면 한 기운일 따름입니다.[34]

움직이고자 하는 의도가 마음이고, 그것을 움직이게 하는 힘이 기운이다. 그리고 그 사이에서 작용하는 주체를 '귀신'(鬼神)이라고 부른다. 여기서 귀신은 일반적으로 생각하는 개체 영을 의미하는 것이 아니라, 성리학의 용어로서 기(氣)의 두 측면인 음양(陰陽)의 두 힘을 의인화한 것이다. 음적인 힘을 귀(鬼), 양적인 힘을 신(神)이라 한다. 이 귀신은 천(天)과 인(人), 무(無)와 유(有)를 매개하여 만물의 생성변화를 일으키는 작용인(agent)이다.

수운이 한울님으로부터 들은 마지막 가르침이 "귀신이라는 것도 나다."(鬼神者 吾也)라는 말씀이었는데, 이 말은 한울님이 세계를 만들어 놓고 저 천상에 초월적으로만 계시는 존재가 아니라, 이 우주 안에 가득 찬 기운으로서 만물을 생성시키는 힘이면서 동시에 인간의 마음에 감응하는 영(靈)이라는 의미이다. 따라서 사시의 변화, 해와 달의 움직임은 물론이고, 인간이 태어나 손발을 움직이고 말하고 웃는 것 모두가 한울의 영기(靈氣)가 작용함으로써 가능하다는 것이다. 그것을 수운은 "사람의 수족동

---

34 『해월신사법설』, 「천지인・귀신・음양」, "動者氣也 欲動者心也 能屈能伸 能變能化者 鬼神也. 鬼神者天地之陰陽也 理氣之變動也 寒熱之精氣也 分則一理萬殊 合則一氣而已."

정 이는 역시 귀신이요, 선악간 마음 용사(用事) 이는 역시 기운이요, 말하고 웃는 것은 이는 역시 조화로세."[35]라고 노래했다. 따라서 사람의 마음에 감응하여 조화를 일으키는 존재가 귀신이며, 작용하는 힘이 기운이다. 이 귀신(靈)과 기운(氣)을 떠나 따로 '한울님'이 존재하는 것이 아니라는 말이다.

이를 방송파와 텔레비전으로 비유를 해 보면, 방송파는 귀신이고, 전기가 기운이며, 텔레비전은 인간의 몸, 텔레비전 채널은 마음, 그리고 리모컨은 생각에 해당된다고 할 수 있다. 전원을 켜고 채널로 주파수를 맞추면 방송파가 동조가 되어, 보고 들리는 현상이 가능한 것처럼, 나의 생각과 마음으로 주파수를 맞추면 거기에 영(귀신)과 기가 응하여 현상이 일어나는 것이 우리의 삶이라고 할 수 있다.

하나의 방송파이지만 스크린으로는 영상이, 스피커로는 음성이 들리는 것처럼, 하나의 우주적 영기(靈氣)이지만 인간의 몸으로는 기운을 경험하고, 마음으로는 영을 경험할 수 있는 것이다. 영기(靈氣)는 인간의 안에도 있고 바깥에도 있고, 우주의 모든 공간에 존재한다. 아니 더 근원적인 차원에서는 상대적인 시공의 세계를 넘어 절대 세계에서도 존재한다. 그 차원을 수운은 '무궁'이라고 표현했다. 이 무궁의 차원은 노자의 '도'(道) 또는 '무'(無), 성리학의 '리'(理), '무극'(無極), 불교의 '공'(空), 그리스도교의 '하느님'에 해당한다.

해월은 이 마음을 밝히고 기운 작용을 밝힌 것이 스승 수운의 깨달음이

---

35 『용담유사』, 「도덕가」.

자 천도(天道)의 이치라고 하였다.

나의 한 기운은 천지우주의 원기와 한줄기로 서로 통했으며, 나의 한 마음은 조화귀신의 소사(所事)와 한 집의 활용이니, 그러므로 한울이 곧 나며 내가 곧 한울입니다. 그러므로 기운을 사납게 함은 한울을 사납게 함이요, 마음을 어지럽게 함은 한울을 어지럽게 함입니다. 우리 스승님께서 천지우주의 절대원기와 절대성령을 체응하여 모든 일과 모든 이치의 근본을 처음으로 밝히시니, 이것이 곧 천도이며 천도는 유·불·선의 본원입니다.[36]

이 말은 나의 기운이 우주의 기운과 연결되어 있으며, 나의 마음은 또한 한울의 영과 연결되어 있으므로, 내가 곧 한울이요, 한울이 곧 나라고 할 수 있다는 것이다. 나아가 나의 마음과 한울이 연결되어 있음을 깨달아, 나의 마음으로 한울기운을 잘 운용하는 창조적 주체로 거듭나라는 것이다. 이것이 바로 스승 수운이 깨달은 천도의 핵심이다.

---

36 『해월신사법설』, 「기타」. "我의 一氣 天地宇宙의 元氣와 一脈相通이며, 我의 一心이 造化鬼神의 所使와 一家活用이니, 故로 天卽我이며 我卽天이라. 故로 氣를 暴함은 天을 暴함이요, 心을 亂함은 天을 亂케 함이니라. 吾師 天地宇宙의 絶對元氣와 絶對性靈을 體應하여 萬事萬理의 根本을 刱明하시니, 是乃天道며 天道는 儒佛仙의 本原이니라."

마음 씀에서 화복(禍福)이 생긴다

여기서 중요한 점은 '한울님'이 이 우주에 가득 차 있는 영기(靈氣)로서 인간의 마음에 감응한다는 사실이다. 수운은 한울님이 역사나 인간의 삶에 임의로 간여하는 주재자나, 인간의 행위에 상벌을 내리는 심판관이 아니라고 보았다. 이를 수운은 '불택선악의 한울님'[37]으로 표현하기도 하였다. 기존의 대부분의 유신론은 '율법주의적 상벌관'을 가지고 인간의 행위에 따라 상벌을 내리는 존재로서 신(神)을 상정하고 있다. 그런데 이런 '율법주의'는 표층신앙의 특징으로서 외부의 수직적 권위에 복종하게 만들게 하며 문자주의에 빠져 다른 종교를 배척하고 자기의 신앙만이 유일한 진리라는 배타적인 신앙을 낳는 등 역사적으로 많은 폐해를 낳았다.[38]

수운이 이해한 한울님은 그런 심판관이 아니었다. 인간의 선악과 화복에 대한 결정권은 저쪽에 있는 것이 아니라, 이쪽 즉 인간의 마음에 달렸다. 율법의 준수 여부로 결정되는 것이 아니라, 어떤 생각을 하고 어떤 감정 상태에 있느냐에 달린 것이다. 마치 리모컨이나 채널처럼 작동해서 그에 맞는 방송 주파수가 임하는 것과 같은 이치이다. 따라서 중요한 것은 내 마음의 상태, 생각과 감정을 포함한 의식의 상태인 것이다.

결국 내 마음이 나의 운명, 나의 세계를 만드는 것이며, 그 마음에 감응하여 현상으로 드러나게 하는 존재가 바로 한울(귀신과 기운)인 것이다. 마

---

37 『용담유사』, 「도덕가」, "그러나 한울님은 지공무사 하신 마음 불택선악 하시나니 효박한 이 세상을 동귀일체 하단 말가."
38 오강남, 『생각』, 현암사, 2022. 참조.

음과 한울이 하나이지만 나눠서 보자면, 마음이 짓고, 한울이 감응하는 것이다. 그렇기 때문에 화복(禍福)은 인간 스스로가 마음으로 짓고 결정할 수 있다.

> 마음이란 것은 허령의 그릇이요 화복의 근원이니, 공과 사 사이에 득실의 도입니다.[39]

> 지금에 어리석은 풍속에 산에 빌며 물에 빌어 복을 비는 자 또한 기이한 중험이 없지 아니하니, 이것은 천지의 영묘가 어느 곳에든지 비추지 아니한바 없는 것입니다. 그러나 저 잡신을 위하는 자가 화를 면하고 복을 받고자 함은 잘못 아는 것이니, 화와 복은 결코 저기에서 오는 것이 아니요, 전혀 자기 마음의 짓는 바에 있는 것입니다.[40]

이런 마음의 이해는 불교와는 상통하지만, 유학에서 이해하는 도덕적인 심과는 조금 차원이 다르다. 유학에서도 마음은 일신(一身)의 주재자이며, 선악을 가름하는 존재이지만, 마음이 화복을 짓는다고 표현하지는 않는다. 아마도 이는 이 이치를 몰라서라기보다는 유학의 문제의식이 인간

---

39 『해월신사법설』, 「강서」, "心者 虛靈之器 禍福之源 公私之間 得失之道."
40 『해월신사법설』, 「기타」, "大하다, 天道의 靈妙 事에 涉치 아니함이 없으며 物에 有치 아니함이 없나니, 萬像이 다 天道의 表顯이니라. 수에 愚俗이 山에 祈하며 水에 禱하여 福을 祝하는 者 또한 異驗이 없지 아니하나니, 是 天地의 靈妙 何處에든지 照臨치 아니한 바 無하니라. 然이나 彼 淫祀를 爲하는 者 禍를 免하고 福을 受코자 함은 誤解니, 禍와 福은 決코 彼에서 來하는 者아니요, 全혀 自心의 所造니라."

의 도심(道心)을 확충하는 데 있었고, 복을 구하는 것은 오히려 이(利)를 구하는 인욕(人欲)으로 보았기 때문일 것이다.

하지만 동학은 민중을 중심으로 하는 가르침이다. 민중에게 더 중요한 관심 사안은 화복(禍福)이다. 그런데 당시의 많은 사람들은 화복을 정해진 숙명으로 생각하거나, 그릇된 믿음으로 복을 구하기 일쑤였다. 그래서 해월은 그런 민중들을 대상으로 화복의 근원과 올바른 마음 씀을 가르치고자 한 것이다. 즉 인간의 화(禍)와 복(福)은 운명으로 정해진 것이 아니라 마음이 짓는 바에 따라서 나타난다는 것이다. 선악과 화복이 저쪽의 한울에 달린 것이 아니라 전적으로 나의 마음에 달린 것이다.

그래서 중요한 것은 마음을 잘 쓰는 것이다. 외면적인 행위보다는 내면적인 마음의 상태가 중요하다. 지금 나의 마음이 맑고 밝은가. 혹시라도 부정적 생각이나 감정에 사로잡혀 있지는 않은가. 항상 깨어 있는가. 늘 정성·공경·믿음을 염두에 두고 있는가. 이런 것이 중요한 관건이다. 따라서 핵심은 감정까지 포함해서 나의 존재상태가 진정으로 바뀌는 것이다. 그것이 수심정기, 특히 기운을 바르게 한다는 것의 의미이다.

정리하자면, 해월은 마음과 기운의 이치를 분명히 깨달아 스스로의 마음을 늘 맑고 밝고 온화하게 잘 돌볼 뿐 아니라, 그 마음 씀의 이치를 잘 헤아려서 한울의 기운을 운용할 수 있는 사람이 되라고 한 것이며, 동시에 고립적인 자기중심주의를 넘어서 한울과 내가 둘이 아니며, 우주만물과 내가 둘이 아님을 온몸으로 깨달아 애씀 없이 천도와 합치된 무위이화의 삶을 살라고 했던 것이다. 그것이 동학의 수도이며 실천의 핵심이다.

제5장 여성이 새 세상의 주역이다
— 「내수도문」과 부인수도

해월은 당시 남존여비의 고정관념에서 핍박받는 여성에 대해 집안에서의 거룩한 역할을 중시하면서 여성은 한 집안의 주인일 뿐만 아니라, 앞으로의 문명 세계를 열어갈 주역이라고 선언하였다.

또 여성의 역할과 비중이 남성보다 월등히 높아진다는 '일남구녀'(一男九女)의 운을 설파하였다. 이는 종래의 가부장적 문화를 기반으로 한 문명이 끝나고, 여성성의 가치와 의미가 새롭게 조명되는 문명이 도래한다는 사실을 예견한 것이며, 새로운 문명에서는 여성이 중심이 되리라 본 것이다. 새로운 문명은 권위적 지배의 힘이 요구되는 것이 아니라 생명의 본래적 본성을 발휘하여 '모심'과 '살림'의 능력을 생활세계에서 거룩하게 구현하는 것이 더욱 요구되기 때문이다.

여성의 시선으로 동학을 보다

우리나라는 유교적 가부장제 문화가 아직도 현실적 규정력을 가지고 있는 나라이다. 남존여비의 인식은 많이 개선되었다고는 해도 아직도 많은 분야에서 편견과 차별, 불평등이 여전하다. 영국의 시사주간《이코노미스트》가 조사한 결과에 의하면, 한국의 직장 내 여성이 동등한 기회를 받을 기회를 평가하는 지표인 '유리천장 지수'에서 한국은 OECD 국가 중에서 12년 연속 최하위라고 한다.[1]

한국 사회의 남성 중심의 가부장제 문화, 특히 족보, 종중, 가문, 대 잇기 등 부계 혈통제는 조선시대를 지나 오히려 일제강점기를 거치면서 전국적으로 확산되었다. 일제강점기 일본으로부터의 침탈은 조선 민중들의 삶을 더욱 피폐하게 만들었고, 고난받던 민중은 차별받지 않는 평등한 사회를 꿈꾸기보다는 신분제가 무너지는 혼란기를 틈타 오히려 신분 상승의 욕망에 편승했던 것이다. 이른바 가짜 족보와 양반 흉내 내기가 전국화된 것이다. 그리고 그 역사의 이면에는 진짜 평등 세상을 열망한 동학의

---

1 《경향신문》, 2024.3.7, "한국, 이코노미스트 '유리천장 지수' 12년 연속 꼴찌"

좌절이 자리 잡고 있었다.

이런 문제의식을 공유한 여성들이 2015년 13권으로 된 '동학다큐소설' 시리즈를 저술하고 출간하였다. 여성의 시선으로 '동학의 민중적 삶'을 그리고 있는 이 시리즈는 여성인권운동가, 주부, 교사 등 14명이 함께 집필한 다큐소설이다. 이 시리즈는 『해월의 딸, 용담할매』, 『동이의 꿈』, 『잊혀진 사람들』 등 13권으로 구성됐다.[2] 이 시리즈를 기획하고 주도한 고은광순은 평등 세상, 개벽 세상을 꿈꾸던 동학의 실패가 우리의 역사에서 가장 뼈아프게 느껴진다고 한다.

> 동학도들이 얼마나 생명을 존중하며 한울 닮은 삶을 살기 위해 치열하게 노력했는지, 동학혁명의 실패 이후 허위적 가부장제가 어떻게 단단해지는지를 드러내고 싶었다. 허위의식을 걷어내고 생명을 사랑하며 가꾸고 살리는 일은 여성들이 언제나 해왔던 일이고 잘 할 수 있는 일이다. 가부장제의 허위의식에 길들여지지 않은 여성들의 시각으로 우리 역사 속에서 가장 고등한 철학을 가지고 실천에 숨겼던 그들을 조명될 수 있었던 것은 작가나 독자 모두에게 행운이라고 생각한다.[3]

---

2 해월의 딸, 용담할매(청산 편, 고은광순), 피어라 꽃(해남진도제주 편, 정이춘자), 겨울이 깊을수록 봄빛은 찬란하다(서울경기 편, 임최소현), 잊혀진 사람들(섬진강 편, 유이혜경), 동이의 꿈(북한 편, 박석홍선), 깃발 휘날리다(보은 편, 동학언니들), 님, 모심(강원도 편, 김현옥), 은월이(연산 대둔산 편, 한박준혜), 세세산 달빛(천안 편, 변김경혜), 깊은 강은 소리없이 흐르고(장흥 편, 명금혜정), 하늘을 울린 뜻(경상도 편, 고은광순·명금혜정·김정미서·리산은숙), 내포에 부는 바람(내포 편, 박이용운), 비구름을 삼킨 하늘(공주 편, 이장상미).
3 《오마이뉴스》, 여성운동가들이 역사소설 쓰기에 나선 이유, 15명의 동학언니들이 쓰

그녀는 동학은 양반, 남성 중심의 사회에서 평민, 천민, 여성, 아동, 출세 못한 양반 등 모든 사회적 약자들을 귀히 여기는 사회로의 개벽을 꿈꿨다고 말하면서 우리 사회에서 동학을 다시 살려내는 것이 필요하다고 힘주어 말했다.[4] 그러므로 여성의 시각에서 다시 본 동학이야말로 진짜 동학의 참모습이라는 것이다.

동학의 역사에서 여성이 주인공인 하나의 사례가 이소사(이조이)이다. 그녀의 이름은 동학혁명 당시 일본의 한 신문에 다음과 같이 실렸다.

> 동학당에 여장부가 있다. 동학당의 무리 중에 한 명의 미인이 있는데, 나이는 꽃다운 22세로 용모는 빼어나기가 경성지색(傾城之色)의 미인이라 하고, 이름은 이조이(李召史, 이두로 읽어 이조이)라 한다. 오랫동안 동학도로 활동하였으며, 장흥부가 불타고 함락될 때 그녀는 말 위에서 지휘를 하였다고 한다. 일찍이 꿈에 천신이 나타나 오래된 제기(祭器)를 주었다고 하여 동학도가 모두 존경하는 신녀(神女)가 되었다. 그러나 장흥전투의 패배로 관군에 체포되어 지금은 장흥의 철장 안에 있다고 한다. 어쩌면 작년의 최신동(崔神童, 대덕면 연지리 출생. 본명은 최동린, 또는 최동. 13세에 석대들 전투 지휘. 1894년 12월 28일 처형)의 일과 같은 것일까?' (일본의 《국민신문》 1895년 3월 5일자 기록)

22세의 젊은 여성이 말을 타고 동학혁명군의 앞장에 서서 전투를 지휘

는 13권의 동학다큐소설, 2015.05.16.
4 《경향신문》, "여성동학 다큐소설 출간 주도한 고은광순 씨, 평등 철학에 매료", 2015.12.07.

한 사실은 생각만으로도 가슴의 피를 뜨겁게 끓게 한다. 비록 뜻을 이루지 못하고 생을 마감했지만, 이소사는 항일운동의 선구자요 불가사의한 영웅으로서 역사의 귀감이 되는 인물이다.[5]

며느리가 한울님이다

수운이 득도 후 먼저 한 일 중 하나가 여종 둘을 해방시켜서 한 사람은 수양딸로 또 한 사람은 며느리로 삼은 일이라고 한다. 수양딸로 삼는 건 그렇다 치더라도, 미천한 출신을 며느리로 삼는 것은 오늘날에도 그리 쉬운 일은 아니다. 그리고 나서 한 일이 부인 박씨에게 도를 전한 일이었다. 물론 그 과정은 순조롭지 않았다. 박씨는 처음에는 남편이 정신이 이상해진 것이 아닌가 생각했다. 하지만 수운은 정성을 다해서 부인을 설득하고 자신의 체험의 의미를 전했다. 수운은 그때의 상황을 매우 사실적으로 묘사하고 있다.

이 말씀 들은 후에 심독희자부(心獨喜自負)로다. 그제야 이날부터 부처(夫妻)가 마주앉아 이 말 저 말 다한 후에 희희낙담 그뿐일세. '이제는 자네 들소 이내 몸이 이리 되니 자소시(自少時) 하던 장난 여광여취 아닐런가. 내 역시 하던 말이 헛말이 옳게 되니 남아 역시 출세 후에 장난도 할 것이

---

5 《무등일보》 2018. 03.06, 기획연재, 김목의 호남 여성보(女性譜), 〈30〉 이소사 동학농민혁명 지도자.

오 헛말인들 아니할까 자네 마음 어떠한고.' 노처의 거동 보소. 묻는 말은 대답찮고 무릎 안고 입 다시며 세상 소리 서너 마디 근근이 끌어내어 천장만 살피면서 '꿈일런가 잠일런가 허허세상 허허세상 다같이 세상사람 우리 복이 이러할까. 한울님도 한울님도 이리 될 우리 신명 어찌 앞날 지낸 고생 그다지 시키신고. 오늘사 참말이지 여광여취 저 양반을 간 곳마다 따라가서 지질한 그 고생을 눌로 대해 그 말이며 그중에 집에 들면 장담같이 하는 말이 그 사람도 그 사람도 고생이 무엇인고. 이내 팔자 좋을진댄 희락은 벗을 삼고 고생은 희락이라 잔말 말고 따라가세 공로할 내 아니라. 내 역시 어척 없어 얼굴을 뻔히 보며 중심에 한숨 지어 이적지 지낸 일은 다름이 아니로다 인물 대접 하는 거동 세상사람 아닌 듯고 처자에게 하는 거동 이내 진정 지극하니 천은이 있게 되면 좋은 운수 회복할 줄 나도 또한 알았습네.' 일소일파 하온 후에 불승기양 되었더라.[6]

이 부분은 4월 5일 한울과 문답이 열리고 나서 처음의 흥분이 어느 정도 가라앉고 자신이 받은 도에 대한 확신이 생긴 이후 수운 선생과 부인 박씨 두 사람이 마주 앉아서 나눈 이야기를 부인의 목소리를 통해 전달하는 부분이다. 여기서 "인물 대접 하는 거동 세상사람 아닌 듯고 처자에게 하는 거동 이내 진정 지극하니"라는 부분을 보면 비록 고생은 시켰지만 평소에 정성이 지극했음을 엿보게 한다. 이처럼 득도 후 맨 처음 한 일이 여종을 해방하는 일이었고, 맨 처음 포덕한 사람이 아내였다는 사실은 매

---

6 『용담유사』, 「교훈가」.

우 의미심장한 일이다. 그리고 그는 한문을 잘 모르는 부녀들을 위해 따로 한글 가사체의 글을 남길 정도로 여성에 대한 세심한 배려가 있었던 사람이다.

해월은 이런 스승을 거의 3년간 곁에서 지켜보았다. 부인은 물론, 한때 여종이었던 며느리에게도 함부로 하대하지 않고 한울님으로 대하는 태도를 말이다. 그런 해월이었기에 당시 유교적 가부장 중심 문화, 특히 남존여비의 관념은 용납할 수 없는 일이었다. 그의 여성에 대한 태도가 가장 잘 드러나는 일화가 "며느리가 한울님"이라는 법설이다.

> 내가 청주를 지나다가 서택순의 집에서 그의 며느리가 베 짜는 소리를 듣고 서군에게 묻기를 '저 누가 베를 짜는 소리입니까' 하니, 서군이 대답하기를 '제 며느리가 베를 짭니다' 하기에, 내가 또 묻기를 '그대 며느리가 베 짜는 것이 참으로 그대 며느리가 베 짜는 것입니까' 하니, 서군이 나의 말을 분간치 못하였습니다. 어찌 서군뿐이겠습니까. 도인의 집에 사람이 오거든 사람이 왔다 이르지 말고 한울님이 강림하셨다 말하소서.[7]

오늘날에도 '며느리'는, 한국 사회의 중요한 사회적 갈등적 용어로 치부된다. 최근 들어 상전벽해라 할 만한 개선이 이루어졌는데도 그러하다. 시댁에서 손님이 아니라 일꾼으로 취급되는 경우가 많다. 청소부터 음식

---

7 『해월신사법설』, 「대인접물」, "余過淸州徐垞淳家 聞其子婦織布之聲 問徐君曰「彼誰之織布之聲耶」徐君對曰「生之子婦織布也」又問曰「君之子婦織布 眞是君之子婦織布耶」徐君不卞吾言矣 何獨徐君耶 道家人來 勿人來言 天主降臨言."

장만, 설거지 등 온갖 집안일을 도맡아야 한다. 그래서 한국 사회는 명절 때만 되면 며느리들의 스트레스가 심해지고, 명절이 지나면 이혼이 급증한다는 통계도 여전히 유의미한 수치를 보여준다. '며느리 = 집안일'의 도식은 일정 정도 깨어졌다고 하더라도, 전통사회에서 며느리의 노동으로 치부되어 온 '돌봄' 노동이 여전히 여성 중심의 가정노동에 전가되는 상황은 아직도 계속되고 있다. 그러니 남존여비가 당연시되던 조선말 당시는 오죽했겠는가? 그래서 며느리는 오랫동안 남존여비와 가부장제도 각각의 차원에서 소외되고 압박받는 이중의 구속 상태에 놓여 있다고 얘기된 것이다.[8]

그런 현실에서 해월은 서택순이 며느리를 인식하는 태도에서 화두를 잡아서, 며느리 또한 한울님을 모신 존재임을 역설했던 것이다. 또한 당시의 억압적 현실에서 여성에 대한 모든 차별적 시선을 거두고 여성을 한울님으로 대우하라는 엄중한 메시지를 전하고 있다. 이는 결국 계급과 귀천, 남녀와 노소를 떠나 모든 차별적 관계를 혁파하라는 근본적 메시지를 담고 있는 것이다.

이런 점에서 유교적 가부장제에 대한 가장 강력한 도전이 바로 동학이었다. 그런 만큼 보수적 유생들은 "귀천과 등위를 차별하지 않고, 남녀를 구별하지 않는다."고 동학을 비난하기도 하였다. 동학이 신분적 질서를 무너뜨리고 남녀유별의 윤리를 지키지 않는다는 것이다. 사람의 빈부귀천과 남녀의 유별, 신분질서가 천리요 천명이라고 믿었던 유생들로서는

---

8 따라서 '며느리'는 단지 '며느리'일 뿐만 아니라, 오늘날 '비정규적 노동자'처럼 다중적 차별과 불평등에 노출된 모든 존재를 대표하는 상징어라고 말할 수 있다.

동학의 만민평등 주장이 역천역리하는 것으로 간주되었다. 반대로 보면 동학이 얼마나 평등을 지향하고 남녀를 동등하게 대했는지를 잘 알 수 있게 하는 대목이기도 하다.

부인이 한 집안의 주인이다

해월이 가부장제에 대해 정면으로 도전하고 있다는 것을 가장 잘 보여주는 대목이 부인을 한 집안의 '주인'이라고 본 것이다. 해월은 온갖 궂은 일을 다하면서도 제대로 대접받지 못하고 있던 당시의 부인들을 집안의 주인으로 세우면서 부인수도의 중요성을 말한다.

> 부인은 한 집안의 주인입니다. 음식을 만들고, 의복을 짓고, 아이를 기르고, 손님을 대접하고, 제사를 받드는 일을 부인이 감당하니, 주부가 만일 정성 없이 음식을 갖추면 한울이 반드시 감응치 아니하는 것이요, 정성 없이 아이를 기르면 아이가 반드시 충실치 못하니, 부인수도(修道)는 우리 도의 근본입니다. 이제로부터 부인 도통이 많이 날 것입니다. 이것은 일남구녀를 비한 운입니다. 지난 때에는 부인을 압박하였으나 지금 이 운을 당하여서는 부인 도통으로 사람 살리는 이가 많을 것입니다.[9]

---

9 『해월신사법설』, 「부인수도」, "婦人家之主也 爲飮食 製衣服 育嬰兒 待賓奉祀之役 婦人堪當矣 主婦若無誠而俱食則 天必不感應 無誠而育兒則兒必不充實 婦人修道吾道之大本也 自此以後婦人道通者多出矣 此一男九女而比之運也 過去之時婦人壓迫 當今此

이 글에 대해 여전히 여성을 온갖 집안일을 도맡아 해야 하는 존재로 그리고 있다고 오해할 필요는 없다. 당시 사회의 노동 구조는 여성이 바깥에서 일을 할 수 있는 상황이 아니었기에 오늘날의 관점에서 비난할 수는 없는 노릇이다. 오히려 이 글에서는 주부의 가사 노동이, 즉 '살림살이'가 바깥의 어떤 남자들의 노동보다도 중요하다는 것을 역설하고 있음에 주목할 필요가 있다. 그중에서도 아이를 정성껏 잘 기르는 것이 세상을 바로 세우는 가장 중요한 일이라는 것을 강조하고 있다. 그러므로 한 집안의 주인이 부인이며, 부인수도를 통해서 부인의 몸과 마음이 바로 서야, 집안이 바로 서고, 나라가 바로 설 수 있기에 부인수도가 도의 근본이라고 한 것이다.

여기서 또 하나 중요한 점은, 깨달음이 남성 엘리트 지식인에게서가 아니라 평범한 여염집 부인들에게서 더 많이 나올 수 있다는 것을 강조한다는 점이다. 이전의 전통에서 여성을 이렇게 깨달음의 주체로 본 적은 거의 없다. 그것도 부인들이 일상 속에서 살림을 하면서 가능하다고 하는 것이니 가히 파격적인 이야기다.

내수도문

이렇게 부인수도를 중시한 까닭에 해월은 「내수도문」을 직접 써서 반

運 婦人道通 活人者亦多矣 此人皆是母之胞胎中生長者如也."

포했다. '내수도'는 동학에서 부인을 가리키는 말이다. 「내수도문」은 1890년 김천 구성면 복호동의 김창준의 집에 머물면서 발표한 글이다. 해월이 남긴 법설의 대부분은 제자들이 받아 적은 어록의 성격이다. 그런데 부인과 관련된 글, 즉 「내칙」과 「내수도문」, 이 두 편은 그가 손수 지은 것이다. 그만큼 해월은 내수도가 중요하다고 생각했으며, 내수도의 일상의 실천 속에 도의 핵심이 들어 있다고 여겼다.

그중에서 「내수도문」은 부인들이 살림을 살면서 어떻게 수도를 해야 하는지를 구체적으로 제시한 글이다. 「내수도문」은 모두 일곱 조목으로 되어 있는데 먼저 첫 조목은 다음과 같다.

> 부모님께 효를 극진히 하오며, 남편을 극진히 공경하오며, 내 자식과 며느리를 극진히 사랑하오며, 하인을 내 자식과 같이 여기며, 육축(六畜)이라도 다 아끼며, 나무라도 생순을 꺾지 말며, 부모님 분노하시거든 성품을 거슬리지 말며 웃고, 어린 자식 치지 말고 울리지 마옵소서. 어린아이도 한울님을 모셨으니 아이치는 것이 곧 한울님을 치는 것이오니, 천리를 모르고 일행 아이를 치면 그 아이가 곧 죽을 것이니 부디 집안에 큰 소리를 내지 말고 화순하기만 힘쓰옵소서. 이같이 한울님을 공경하고 효성하오면 한울님이 좋아하시고 복을 주시나니, 부디 한울님을 극진히 공경하옵소서.[10]

---

10 『해월신사법설』, 「내수도문」.

첫 번째 조목은 공경에 관한 내용이다. 공경이 모든 일상의 실천에 근본이라는 것을 다시 한번 보여준다. 여기서 부모에 대한 효나 남편을 공경하는 부분은 유교의 그것과 다를 바 없어 보인다. 그런데 그 뒷부분 며느리를 극진히 사랑하고 하인을 내 자식과 같이 여기라는 부분에서 결이 달라진다. 거기에다가 육축이라도 다 아끼며, 나무의 생순을 꺾지 말라는 데서는 평소 강조하던 경물(敬物)을 언급하고 있다.

이어서 아이를 절대 때리지 말고 한울님처럼 존중하면서 오직 부화부순에 힘쓰라고 한다. 아이를 때리지 말라고 하는 말이 평범한 말 같지만, 실제로 물리적 폭력뿐만 아니라 언어폭력까지 감안하면 오늘날에도 그렇게 쉬운 일이 아니다. 이렇게 아이에게 폭력을 가하게 되면 실제 죽는 것까지는 아닐지라도 마음의 차원에서는 상처받고 삶의 의욕을 잃을 수도 있는 것이다. 그러므로 아이의 몸과 마음을 한울님처럼 존중해야 한다는 것이다. 존중하라고 해서 아이가 원하는 걸 다 들어줘야 한다는 말은 아니다. 그에 앞서 아이의 감정과 욕구까지도 귀를 기울여서 그 마음을 알아주라는 말이다. 마음만 알아줘도 아이의 감정과 욕구는 상당 부분 사그라든다. 아이가 정말 원하는 것은 장난감이나 과자가 아니라, 부모의 배려 깊은 사랑이기 때문이다.

두 번째 조목은 땅에 대한 공경을 언급하고 있다.

가신 물이나 아무 물이나 땅에 부을 때에 멀리 뿌리지 말며, 가래침을 멀리 뱉지 말며, 코를 멀리 풀지 말며, 침과 코가 땅에 떨어지거든 닦아 없이 하고, 또한 침을 멀리 뱉고 코를 멀리 풀고 물을 멀리 뿌리면 곧 천지부모님 얼굴에 뱉는 것이니 부디 그리 아시고 조심하옵소서.

두 번째 조목은 천지를 부모처럼 잘 모시라는 것으로, 늘 경건하고 조심하는 마음으로 천지를 공경하고, 특히 땅을 소중히 여기라는 것이다. 해월에게는 실제로 땅이 그런 천지부모의 얼굴로서 느껴졌던 것이 아닌가 한다. 이런 마음가짐으로만 살아도 오늘날 환경문제의 많은 부분은 해결될 것이다.

세 번째 조목은 일상적 심고(心告)의 중요성을 언급하고 있다.

> 잘 때에 '잡니다' 고하고, 일어날 때에 '일어납니다' 고하고, 물 길러 갈 때에 '물 길러 갑니다' 고하고, 방아 찧으러 갈 때에 '방아 찧으러 갑니다' 고하고, 정하게 다 찧은 후에 '몇 말 몇 되 찧었더니 쌀 몇 말 몇 되 났다' 고하고, 쌀그릇에 넣을 때에 '쌀 몇 말 몇 되 넣습니다' 고하옵소서.

심고의 중요성은 앞 장에서도 언급한 바 있지만, 아침에 일어나서 잘 때까지 모든 일을 하기 전후에 고함으로써, 지금 해야 할 일, 또는 지금 만나는 사람에게 마음을 집중하게 하고, 정성을 다할 수 있도록 하는 것이다. 일상에서도 중요한 일을 할 때나, 들고 날 때 부모에게 고하는 것이 효의 기본이듯이, 한울을 모시는 방법에서 핵심적인 부분이 바로 이 마음에 고하는 심고(心告)이다. 부모님께 고하는 것은 단순히 알리는 것을 넘어서서 때로는 지혜를 구하는 방법이기도 하고 때로는 지원을 받을 수 있는 방법이기도 하듯이, 심고를 함으로써 외유기화의 한울님 기운에 연결되고, 내유신령의 한울님 지혜를 받을 수 있는 방법이기도 하다.

다음으로 네 번째 조목은 밥상차림과 관련된 내용이다.

먹던 밥 새 밥에 섞지 말고, 먹던 국 새 국에 섞지 말고, 먹던 침채 새 침채에 섞지 말고, 먹던 반찬 새 반찬에 섞지 말고, 먹던 밥과 국과 침채와 장과 반찬등절은 따로 두었다가 시장하거든 먹되, 고하지 말고 그저 '먹습니다' 하옵소서.

네 번째 조목은 청결하고 건강한 밥상과 먹을거리에 대한 언급이다. 해월이 이것을 강조한 이유는 위생의 이유이기도 하지만, 내 안의 한울님을 봉양하는 도리의 차원에서 언급한 것이다. 음식을 먹는다는 것은 내 안의 한울님을 봉양하는 것이기 때문에 정갈하고 정성을 다해야 하는 것이다. 그러니 먹던 음식을 다시 섞는다는 것은 있을 수 없는 일이었다. 이를 실천한 동학 집안은 비록 가난하여 세간살이가 없어도 정돈돼 있고 기운이 맑으며, 물건 하나하나가 소중하게 가꿔지고 있었다. 당시는 위생 관념이 철저하지 않아서 먹다가 남은 음식을 새 음식에 섞어서 다시 먹는 경우가 많았다. 이로 인해 식중독이나 전염병에 쉽게 노출되었다. 사소한 것 같지만 결과적으로 이것을 잘 지킨 동학도인 집에서는 식중독이나 전염병으로 고통받지 않았다고 한다.

다음은 다섯 번째 조목이다.

조석할 때에 새 물에다 쌀 다섯 번 씻어 안치고, 밥해서 풀 때에 국이나 장이나 침채나 한 그릇 놓고 고하옵소서.

다섯 번째 조목은 쌀을 정결하게 그리고 정성껏 씻어서 안치고, 밥이 다 되어서 풀 때는 천지부모님께 감사하고, 가족의 건강과 안녕을 위해 고하라는 것이다. 이렇게 할 때 주부의 정성으로 가족들이 몸과 기운이 편안할 수 있는 것이다. 주부의 정성, 그리고 편안한 마음이 결과적으로 집안 분위기 전체를 좌우한다. 주부가 정성과 공경이 있으면 아이들은 저절로 정성과 공경이 있는 아이로 자랄 것이고, 남편 역시 편안한 마음으로 본업에 충실할 수 있을 것이다.

여섯째 조목도 그 연장선상에 있는 이야기이다.

> 금난 그릇에 먹지 말고, 이 빠진 그릇에 먹지 말고, 살생하지 말고, 삼시를 부모님 제사와 같이 받드옵소서.

여섯째 조목 역시 밥상과 관련된 것으로, 삼시 세끼를 부모님 제사와 같이 정성과 공경을 다하여 받들라는 것이다. 이는 오늘날 페미니즘적 시각에서 보면 다소 납득하기 어려울 수도 있는데, 그만큼 밥상 살림이 중요하다는 것이다. 삼시 세끼를 꼭 주부가 손수 다해야 한다는 의미라기보다는, 밥을 먹는 일이 그만큼 거룩한 일이라는 의미이다. 내 안의 천지부모님에게 바치는 일이기 때문이다. 그래서 제사를 지내는 심정으로 정성껏 차리고, 또 귀한 마음으로 먹어야 한다는 것이다. 그렇게 할 때 그 밥상에는 비록 밥과 김치 한 조각, 간장 한 종지밖에 없다 하더라고 정성이 빛나고 맑고 밝은 기운이 넘칠 것이다. 실제로 해월은 제사 음식으로 힘들어하는 내수도들을 위하여 제수 대신 맑은 청수 한 그릇으로 대신하게 했다. 이 부분은 뒤에 '향아설위' 부분에서 다시 언급하겠지만, 핵심은 음식에 있는 것이 아니라 마음에 있고, 정성에 있다는 것이다.

마지막으로 일곱 번째 조목은 사회적 활동과 심고이다.

일가 집이나 남의 집이나 무슨 볼 일 있어 가거든 '무슨 볼 일 있어 갑니다' 고하고, 볼 일 보고 집에 올 때에 '무슨 볼 일 보고 집에 갑니다' 고하고, 일가나 남이나 무엇이든지 줄 때에 '아무것 줍니다' 고하고, 일가나 남이나 무엇이든지 주거든 '아무것 받습니다' 고하옵소서.

일곱 번째 조목 역시 심고의 중요성을 다시 강조하고 있는데, 앞의 세 번째 조목에서는 주로 혼자 있을 때나 조용히 집안일 할 때의 심고라면, 여기서의 심고는 사람을 만나는 일과 관련된 심고를 주로 언급하고 있다. 누군가를 만나러 가기 전에 그 사람을 한번 생각하고 그 일에 대해서 한번 고하고 가면 이미 그 사람이 마음에 들어와 있고, 그 만남에 대해 준비가 되기 때문에 만날 때 훨씬 정겹고 마음을 다해 그 사람을 만날 수 있다. 또한 그 일에 정성을 들일 수 있게 된다. 그러므로 이는 일과 사람을 모시는 방법에 관한 언급이라고 할 수 있다.

해월은 이렇게 일곱 조목을 지은 후에, "이 칠 조목을 하나도 잊지 말고 매매사사를 다 한울님께 고하면, 병과 윤감(輪感)을 아니 하고, 악질과 장학을 아니 하며, 별복과 초학을 아니 하며, 간질과 풍병도 다 나으리니, 부디 정성하고 공경하고 믿어 하옵소서. 병도 나으려니와 위선 대도를 속히 통할 것이니, 그리 알고 진심 봉행하옵소서."라고 다시 간곡히 당부한다. 일흔 살이 다 된 교단의 최고 지도자가 어린 부인들에게 '하옵소서'라고 공대하면서 당부하는 글이 참으로 공손하고 정성스럽게 느껴진다.

이 「내수도문」은 집안에서 어떻게 부모를 모시고 남편과 화순하며 아이를 잘 기를 것인가를 제시하는 글이면서도, 결국 그것이 모두 한울 모심, 천지부모를 지극히 봉양하는 방법임을 제시한 글이라고 할 수 있다.

집안 살림의 이치는 물론, 생명살림과 한울 모심에 대한 글이기 때문에 이 이치를 잘 알아서 실천하면 도를 통할 수 있다는 것이다. 동학의 도의 핵심이 바로 시천주, '한울 모심'에 있으며, 또 자기의 마음과 기운을 잘 보살펴 '수심정기'(守心正氣), '심화기화'(心和氣和)하는 것, 그리고 주변 사람들을 잘 섬기는 것과 물건까지도 소중히 대하는 '대인접물'(待人接物)과 '경물'(敬物)에 있기 때문이다. 이것이 단지 앎에 그치지 않고 일상의 삶 속에서 몸에 배는 실천으로 궁행하게 되면, 마음과 기운을 다스릴 수 있어서 병도 실제로 낫게 될 뿐만 아니라, 모든 일이 무위이화(無爲而化)로 통하는 이치를 터득할 수 있게 되므로 도성덕립(道成德立)의 현인군자가 가능하다는 것이다. 비록 부인을 대상으로 일상의 실천을 권고하는 글이지만 사실상 모든 도인들에게 동학의 도(道)와 그 핵심적인 실천에 대해 논한 글이라고 해도 과언이 아니다.

부화부순

부화부순(夫和婦順)의 강론은 해월이 1885년 상주 전성촌에서 한 것으로 되어 있다. 그런데 '부화부순'이란 용어는 이미 『용담유사』「교훈가」에도 나타난다. 이를 보면 '부화부순'은 해월이 처음 강조한 것이 아니라 이미 수운이 강조했다고 할 수 있다. 다만 '부화부순이 도의 으뜸 종지'라고 한 것은 해월이 처음으로, 여기에 특별한 의미를 부여했다는 것을 알 수 있다. 해월이 말하는 부화부순의 내용은 다음과 같다.

부화부순은 우리 도의 제일 종지입니다. 도를 통하고 통하지 못하는 것이 도무지 내외가 화순하고 화순치 못하는 데 있습니다. 내외가 화순하면 천지가 안락하고 부모도 기뻐하며, 내외가 불화하면 한울이 크게 싫어하고 부모가 노하니, 부모의 진노는 곧 천지의 진노입니다. 천지가 편안하고 즐거워하는 미묘한 것은 보기 어려우나, 진노하는 형상은 당장에 보기 쉬우니, 크게 두려운 일입니다. 부부가 화순하면 한울이 반드시 감응하여 일년 삼백육십 일을 하루아침같이 지낼 것입니다. 부인은 한 집안의 주인입니다. 한울을 공경하는 것과 제사를 받드는 것과 손님을 접대하는 것과 옷을 만드는 것과 음식을 만드는 것과 아이를 낳아서 기르는 것과 베를 짜는 것이 다 반드시 부인의 손이 닿지 않는 것이 없습니다. 남자는 한울이요 여자는 땅이니, 남녀가 화합치 못하면 천지가 막히고, 남녀가 화합하면 천지가 크게 화할 것이니, 부부가 곧 천지란 이를 말한 것입니다.[11]

해월은 '부화부순' 법설을 통해 남편과 부인의 관계를 지배와 복종이 아닌 서로 화순하기를 힘써야 하는 평등적 상보관계(相補關係)로 선언한다. 부부가 화순할 때 천지도 안락하고 부모도 기뻐한다고 한다. 무엇보다도 본인의 마음이 가장 편안할 것이다. 부부가 불화할 때만큼 마음이 지옥인

---

11 『해월신사법설』, 「부화부순」, "夫和婦順吾道之第一宗旨也 道之通不通 都是在 內外和不和 內外和順則天地安樂父母喜悅 內外不和則天大惡之 父母震怒矣 父母震怒卽天地之震怒也 天地安樂之微妙難見 震怒之象當場易見 大惶大悚也 夫婦和順則天必感應 一年三百六十日 如一朝過之矣 婦人一家之主也 敬天也 奉祀也 接賓也 製衣也 調食也 生産也 布織也 皆莫非必由於婦人之手中也 男乾女坤 男女不和則天地丕塞 男女和合則天地泰和矣 夫婦卽天地者 此之謂也."

때도 없다. 그래서 '부화부순이 도의 종지'라고 말하는 것이다. 그리고 여기서 다시 한번 집안의 주인이 '부인'이라고 강조하고 있다. 남편 중심의 가부장적 질서가 아닌, 부인 중심의 '살림'의 근본을 강조한 것이다. '살림'은 단지 집안일을 의미하는 것이 아니라, 진정으로 생명을 살리고 돌보는 일이다.

이 부화부순은 어떤 경우에도 남편은 부인의 마음을 살피는 것을 가장 우선으로 해야 한다는 것을 강조하고 있다. 비록 부인이 화를 내고 감정적인 대응을 하는 경우에도, 남편은 부인이 왜 화를 내는지, 왜 짜증을 내는지 그 원인을 살펴서 그 감정에 귀 기울이고 공감해 줌으로써 진정 마음으로 연결되어야 한다는 말이다. 반대의 경우도 마찬가지이다.

이 부화부순은 평범한 이야기 같고, '가화만사성'(家和萬事成)처럼 기존에 이미 있는 이야기처럼 느껴지지만 부화부순을 우리 도, 즉 동학의 제일 종지라고 한 것은 매우 특별한 이야기가 아닐 수 없다. 이는 당시 효를 모든 윤리의 근본이라고 했던 유교적 윤리에 대한 거부이자, 통속적 윤리의 획기적 전환을 선언한 것이다. 효가 모든 행위의 근본(百行之本)이 아니라 부화부순이 근본이며, 도의 종지라는 것이다. 물론 효를 부정하는 것은 아니지만, 우선순위에서 바로 옆에 있는 사람, 부인과 남편의 마음을 먼저 살피라는 것이니, 과히 파천황적인 전환인 것이다.

해월의 말년에 행한 법설과 제자들에게 보낸「통유문」에서도 내수도의 중요성을 언급하면서, 내수도를 공경하는 것이 도의 큰 관건이라고 재차 강조하고 있다.

대개 우리 도의 진행 여부는 오직 내수도가 잘하느냐 그렇지 못하느냐에 있습니다. 전(傳)에 이르기를 한울은 친함이 없으나 지극히 공경하면 친하다 하였으며, 또 이르기를 아내에게 본받아 집과 나라에 나아간다 하였으니, 그러면 내수도에 공경과 정성을 다하는 것이 어찌 우리 도의 큰 관건이 아니겠습니까.[12]

  오늘날에도 일어나는 많은 가정의 분란이 부인의 마음을 먼저 살피지 않고 유교적 윤리에 갇혀서 부모의 눈높이와 기대에 맞춰서 살려고 하는 데서 오는 경우가 적지 않다. 그리고 그것을 효(孝)라고 착각하는 경우가 많다. 하지만 이는 말 그대로 봉건 윤리일 뿐이다. 오늘날 한국 사회가 좀 더 건강하고 행복하기 위해서 가장 먼저 개선해야 할 일이 바로 '효' 가치의 재평가이다. 부모를 존중하고 잘 섬겨야 하는 것은 물론이지만, 그렇다고 부모의 말을 그대로 따르는 것이 과연 진정한 효인지를 다시 생각해야 한다.

  부모에게서 독립하지 못하고 부모의 말에 매여서 살게 되면, 무엇보다도 자기가 원하는 삶을 살 수 없기 때문에 자기다움을 실현하기 어렵고, 행복하기도 어렵다. 오늘날 교육에서도 아이들은 스스로 삶의 자기결정권을 가지지 못하고 부모의 기대에 따라 원치 않는 선택을 하는 경우가 많다. 이것이 오늘날 한국 사회가 행복하지 못한 이유 중의 하나이다. 개인의 삶이 존중되지 못하고 남의 이목과 눈치를 보는 삶이 만연하며, 이는

---

12 『해월신사법설』, 「명심수덕」, "盖吾道進行之誠否 唯在於內修道之善否 傳曰 「唯天無親克敬唯親」又曰 「刑于寡妻以御于家邦」然則克敬克誠於內修道 豈非吾道之大關鍵乎."

때때로 집단주의적 폐해로 나타나기도 한다.

우리에게 필요한 것은 집단주의가 아니라 공동체주의이며, 공동체주의가 건강하기 위해서는 먼저 행복한 개인이 되어야 한다. 행복한 개인만이 진정으로 공동체를 위해 헌신할 수 있는 것이다. 그런 면에서 부모의 기대에 긴박된 삶은 결코 바람직하지 않다. 그리고 부모가 정말 원하는 것은 아이들의 행복이다. 따라서 당장의 부모 말을 잘 따르는 사람이 아니라, '행복한 사람이 되는 것'이 진정한 효인 것이다. 그리고 그러한 행복한 가정을 만드는 길, 아이를 배려 깊은 사랑으로 '살리는' 이 모든 중심에 부화부순이 있다는 말이다.

살림의 주체, 여성성과 새로운 문명

해월은 당시 남존여비의 고정관념에서 핍박받는 여성에 대해 집안에서의 거룩한 역할을 중시하면서 여성은 한 집안의 주인일 뿐만 아니라, 앞으로의 문명 세계를 열어갈 주역이라고 선언하였다. "지난 때에는 부인을 압박하였으나 지금 이 운을 당하여서는 부인 도통으로 사람 살리는 이가 많으리니, 이것은 사람이 다 어머니의 포태 속에서 나서 자라는 것과 같다."[13]고 하였다.

또 여성의 역할과 비중이 남성보다 월등히 높아진다는 '일남구녀'(一男

---

13 『해월신사법설』, 「부인수도」, "過去之時婦人壓迫 當今此運 婦人道通 活人者亦多矣 此人皆是母之胞胎中生長者如也."

九女)의 운을 설파하였다. 이는 종래의 가부장적 문화를 기반으로 한 문명이 끝나고, 여성성의 가치와 의미가 새롭게 조명되는 문명이 도래한다는 사실을 예견한 것이며, 새로운 문명에서는 여성이 중심이 되리라 본 것이다. 새로운 문명은 권위적 지배의 힘이 요구되는 것이 아니라 생명의 본래적 본성을 발휘하여 '모심'과 '살림'의 능력을 생활세계에서 거룩하게 구현하는 것이 요구되기 때문이다.

오늘날 여성운동의 방향도 남성/여성이라는 대립구도에서 벗어나, 공동의 목적을 위해 오히려 연대해야 될 동지적 관계에 주목하고 있다. 그런 측면에서 권김현영의 다음의 말은 의미심장하다.

> 페미니즘의 목표는 권력을 남성으로부터 '탈환'하는 데 있는 게 아니라, 권력에서 폭력을 제거하고 권력의 의미를 바꾸는 데 있다. 그리고 내 생각에 페미니스트는 답이 없는 두 선택지에서 억지로 답을 고르는 게 아니라 선택지를 늘리거나 질문 자체를 바꾸는 사람이다.[14]

이것은 앞으로의 문명은 상극과 투쟁, 경쟁의 원리가 아니라 돌봄과 배려, 모심과 살림, 상생과 협동의 여성적 가치가 중시되어야 한다는 것이다. 땅의 이미지가 중시되는 생명의 시대, 물질뿐만 아니라 정신이 중시되는 도의적(道義的) 문명을 위해서도 진정한 양성평등이 실현되어야 할 것이며, 협동과 살림 등의 가치가 보다 중시되어야 할 것이다.

---

14 권김현영, 『다시는 그전으로 돌아가지 않을 것이다 - 진화하는 페미니즘』, 휴머니스트, 2019, 5쪽.

제6장 생명의 이치와 살림의 실천

— 해월의 생명론

> 이천식천은 생명의 순환 이치와 상호 의존성을 알고 모든 존재를 소중하게 모시는 삶을 살아야 한다는 의미이다. 생명의 순환적 원리임과 동시에 한울 전체를 성장 진화케 하는 원리이기도 하다. 또한 먹는 것의 신성함과 공생의 삶을 내포하고 있다. 무엇보다도 이천식천은 적자생존의 논리가 아니라 오히려 자기의 몸을 언젠가는 기꺼이 내놓는 자기희생의 의미를 담고 있으며, 궁극적으로는 우주와 전체 생명은 나와 깊이 연결되어 있으며, 따라서 우리 모두는 이 우주 속에 다른 모습으로 살아 있는 '또 다른 나'라는 자각을 내포하고 있다.

해월이 생애 마지막으로 한 일

오늘날은 총체적인 생명 위기의 시대라고 할 수 있다. 지금 자행되고 있는 생태계 파괴, 환경오염, 불평등의 심화, 생명의 존엄성에 대한 경시, 심화되는 물신주의와 능력주의, 미친 경쟁사회, 시장만능, 성장지상주의의 문제에 대해서 더 길게 논의할 필요는 없을 것 같다. 다만 오늘날 생명과 생태계 파괴의 문제를 단지 환경보호의 차원에서만 접근해서는 안 된다는 점은 다시 한번 강조할 필요가 있다. 모든 생명 파괴의 문제는 결국 자본의 문제, 사회경제적 문제와 긴밀히 연관되어 있다는 인식이 절실하다. 그런 점에서 생명의 위기는 삶의 위기이자, 정신의 위기이며, 민주주의의 위기이기도 하다.

이 점에서 해월이 교수형을 당하기 며칠 전 마지막으로 한 일은 의미심장하다. 그것은 당시 감옥 속에서 헐벗고 굶주리던 다른 죄수들을 위해 음식을 차입해서 나눠 준 일이었다.

> 신사(해월)께서 다른 수인들이 배고픔과 추위를 이기지 못함을 보시고 측은히 생각하여 이종훈에게 명(命)하여 금 오십 냥을 마련케 하여 수인들에게 여러 번 음식을 나눠주시며, 비록 병이 위중하였음에도 주문 읽기를

그치지 않으셨다.[1]

어떤 책에는 떡을 구입해서 나눠주셨다고 기록되어 있다. 당시 해월은 모진 고문으로 뼈가 다 부서져 제대로 앉아 있을 수조차 없었다고 한다. 그런 상황에서도 해월은 열악하고 비위생적인 감옥 환경 속에서 최소한의 인간 대접도 못 받고 굶주리고 있는 수인들을 안타까워했다. 그런 굶주리는 사람들에게 밥을 봉양하는 것이 진정으로 한울님을 봉양하는 것임을, 해월은 죽음을 목전에 둔 그 시점에서 몸소 보여주었다.

밥 한 그릇의 이치

해월은 밥의 사상가라고 할 만큼 밥을 매개로 하여 많은 가르침을 남겼다. 그는 삼시 세끼를 부모님 제사와 같이 정성 들여 받들라고 했으며, 식고의 이치를 중시해서 밥 먹을 때 한울님께 고하는 식고(食告)가 한울님의 은덕을 갚는 도리라고 설파했다. 음식을 만드는 행위에서부터 먹는 행위에 이르기까지 심고(心告)를 통한 공경의 의례로서 행해져야 했다. 당연히 음식은 함부로 버려져서도 안 되고, 다른 음식과 섞어서도 안 되며, 늘 청결하게 유지해야 했다.

그는 만물 화생의 이치, 즉 생명의 이치를 거창하게 이야기하지 않고 일

---

1 이돈화, 『천도교창건사』, 「제10장 신사의 순도」, 경인문화원, 1970, 85쪽.

상에서의 먹는 행위를 통해서 소박하면서도 손에 닿을 듯이 이야기했다. 그중에서도 대표적인 것이 '만사지식일완'(萬事知食一碗) 설법이다. "만사를 안다는 것이 밥 한 그릇을 먹는 이치를 아는 데 있다."는 것이다.

> 사람은 한울을 떠날 수 없고 한울은 사람을 떠날 수 없나니, 그러므로 사람의 한 호흡, 한 동정, 한 의식도 이는 서로 화하는 기틀입니다. 한울은 사람에 의지하고 사람은 먹는 데 의지하나니, 만사를 안다는 것은 밥 한 그릇을 먹는 이치를 아는 데 있습니다. 사람은 밥에 의지하여 그 생성을 돕고 한울은 사람에 의지하여 그 조화를 나타내는 것입니다. 사람의 호흡과 동정과 굴신과 의식은 다 한울님 조화의 힘이니, 한울님과 사람이 서로 화는 기틀은 잠깐이라도 떨어지지 못할 것입니다.[2]

이 구절은 원주의 무위당 장일순 선생이 좋아해서, 오는 손님들에게 가장 많이 써 준 글귀라고도 한다. 이 말의 의미가 무엇일까?

첫째, 쌀이 어떻게 만들어지는지 만물화생의 이치를 알아야 한다는 말이다. 쌀은 농부의 수고로만 만들어지는 게 아니다. "밥은 하늘과 땅과 사람이 서로 함께 협동해서 만드는 것이다. 풀, 벌레, 흙, 공기, 바람, 눈, 서리, 천둥, 햇빛과 볍씨와 사람의 정신 및 육체적인 모든 일이 다 같이 협동

---

2 『해월신사법설』, 「천지부모」, "人不離天天不離人 故 人之一呼吸一動靜一衣食 是相與之機也 天依人 人依食 萬事知 食一碗 人依食而資其生成 天依人而現其造化 人之呼吸動靜屈伸衣食 皆天主造化之力 天人相與之機 須臾不可離也."

해서 만들어내는 것이 쌀이요 밥이다."³ 자연의 무위이화의 작용과 지기(至氣)의 생명력에 의해 쌀은 영글어진다. 이를 해월은 천지부모의 은혜로 말한 바 있다. 만물이 화생하는 것이 천지의 은덕이며 내가 태어나고 숨쉬는 것 또한 천지부모의 은덕임을 알아 이 은덕을 늘 공경하며 받들어야 한다는 것이다.

둘째, 생명의 순환 이치를 알고 그에 순응하는 삶을 살아야 한다는 뜻이다. 이를 해월은 이천식천(以天食天)이라는 말로도 표현한다. 이천식천은 한울 전체를 성장 진화케 하는 원리이다. 해월은 '시천주'의 한울 모심을 확장·심화시켜서 이천식천(以天食天)의 생명의 순환적 원리를 주창했다. 만물이 서로를 먹이는 관계를 통해서 서로의 성장과 우주적 성장 진화를 도모하고 있다는 것이다. 이 부분은 다음 절에서 다시 자세히 살펴보기로 한다.

셋째, 밥이 내 앞에 오기까지의 전 과정을 알아야 한다는 말이다. 오늘 밥상에 올라온 먹거리가 어떤 과정을 통해서 누구에 의해 생산되고 유통되는지를 정확히 알아야 한다는 것이다. 오늘날은 내가 뭘 먹는가의 문제 역시 고도의 정치 행위라고 한다. 우리의 밥상엔 온갖 초국적 기업의 농간이 그대로 들어 있다. 그래서 밥상 안에 스민 자본의 작용점을 보고, 이를 적나라하게 들춰내는 작업이 필요한 것이다.⁴

한편, 이돈화는 이 구절을 "식(食)의 원리는 인간생활의 제일기초(第一基

---

3 김지하, 『밥』, 분도출판사, 1984, 61쪽.
4 전희식,《프레시안》, 2011.03.14., "가축=고기? 적게 키우고 덜 먹어야 산다"

礎)이며, 제일조건(第一條件)이므로 밥 한 그릇을 평균(平均)히 하여야 한다."[5]
는 의미로 풀이하기도 하였다. 이돈화는 누구나 한 사람의 몫으로 밥그릇이 돌아가야 한다는 물질적 평등 개념으로 밥을 해석하고 있는 것이다. 누구나 차별받지 않고 따뜻한 밥 한 끼 같이 나눌 수 있는 사회가 소박한 의미에서 좋은 세상이라고 할 수 있다. 따라서 밥 한 그릇 먹는 이치를 안다는 것은 만물화생의 이치는 물론 인간의 노동과 협동, 그리고 나눔이라는 인간사의 모든 이치를 안다는 것이다.

또한 밥은 사랑이다. 사람과 사람을 잇는 끈이 밥이다. 『나눔의 밥상』이란 책에는 소수민족에게 복음을 전한 한 목사의 이야기가 나온다. 그에게 어떻게 그런 어려운 일을 할 수 있는지를 묻는 물음에 "가서 그 사람들이 먹는 음식을 함께 먹었을 뿐"이라고 대답한다.[6] 김지하는 해월의 사상은 한마디로 '밥사상'이라고 하면서 다음과 같이 논하고 있다.

> 밥이란 본래 공동체적으로 만들고 공동체적으로 거두고 공동체적으로 나누어 먹고 공동체적으로 굿판을 벌이고 공동체적으로 함께 놀고 다시금 공동체적으로 다시 신나게 밥을 만드는, 그러한 생명의 집단적이고 통일적인 순환운동, 전환운동, 확장 활동의 상징인 것이다.[7]

---

5 이돈화, 『수운심법강의』, 천도교중앙종리원포덕과편집실 편, 1926, 200쪽.
6 조에타 핸드릭 슐라박 지음, 김현정 옮김, 『나눔의 밥상- 생명의 나눔 영혼의 나눔』, 한얼미디어, 2006. 참조.
7 김지하, 『밥』, 분도출판사, 1984, 60-61쪽.

밥은 동서고금을 막론하고 공동체적 관계를 이어주는 역할을 해 왔다. 하지만 지금은 밥상공동체가 무너지고 있다. 아이들은 엄마가 차려주는 밥보다는 패스트푸드 입맛에 더 길들여지고 있다. 온 가족이 함께 밥상에 둘러앉아 마음을 나누고 서로 소통하며 저녁밥을 먹는 풍경은 지난 시대의 일이 되고 있다.

최근에는 음식 고유의 성질을 이용해 치유하고 건강을 돌보는 '푸드테라피(food therapy)'가 조명 받고 있다. 먹는 것이 곧 약이고 치유책이다. 좋은 식생활은 있던 병도 낫게 하지만, 반대로 잘못된 식생활은 우리의 몸뿐 아니라 마음의 건강도 해친다. 오늘날 사회적 문제가 되고 있는 청소년 학교폭력, 과잉행동장애, 학습장애 등이 식생활의 문제와도 밀접한 연관이 있다는 연구도 있다.[8] 경쟁과 속도에 내몰려 해체되어 버린 가족공동체를 회복하는 것도, 아이들의 몸과 마음의 건강을 회복하는 일도 밥상의 중요성을 인식하는 데서부터 시작해야 한다.

생태 질서에 맞게 차려지는 밥상에서 아이들은 밥만 먹는 것이 아니라 밥이 담고 있는 기운도 함께 먹는 것이다. 그 밥의 기운이 사람에게 어떻게 작용하는지를 알게 되면 집안에서 주부가 하는 일을 왜 '살림'[9]이라고 하는지를, 그것이 얼마나 가치 있는지를 알 수 있다. 그래서 해월은 부인

---

8 모심과 살림연구소, 『생명의 밥, 밥상을 살리자』, 2013, 20쪽.
9 '살림'은 일반적으로 가정을 잘 꾸려나가는 기술을 의미하는데, 가정에만 한정하지 않고, '마을살림', '나라살림'이라는 표현도 쓰듯이 그 자체가 '잘 꾸려나가는 기술'을 의미한다. 헬라어의 oikonomia에 가까운 말이다. 또 '살림'은 살린다, 돌본다 등 공동체 경제에서 강조되는 '돌봄'의 의미까지 포함하고 있다. 홍기빈은 '경제'라는 말 대신 '살림'이라는 말로 살림/살이 경제학을 주장하기도 한다.(정성훈, 「좋은 삶을 위한 공동체로서 살림공동체」, 『살림과 돌봄의 공동체, 사상과 실천』, 보고사, 2021, 28-33쪽)

이 집안의 주인이며, 도(道)가 이루어지는 여부가 부인에게 달렸다고 강조한 것이다.

이천식천의 사상가

김종철은 무위당 장일순과의 인터뷰를 통해 최시형을 '이천식천의 사상가'로 명명하면서 "해월에서 장일순으로 이어지는 사상의 흐름은 한국의 근현대 정신사에서 참으로 희귀한 사상의 맥을 형성하고 있으며, 해월 선생의 이천식천이라는 개념에서 우리가 느끼는 것은 비할 수 없는 심오한 종교적 감수성"10이라고 언급하기도 하였다.

해월은 앞에서 논한 것처럼, 우주자연이 살아 있다고 보고 천지를 공경하라고 했다. 그리고 그 천지로부터 모든 만물이 생성되어 나올 뿐 아니라, 그 만물 속에는 한울이 깃들어 있다고 하였다. 나아가 물(物) 하나하나가 한울의 표현이자 곧 한울이라고 하였다. 이런 생각은 '물물천 사사천'(物物天 事事天)이라는 용어로 구체화되었다.

> 내 항상 말할 때에 물건마다 한울이요 일마다 한울이라 하였나니, 만약 이 이치를 옳다고 인정한다면 모든 물건이 다 한울로서 한울을 먹는 것 아님이 없을지니, 한울로서 한울을 먹는 것은 어찌 생각하면 이치에 서로 맞

---

10 김종철, 「나락 한 알 속의 우주」, 『간디의 물레』, 녹색평론사, 1999, 217쪽. ; 이용포 지음, 『생명사상의 큰 스승, 무위당 장일순』, 작은씨앗, 2011, 23쪽.

지 않는 것 같으나, 그러나 이것은 사람의 마음이 한쪽으로 치우쳐서 보는 말이요, 만일 한울 전체로 본다면 한울이 한울 전체를 키우기 위하여 같은 바탕이 된 자는 서로 도와줌으로써 서로 기운이 화함을 이루게 하고, 다른 바탕이 된 자는 한울로써 한울을 먹는 것으로써 서로 기운이 화함을 통하게 하는 것이니….[11]

해월은 늘 물물천·사사천을 강조했다고 하였다. 모든 만물이 한울이라는 것을 제자들에게 주지시키기 위해 노력을 했다는 말이다. 그런데 모든 만물이 한울이라면, 우리가 음식을 먹는 것은 한울이 한울을 먹는 것이 된다. 이를 해월은 '이천식천'(以天食天)이라고 표현했다.

이 말씀은 1885년 상주 전성촌에서 한 것으로 알려져 있다.[12] 해월은 이 이천식천을 풀이하면서 이것은 한울이 한울 전체를 키우기 위한 원리라고 설명한다. 같은 바탕이 된 자는 서로 도움으로써 기운을 화하게 하고, 다른 바탕이 된 자는 서로를 먹이는 관계를 통해서 기운을 화하게 함으로

---

11 『해월신사법설』, 「이천식천」, "내 恒常 말할 때에 物物天이요 事事天이라 하였나니, 萬若 이 理致를 是認한다면 物物이 다 以天食天아님이 없을지니, 以天食天은 어찌 생각하면 理에 相合치 않음과 같으나, 그러나 이것은 人心의 偏見으로 보는 말이요, 萬一 한울 全體로 본다면 한울이 한울 全體를 키우기 爲하여 同質이 된 자는 相互扶助로써 서로 氣化를 이루게 하고, 異質이 된 者는 以天食天으로써 서로 氣化를 通하게 하는 것이니, 그러므로 한울은 一面에서 同質的氣化로 種屬을 養케하고 一面에서 異質的 氣化로써 種屬과 種屬의 連帶的 成長發展을 圖謀하는 것이니, 總히 말하면 以天食天은 곧 한울의 氣化作用으로 볼 수 있는 데, 大神師께서 侍字를 解義할 때에 內有神靈이라 함은 한울을 이름이요, 外有氣化라 함은 以天食天을 말한 것이니 至妙한 天地의 妙法이 도무지 氣化에 있느니라."
12 표영삼, 『동학2』, 통나무, 2005, 132-134쪽.

써, 서로의 성장은 물론 우주 전체의 성장을 도모하고 있다는 것이다.

생명은 결국 대사 작용을 통해서 번식, 성장, 활동, 변화하는 존재이다. 그리고 그 대사 작용은 대부분 먹는 행위를 통해 이루어진다. 복잡한 먹이사슬을 통해 생명이 유지되고 성장하고 있는 것이다. 한 존재가 살아가기 위해서 얼마나 많은 생명의 도움과 희생이 필요한지를 생각하면 경이로운 생각마저 든다. 길희성은 "이천식천은 모든 생명체들이 다른 생명체들과 거미줄 같은 유기적 관계망 속에 살아가는 공동체라는 오늘날의 생태학적 원리를 달리 표현한 것이다."[13]라고 하였다.

한편 프랑스의 한 양치기의 글에서 이천식천과 같은 내용을 만난 건 놀라운 일이다.

> 어치는 참나무를 기르고 개미는 진디를 키우고 진디는 수액을 마시며 새들은 도토리, 진디, 개미를 먹는다. 모두 서로 돕고 서로 먹는다. 모두 삶과 죽음이 하나인 복잡하고 조화로운 매듭으로 연결되어 있다. 생명체의 미세한 공생관계에서는 모든 것이 비극적이고 장엄하다. 숲은 즐거운 짜릿함을 준다. 모두 이해하지는 못한 채 작은 일들을 관찰하면서 나는 거대한 것들 가운데 아주 작은 것이 된 듯한 느낌이 든다.[14]

이 글은 프랑스의 한 시골에서 양치기로 살다가 세계화된 시장의 메커니즘에서 실패한 뒤, 삶에서 모든 의욕을 잃고 6미터 나무 위에 직접 오두

---

13 길희성, 앞의 글, 21쪽.
14 에두아르 코르테스 지음, 변진경 옮김, 『나의 친애하는 숲』, 북노마드, 2022.

막을 지어 살면서 쓴 숲의 생태에 대한 보고서다. 이 글은 이천식천에 대한 완벽한 현대적 해석이란 느낌이 든다.

동질적 기화와 이질적 기화

이천식천은 다시 동질적 기화와 이질적 기화로 나눠진다.

> 그러므로 한울은 한쪽 편에서 동질적기화로 종속을 기르게 하고 한쪽 편에서 이질적 기화로써 종속과 종속의 서로 연결된 성장 발전을 도모하는 것이니….[15]

이는 강자는 약자를 마구 잡아먹어도 된다는 적자생존의 정당성을 의미하는 것이 아니다. 우리도 한울이지만, 우리가 먹는 식물과 동물도 모두 한울이다. 비록 살기 위해서 먹어야 하지만, 그 존재도 한울처럼 소중하고 귀한 존재라는 사실을 인식해야 한다는 것이다. 그러므로 먹는 행위 자체를 신성하게 여겨야 하며, 그러므로 독식을 하거나 함부로 먹어서는 안 된다는 말이다. 생명의 순환적인 상호 의존 관계를 알고, 그 질서를 깨뜨리지 않는 범위 내에서 먹는 행위가 이루어져야 하며, 그것은 결국 전체 생

---

15 『해월신사법설』, 「이천식천」, "그러므로 한울은 一面에서 同質의 氣化로 種屬을 養케 하고 一面에서 異質의 氣化로써 種屬과 種屬의 連帶的 成長發展을 圖謀하는 것이니…."

명을 키우는 일이기도 하다는 것이다.

동질적 기화와 이질적 기화는 다른 측면에서 보면 성장과 진화는 경쟁과 적자생존이라는 냉혹한 정글의 법칙으로만 이루어지는 것이 아니라 협동과 조화, 연대 역시 중요한 성장과 진화의 원리라는 것을 말해주는 표현이기도 하다. 같은 진화론자 중에서도 다윈은 경쟁을 강조했고, 러시아의 생물학자 크로포트킨은 상호부조, 즉 협동이 중요한 원리라고 강조했는데 사실 어느 한쪽만 맞는 것은 아니다.[16] 이 둘이 모두 맞는 말이다. 때로는 경쟁이, 때로는 협동이 서로의 성장과 진화를 매개하고 촉진하는 것이다. 이질적인 것은 초월함으로써, 동질적인 것은 내포함으로써 진화가 이루어진다. 내포하면서 초월한다. 즉 지금까지의 동일성을 포함하면서 현재의 자기 모습을 넘고 초월하여 보다 발전된 모습으로 성장하고 진화해 가는 것이다.

이어서 해월은 이천식천을 '외유기화'의 의미와 통한다고 해석하고 있다. 외유기화는 수운이 동학 주문을 해설하면서 시(侍)의 의미 중 한 측면으로 제시한 말이다.

> 합하여 말하면 한울로써 한울을 먹는 것은 곧 한울의 기화작용으로 볼 수 있는데, 대신사께서 모실 시 자의 뜻을 풀어 밝히실 때에 안에 신령이 있다(內有神靈) 함은 한울을 이름이요, 밖에 기화가 있다(外有氣化) 함은 한울로서 한울을 먹는 것을 말씀한 것이니 지극히 묘한 천지의 묘법이 도무

---

[16] 크로포트킨 지음, 김영범 옮김, 『만물은 서로 돕는다 - 크로포트킨의 상호부조론』, 르네상스, 2005. 참조

지 기운이 화하는 데 있습니다.[17]

내유신령이라는 말은 한울이 곧 영(靈)으로서 내 안에 있다는 의미이며, 외유기화가 곧 이천식천이라는 것은 생명체는 스스로 존재할 수 없고 끊임없이 한울의 기운과 그리고 다른 생명체와 유기적 관계 속에서만 살 수 있다는 의미이다. 식고(食告)가 '도로 먹이는 이치'라고 했듯이, 먹는 행위를 통해 자기 안의 한울을 봉양하는 것이기도 하다.

그런데 해월은 이것이 단지 개체 생명의 성장 원리에 그치지 않고 한울 전체를 키우기 위한 원리라고 설파하고 있다. 여기에 이천식천의 특별한 의미가 있다. 해월은 "한울은 사람에 의지하고 사람은 먹는데 의지"한다고도 하였다. 결국 이는 영이 물질과 생명을 통해서 끊임없이 성장과 진화를 하고 있으며, 이것이 바로 우주의 모습이라는 것이다. 다르게 말하면 드러난 물질세계, 그리고 생명활동은 보이지 않는 영의 자기표현이라는 것이다. 켄 윌버는 '활동 중에 있는 영'이 바로 생명의 원리이며, 생명 진화의 원리라고 하였다.[18] 그렇기 때문에 "지극히 묘한 천지의 묘법이 도무지

---

17 『해월신사법설』, 「이천식천」, "總히 말하면 以天食天은 곧 한울의 氣化作用으로 볼 수 있는 데, 大神師께서 侍字를 解義할 때에 內有神靈이라 함은 한울을 이름이요, 外有氣化라 함은 以天食天을 말한 것이니 至妙한 天地의 妙法이 도무지 氣化에 있느니라."
18 켄 윌버(Ken Wilber)는 물질에서 생명으로, 생명에서 마음(정신)으로 관통하는 공통의 진화적 줄기가 있다고 한다. 그리고 현재 생물학에서는 진화의 원인에 대해서 아직 규명을 못하고 있는데, 진화는 바로 '활동 중에 있는 영'으로 인해 일어난다고 하였다. "활동 중에 있는 영"이 진화적 충동이라는 것이다. 그것을 종교적으로 말하면 창조 중에 있는 신으로 인한 것이라 할 수 있다. 신은 우주를 초월해서 있는 절대적 존재가 아니라 바로 우주 속에 내재하고 있는 '활동 중에 있는 영'이다. 이 '영'은 발달의

기운이 화하는 데 있으며, 이천식천에 있다."고 한 것이다.

장일순은 이천식천에 대해서 다음과 같은 해석을 남기고 있다. 먼저 이천식천의 근거로서 이 세상 만물이 한울님을 모시고 있으며, 우주 전체가 한울이라는 사실을 전제한다.

> 한울이 한울을 기르는 거니까 뭐 기도 드리고 말고도 없이, 이미 한울이야. 그런데, 우주가 존재하지 않으면 나락 하나가 안 되잖아요. 나락이 작다고 해서 그게 결코 작은 게 아니지. 그러니 생명 운동하는 사람에게 있어서는 대소 개념이 문제가 되는 게 아니지. 크고 작은 것을 초월해야 하고, 선악을 초월해야 하겠지. 풀 하나도 우주 전체의 존재가 있음으로 해서 엄연히 존재하는 바에야 풀 하나에도 섬김이 가야 되잖아. 귀한 것은 생명이라는 거지.

이러한 전제하에 해월의 이천식천의 의미를 해설한다.

> 나락 한 알에 우주가 함께 하신다고, 이천식천이라고 그러셨지. 그러니 지금 우리가 다 한울이 한울을 먹고 있는 거란 말이지. 엄청난 영광의 행사를 하고 있는 거 아닐까? 우리가 식사할 때마다 거룩하고 영광된 제사를

모든 단계에서 자신을 전개하고, 자신을 점차로 더 많이 현현하게 되고, 그리하여 각각의 모든 전개에서 자신을 더 많이 깨닫게 된다고 한다. 켄 윌버는 물질계, 생명계, 정신계, 신계를 모두 포함한 전체 우주를 온우주(Kosmos)라고 표현하기도 한다. 그리고 진화는 초월하면서 내포하고, 또 초월하며 내포하는 과정이라고 한다. 켄 윌버 지음, 조효남 옮김, 『모든 것의 역사』, 김영사, 2015, 102-103쪽.

지내는 거거든. 그렇다면 우리가 지금 이 자리에 앉아서 기쁨을 나누고 있는 이게 천국이 아니고 뭔가.[19]

장일순은 이천식천을 나락 한 알에도 우주가 함께하신다는 의미로 해석한다. 풀 한 포기, 나락 한 알, 그리고 나 하나가 존재하기 위해 우주 전체와 뭇 생명들의 도움이 필요하다. 그래서 먹는다는 건 그 생명의 상호의존성과 순환성을 알고 감사와 기쁨으로 행해야 하는 거룩하고 영광된 행사라는 것이다.

한편, 이천식천을 생명윤리적 의미에서 해석하면 자기희생과 공생의 의미로도 해석할 수 있다. 황종원은 이천식천의 의미를 깊이 천착하면서 "최시형이 꿈꾸었던 '한울님'의 뜻에 따라 '한울'이 '한울'을 먹되, 그 먹히는 '한울'을 늘 공경하고, 그에 대한 보답을 부단히 하는"[20] 자기희생과 공생의 삶의 의미로 풀이하고 있다. 그리고 자기희생이라는 점에서 먹히는 한울님과 백성, 여성, 어린이, 자연생명은 일치하며, 이들이 경인, 경물의 주된 대상이 된다고 상소하였다.

또 전희식은 이천식천을 "우리 모두는 이 우주 속에 다른 모습으로 살아 있는 또 다른 나이며, 언젠가는 내 몸도 누군가의 먹이로 내놓을 수 있어야 한다."[21]는 뜻으로 해석하기도 한다. '언젠가는 내 몸도 누군가의 먹

---

19 장일순,「한살림운동과 공생의 논리(김종철과의 대담)」,『나락 한 알 속의 우주』, 180-182쪽.
20 황종원,「최시형 '식(食)' 사상의 종교생태학적 의의」,『신종교연구』 제26집, 2012, 140쪽.
21 전희식,《프레시안》 2011.03.14, "가축=고기? 적게 키우고 덜 먹어야 산다"

이로 내놓는다'는 말은 섬뜩하기도 하지만, 그동안 얼마나 많은 생명체의 희생으로 나라는 생명이 유지되고 있는가를 생각한다면 당연히 그래야겠다는 생각도 든다. 이처럼 이천식천에는 궁극적으로 나라는 개체 생명에 한정된 의식을 벗고 우주의 전체 생명과 하나라는, 초월적 시각에서 생과 사를 바라볼 것을 요구하고 있다고 하겠다.

지금까지 살펴보았듯이, 이천식천은 생명의 순환 이치와 상호 의존성을 알고 모든 존재를 소중하게 모시는 삶을 살아야 한다는 의미이다. 이는 생명의 순환적 원리임과 동시에 한울 전체를 성장 진화케 하는 원리이기도 하다. 또한 먹는 것의 신성함과 공생의 삶을 내포하고 있다. 무엇보다도 이천식천은 적자생존의 논리가 아니라 오히려 자기의 몸을 언젠가는 기꺼이 내놓는 자기헌신의 의미를 담고 있으며, 궁극적으로는 우주와 전체 생명은 나와 깊이 연결되어 있고, 따라서 우리 모두는 이 우주 속에 다른 모습으로 살아 있는 '또 다른 나'라는 자각을 전제로 하고 있다.

양천(養天)의 생명살림과 내칙

앞에서도 언급했듯이 해월에게서 '생명'은 보이지 않지만 신령한 우주의 근원적 실재가 스스로를 드러낸 양태라고 볼 수 있다. 이는 유기물, 무기물, 생물, 무생물을 포괄한다. '자연'은 근원적 실재인 지기(至氣)가 생명으로 드러나고 다시 본래의 실재로 환원하는 생성변화의 모든 과정이자, 그것을 담고 있는 공간이다. 여기서 '생명'은 본래의 무형한 한울이 유형한 한울로 드러난 것이다. 그러므로 드러난 만물은 모두 한울의 표현이자,

그 자체로 생명이다.

해월에게서 생명살림에 해당하는 말은 '양천주'(養天主)이다. 줄여서 그냥 '양천'(養天)이라고도 한다. '양천'은 자기 안의 한울의 씨앗을 키우는 일일 뿐 아니라, 다른 존재들 안에 모신 한울도 키워주는 일이다. 그것을 우리말로 하면 '돌봄' 또는 '살림'이라고 할 수 있다. '살림'은 '죽임'에 대한 반대말이지만, 더 적극적인 의미로는 생명을 그 본성의 결 그대로 온전히 길러 실현한다는 의미이다.[22] 그래서 '양천'은 "인간이 자기와 이웃과 자연 안에 내재해 있는 우주생명을 키움으로써 '자아'와 '공동체'와 '생태계'의 공진화를 도모하는 것"[23]이라고 할 수 있다.

양천의 가장 구체적인 모습은 바로 배 속의 태아를 기르는 것이다. 또한 어린이를 키우는 보육이 가장 직접적인 양천, 곧 돌봄이다. 그래서 『신생철학』(新生哲學)의 저자 윤노빈은 '양천'을 논하면서 "가장 천대받던 사람, 어린이를 한울님으로 모시라는 가르침은 태아를 한울님처럼 공경하라는 데서 더욱 철저하게 그 '혁명성'을 암시하고 있다."[24]고 하였다.

해월은 생명의 포대(胞胎, 잉태)를 천지조화의 비밀이라고도 하였다. 그래서 해월은 아이를 포태했을 때 지켜야 하는 마음가짐을 「내칙」이라는 글을 손수 지어 밝히고 있다. 이는 양천을 어떻게 해야 하는가에 대한 지침으로도 해석할 수 있다. 그 내용은 다음과 같다.

---

22 김지하, 『생명학1』, 화남출판사, 2008, 89쪽.
23 모심과살림연구소, 앞의 책, 76쪽.
24 윤노빈, 『신생철학』, 학민사, 2003, 341쪽.

포태하거는 육류를 먹지 말며, 바다 생선도 먹지 말며, 논의 우렁이도 먹지 말며, 고랑의 가재도 먹지 말며, 고기 냄새도 맡지 말며, 무론 아무 고기라도 먹으면 그 고기 기운을 따라 사람이 나면 모질고 탁하니, 한 달[一朔]이 되거는 기운 자리에 앉지 말며, 잘 때에 반듯이 자고, 모로 눕지 말며, 김치와 채소와 떡이라도 기울게 썰어 먹지 말며, 울타리 사이 터진 데로 다니지 말며, 남의 말 하지 말며, 담 무너진 데로 다니지 말며, 지름길로 다니지 말며, 성내지 말며, 무거운 것 들지 말며, 무거운 것 이지 말며, 가벼운 것이라도 무거운 듯이 들며, 방아 찧을 때에 너무 되게도 찧지 말며, 급하게도 먹지 말며, 너무 찬 음식도 먹지 말며, 너무 뜨거운 음식도 먹지 말며, 기대앉지 말며, 비껴서지 말며, 남의 눈을 속이지 말라. 이같이 아니 말면 사람이 나서 요사(夭死)도 하고, 횡사(橫死)도 하고, 조사(早死)도 하고, 병신도 되나니, 이 여러 경계하신 말씀을 잊지 말고 이같이 열 달을 공경하고 믿어하고 조심하오면 사람이 나서 체도도 바르고 총명도 하고, 지국(知局)과 재기(才氣 또는 才器)가 옳게 날 것이니, 부디 그리 알고 각별 조심 하옵소서. 이대로만 시행하시면 문왕 같은 성인과 공자 같은 성인을 낳을 것이니 그리 알고 수도를 지성으로 하옵소서.[25]

육식을 금지하라는 것은 맑은 기운을 유지하라는 것이다. 먹는 것을 영양학적 관점이 아니라 기운과 영성의 차원에서 접근해야 한다는 말이다. 기질이 맑고 밝고 신령한 아기를 낳기 위해서 음식 조절의 중요성을 강조

---

25 『해월신사법설』,「내칙」.

하는 것이다.

또한 "한 달[一朔]이 되거든 기운 자리에 앉지 말며, 잘 때에 반듯이 자고, 모로 눕지 말며, 김치와 채소와 떡이라도 기울게 썰어 먹지 말며"라고 한 것은 늘 일상에서 바른 마음과 바른 자세, 즉 수심정기를 유지하여 몸과 마음의 주재를 잃지 말라는 의미이다. "울타리 사이 터진 데로 다니지 말며, 남의 말 하지 말며"는 급한 마음을 버리고 남의 험담을 통해 마음을 어지럽히지 말며 늘 마음을 맑고 밝은 상태로 유지하라는 것이다. 마음이 한울이고, 그 마음을 공경하는 것에서 모든 공부가 출발한다.

"무거운 것 들지 말며, 무거운 것 이지 말며, 가벼운 것이라도 무거운 듯이 들며, 방아 찧을 때에 너무 되게도 찧지 말며, 급하게도 먹지 말며, 너무 찬 음식도 먹지 말며, 너무 뜨거운 음식도 먹지 말며"라고 한 것은 지나친 것을 하지 말라는 것이니, 이는 도교 양생의 핵심 원리이기도 하다. 양천(養天)은 결국 양생(養生)에 다름 아니다. 다만 공경하는 마음이 좀 더 강조된다고 할 수 있다. "기대앉지 말며, 비껴서지 말며, 남의 눈을 속이지 말라."고 한 것은 의존, 편법을 쓰지 말고, 늘 진실하고 정직해야 한다는 것이다. 이처럼 양천의 요체는 늘 바르고 밝은 한울의 마음과 기운을 잘 지키고 키워나가야 한다는 것이다. 따라서 「내칙」은 동학 수도의 요체를 설명한 것이며, '양천'(養天)의 핵심을 드러내고 있는 글이기도 하다.

십무천―해월의 생명헌장

해월의 생명철학을 선명하게 보여주는 한 예가 바로 아래의 「십무천」

이다. 십무천(十毋天)은 다음과 같다.

〈십무천〉

1. 무기천(毋欺天)하라　한울님을 속이지 말라.
2. 무만천(毋慢天)하라　한울님을 거만하게 대하지 말라.
3. 무상천(毋傷天)하라　한울님을 상하게 하지 말라.
4. 무난천(毋亂天)하라　한울님을 어지럽게 하지 말라.
5. 무요천(毋夭天)하라　한울님을 일찍 죽게 하지 말라.
6. 무오천(毋汚天)하라　한울님을 더럽히지 말라.
7. 무뇌천(毋餒天)하라　한울님을 주리게 하지 말라.
8. 무괴천(毋壞天)하라　한울님을 허물어지게 하지 말라.
9. 무염천(毋厭天)하라　한울님을 싫어하게 하지 말라.
10. 무굴천(毋屈天)하라　한울님을 굴하게 하지 말라.[26]

천(天)의 자리에 '생명'을 대입하면 그 자체로 훌륭한 생명헌장이 된다. 「한살림선언」에서도 이 십무천을 언급하면서 한울을 이 세상에 구현하는 체천(體天)의 도가 십무천을 통해 구체화되었다고 의미를 부여하고 있다. "체천은 사람이 한울을 모시고 키우는 주체로서 한울님다운 도덕적, 사회적, 생태적 행위를 해야 함을 의미하는 것이며, 죽임의 세계에 대한 적극적인 투쟁을 전개하면서 동시에 일상적 생활에서 생명에 대한 존엄과 경

---

26 『해월신사법설』, 「십무천」.

외를 잃어서는 안 된다는 것이다. 생명을 가두고 나누고 억압하고 죽이는 일을 결코 해서는 안 되는 것이다."²⁷

여기서 한울님은 나의 몸과 마음이기도 하고, 나의 가장 가까운 가족이기도 하고, 차별받고 업신여김 받는 가장 낮은 곳에 있는 약자들이기도 하고, 동식물을 비롯한 일체 생명이기도 하다. 이러한 일체의 생명을 우리가 잘 보살피고 소중하게 돌봐야 하는 거룩한 '님'으로 받들어 섬겨야 한다는 것이 '십무천'의 실천 지침이다.

영부와 이심치심

수운 최제우의 동학은 당시 병든 세상을 근본적으로 치유하라는 메시지였다. 개인적 질병은 물론 수시로 엄습해 오던 전염병, 그리고 온갖 모순과 부조리, 사회적 병폐를 근본적으로 치유하고 사람들을, 세상을 살려내라는 메시지였다. 수운은 당시 질병의 근본적 원인을 각자위심(各自爲心), 즉 소통이 되지 않고 막히고 끊어진 것이 모든 병증의 근본적 원인이라고 보았다. 그것은 인간과 인간의 관계뿐만 아니라, 인간과 한울의 관계에서도 마찬가지였다. 그래서 이에 대한 처방으로 제시한 것이 바로 '영부'(靈符)였다. 이는 경신년(1860)에 한울님으로부터 받은 것이기도 하다.

---

27 모심과살림연구소, 『스무살 한살림 세상을 껴안다』, 한살림, 2006, 53-54쪽.

나에게 영부 있으니 그 이름은 선약이요 그 형상은 태극이요 또 형상은 궁궁이니, 나의 영부를 받아 사람을 질병에서 건지라.[28]

여기서 영부는 단순한 부적이 아니라, 하나의 상징이다. 우주의 약동불식하는 생명(력)의 상징이며, 우주의 마음, 우주적 영의 상징이다. 그래서 선약(仙藥)이라고 했으며, 그 형상을 궁궁(弓弓) 또는 태극(太極)이라고 했다. 그 형상이 궁궁이라는 것은 마음 심(心) 자를 의미한다. 그것은 우주의 활발발(活潑潑)한 영이자 약동불식(躍動不息)하는 근본적 생명력을 의미한다. 그러므로 개인의 질병에서부터 사회적 질병은 물론 문명 전체의 폐해를 치유하는 근본적인 힘이 될 수 있는 것이다. 개인의 몸이 병드는 원인과 사회가 병들고, 문명이 병드는 원인이 근원적으로 하나이기 때문이다. 그리고 그 출발은 결국 '각자위심'에 사로잡혀 닫히고 쪼그라든 마음을 한울님 마음으로 되돌리는 것이며, 한울과 끊어진 기운을 다시 연결시켜 주는 것이다. 따라서 생명살림의 이치는 먼저 내 몸과 마음을 살리는 데서부터 시작한다. 내 몸과 마음을 먼저 치유하지 않고서 세상의 평화와 화해, 치유를 말할 수 없다.[29]

해월은 이러한 수운의 문제의식을 이어받아 갈가리 찢긴 당시 백성들의 마음을 회복시키려고 하였다. 그는 영부의 의미를 새롭게 새기면서 다음과 같이 언급하였다.

---

28 『동경대전』, 「포덕문」, "吾有靈符 其名仙藥 其形太極 又形弓弓 受我此符 濟人疾病."
29 여기에 대해 중요한 통찰을 주는 책으로 다음을 보라. 데보라 킹 지음, 사은영 옮김, 『나를 치유하면 세상이 치유된다』, 김영사, 2022,

경에 말씀하시기를 "나에게 영부(靈符) 있으니 그 이름은 선약이요 그 형상은 태극이요 또 형상은 궁궁이니 나의 이 영부를 받아 사람을 질병에서 건지라." 하셨으니, 궁을의 그 모양은 곧 마음 '심' 자입니다. 마음이 화하고 기운이 화하면 한울과 더불어 같이 화할 것입니다. 궁은 바로 천궁이요, 을은 바로 천을이니 궁을은 우리 도의 부도요 천지의 형체입니다. 그러므로 성인이 받으시어 천도를 행하시고 창생을 건지십니다. 태극은 현묘한 이치니 환하게 깨치면 이것이 만병통치의 영약이 되는 것입니다.

지금 사람들은 다만 약을 써서 병이 낫는 줄만 알고 마음을 다스리어 병이 낫는 것은 알지 못하니, 마음을 다스리지 아니하고 약을 쓰는 것이 어찌 병을 낫게 하는 이치이겠습니까. 마음을 다스리지 아니하고 약을 먹는 것은 이는 한울을 믿지 아니하고 약만 믿는 것입니다. 마음으로써 마음을 상하게 하면 마음으로써 병을 나게 하는 것이요, 마음으로써 마음을 다스리면 마음으로써 병을 낫게 하는 것입니다. [30]

여기서 해월은 궁을을 마음 '심'(心) 자를 나타내는 것이라고도 하고, 천지의 형체라고도 했다. 우주의 약동불식(躍動不息)하는 기운의 형상을 상징한 것이라 할 수 있는데, 중요한 것은 그것이 모든 사람들 안에 이미 심령(心靈)으로서 주어져 있다는 것이다. 그러므로 '영부'는 내 안에 들어와

---

30 『해월신사법설』, 「영부 · 주문」, "經曰「吾有靈符 其名仙藥 其形太極 又形弓弓 受我此符 濟人疾病」弓乙其形 卽「心」字也 心和氣和與天同和 弓是天弓 乙是天乙 弓乙吾道之符圖也 天地之形體也故 聖人受之以行天道以濟蒼生也 太極玄妙之理也 透得則是爲萬病通治之靈藥矣 今人但知用藥愈病 不知治心愈病 不治心而用藥 豈有差病之理哉 不治心而服藥 是不信天而信藥 以心傷心以心生病 以心治心以心愈病."

있는 한울이며, 내유신령이며, 심령이며, 우주생명이라고 할 수 있다. 내 안에 이미 한울의 한 조각, 거룩한 신성, 우주의 생명력이 들어와 있는 것이며, 그것이 인간의 본질이자 나의 중심이라는 것이다.

이미 자연한 치유력이 우리의 몸 안에 있다는 것이며, 따라서 마음을 다스려서 병을 낫는 것이 근본임을 역설하고 있다. 여기서 마음을 다스린다는 것은 현재의 부정적이고 뒤틀리고 막히고 닫혀 있는 마음을 다스려, 본래의 맑고 밝고 신령한 한울마음으로 회복하라는 말이다. 이런 마음을 회복하게 되면 저절로 막힌 곳이 풀리고 기운이 화하게 되면서 치유가 일어나게 된다는 것이다. 이렇게 마음을 다스리고 기운이 조화를 찾는 것을 심화기화(心和氣和)라고 하고, 심화기화가 되면, 병은 무위이화의 자연한 이치로 낫게 된다는 것이다.

영부는 대우주·대생명의 원천으로서 우주생명을 상징한 것이다. 그리고 그 우주생명이 내 안에 이미 존재의 본질로서 내재해 있다는 것이다. 그러므로 영부의 수련은 단순히 한울의 기운을 붓으로 종이에 옮기는 것에 있는 것이 아니라, 나에게 들어와 있는 신령한 마음을 돌이켜 회복하고 나의 기운을 우주적 생명의 네트워크에 접속함으로써 스스로를 치유하고, 사회를 치유하고, 세상을 치유하는 거룩한 '살림'의 실천 운동에 적극적으로 참여하는 것을 의미한다.

살림운동의 계승

한편, 해월의 양천주, 생명살림은 동학의 전개 과정에서 가장 소외받고 억압받는 사람과 생명을 살리는 해방운동으로 나타났다. 그는 일체의 반상과 적서차별을 금하라고 했으며, 천민 출신 남계천을 호남 전체를 통괄하는 편의장에 임명함으로써 계급 해방을 몸소 실천했다. 또한 여성을 '한 집안의 주인'이라고 하였고, 앞으로의 시대의 주역이라고 높임으로써 여성해방에 앞장섰다. 게다가 그는 인간만이 아니라 생명까지도 존중하라고 함으로써 인간 중심에서 벗어나 생태적 해방을 추구했다.

그리고 누구보다도 무시당하고 차별받던 아이들에게 주목하여 "아이가 바로 한울님"이라고 함으로써 어린이 해방의 선구가 되었다.[31] 이러한 해월의 사상이 1920년대 김기전, 방정환의 어린이 운동의 직접적인 바탕이 되었다.[32] 또한 1920년대 천도교청년당이 주도한 여성운동, 농민운동 역시 모두 해월의 이러한 양천의 생명살림의 운동적 계승이었다.

현대에 와서 동학의 살림운동, 특히 해월의 생명사상을 현대적으로 계승한 쪽은 원주의 무위당 장일순이다. 그를 중심으로 한 '원주 캠프'는 1982년부터 유기농업을 시작하면서, 1984년 유기농산물 직거래를 위한 원주 소비자협농조합을 공식으로 창립하고, 이어 1986년 서울에 '한살림'이란 이름으로 간판을 내걸면서 생명운동을 본격적으로 시작하였다.

한살림운동은 원주 캠프의 맥을 이으면서 동학사상을 중심으로 서구의 녹색운동과 신과학운동의 성과를 한국적 맥락에서 수용하여 인간 이해와 사회운동의 새로운 지평을 열었다. 이는 모든 생명의 유기적 연관을 강조하는 생태적 사유를 바탕에 깔고 동학의 '시천주'(侍天主) 사상을 현대화

---

31 이주영, 『어린이 해방』, 우리교육, 2017.
32 김용휘, 「해월 최시형의 자연관과 생명사상」, 『철학논총』 제90집, 제4권, 2017, 181쪽.

하여 '사람 안에 모셔진 우주 생명'이라는 표현으로 근대적 개인을 넘어서 인간의 몸과 이성, 그리고 영성을 포괄하였다. 또한 자본주의와 사회주의를 산업문명의 쌍생아로 보고, 산업문명의 기초가 되는 기계론적 세계관을 대체할 생명의 세계관을 확립하였다.

「한살림선언」이 제시하는 문명 전환의 비전으로서 '한살림운동'의 구조를 보면, '전일적 생명의 세계관 확립'과 '새로운 생활양식의 창조'라는 두 가지 사명과, 사회에 대한 공동체적 각성, 자연에 대한 생태적 각성, 생명에 대한 우주적 각성의 세 가지 각성과 생활수양 활동, 생활문화 활동, 사회실천 활동의 세 가지 활동으로 이루어져 있다.[33] 「한살림선언」은 동학의 생명사상에서 한살림운동의 생태적, 사회적, 윤리적 기초를 발견하였음을 명시적으로 밝히면서, 물질과 사람이 다 같이 우주생명인 한울을 그 안에 모시고 있는 거룩한 생명임을 깨닫고 이들을 '님'으로 섬기면서(侍) 키우는(養) 사회적, 윤리적 실천을 수행할 것을 우리들에게 촉구하고 있다.[34]

한편, 2010년 '천도교한울연대'라는 동학에서 천도교로 이어져 온 사상과 운동의 맥락을 직접적으로 계승코자 하는 생명운동 단체가 발족되었다. 한울연대는 "모심의 영성과 수련에 바탕한 사회적 실천을 목적"으로 기존의 환경운동과 연대하면서도 좀 더 근본적인 생명살림운동, 나아가

---

33 모심과살림연구소, 『죽임의 문명에서 살림의 문명으로 - 한살림선언, 한살림선언 다시읽기』, 한살림, 2010.
34 주요섭, 「동학과 한살림」, 『근대한국 개벽사상을 실천하다』, 모시는사람들, 2019, 315쪽.

우리의 생활양식을 전환시키고자 하였다. 이에 따라 한울연대는 세 가지 살림운동을 전개하고 있다

천도의 원리에 따라 생명살림을 크게 세 분야로 나누었습니다. 물론 다른 영역도 있지만 동학·천도교가 더 주력해야 할 영역을 땅을 비롯한 자연 생태계를 살리는 땅살림, 몸과 마음을 이분법적으로 보지 않고 몸, 마음, 영혼(성품)의 '통전적 몸'에 대한 살림운동, 그리고 어린이를 부족한 존재로 보지 않고 이미 가지고 있는 저마다의 씨앗이 잘 깨어날 수 있도록 기다리고 존중하는 아이살림, 이 세 영역에서 천도의 실천을 하고자 한 것입니다.[35]

한울연대는 해월의 삼경(三敬)을 현대적으로 해석함으로써 우리 시대 생명평화운동의 과제를 '몸살림, 아이살림, 땅살림'이라는 세 가지 살림운동으로 정리하고 그 구체성을 담보하려고 하였다. 그중에서 특히 '아이살림'의 차원에서 2014년 8월에 수운의 고향인 경주 가정리에 '방정환한울어린이집'을 개원하였다. 방정환어린이집은 '어린이가 한울님'이라는 대정신 아래 동학의 시천주(侍天主), 즉 '모심'의 교육을 실현하고자 한 것이다. 아이들을 생태적 환경에서 자라게 하고 각자가 가진 천부적 잠재력을 스스로 발견하게 하고 키워주고자 하는 취지이다. 보육과 교육의 근본은 아이를 온전한 한 인격으로 존중하고 아이의 천부적 소질과 재능, 그리

---

35 cafe.daum.net/hanwoolsalrim

고 잠재력이 스스로 깨어나도록 하는 데 있다고 보기 때문이다.

2016년에는 이를 전국적으로 확산하기 위해 교육운동단체인 '방정환한울학교'를 발기하였다. 그 취지의 글을 보면 다음과 같다.

> 더 이상 아이들을 불완전한 존재로 여겨 가르치려 하지 않고, 본래의 씨앗이 잘 발현되도록 스스로 깨우치는 교육을 하고자 합니다. 부모와 교사는 아이들이 스스로 성장할 수 있도록 좋은 환경을 만들어 주는 조력자의 역할에 그칠 것입니다. 또한 지식 위주의 성장만이 아니라 몸의 건강과 생명력을 높이는 방법을 배우고, 마음을 가꾸고 잘 쓰는 방법을 터득하게 될 것입니다. 나아가 영혼과의 교감을 잃지 않은 채 영적 성장과 의식의 진화, 그리고 더 좋은 세상을 위한 실천을 삶의 목적에 두고 삶 자체가 작은 나(小我, 에고)를 극복하고 큰나(大我, 참나, 한울)를 실현할 수 있는 도장이 되도록 할 것입니다.
>
> 이렇게 성장한 아이들은 먼저 자기의 몸과 마음을 소중하게 대할 줄 알며, 주변의 동무들, 자연, 그리고 작은 물건조차도 소중하게 아끼며 존중하는 따뜻한 가슴을 가지게 될 것입니다. 또한 스스로의 재능과 소질이 온전히 싹을 틔움으로써 조화로운 인격형성은 물론 그 능력이 사회를 더 아름답게 만드는 데 활용될 것입니다. 어릴 때부터 생명을 모시고 살리는 삶의 가치를 체득한 아이들이 펼치는 나라를 우리는 이제 꿈꿉니다.[36]

---

36 방정환배움공동체 구름달 편, 『교사, 방정환에게 길을 묻다』, 살림터, 2022, 서문 참조.

'방정환한울학교'는 2021년 '방정환배움공동체 구름달'로 이름을 바꿔서, 동학 정신과 방정환의 교육사상을 계승하고 있다. 아이들이 진정 행복할 수 있는 세상을 꿈꾸며, 아이들 스스로가 타고난 자신의 소질과 재능을 온전히 발현하여 자기 삶의 주인이 되는 것은 물론, 삶이 자기실현의 장이 되도록 이끄는 것을 목표로 한다. 어릴 때부터 생명을 모시고 살리는 삶의 기술을 체득한, 활력 넘치는 아이들이 만드는 밝은 나라가 방정환배움공동체 구름달이 꾸는 꿈이다.

거룩한 마음과 새로운 살림운동

지금까지 살펴보았듯이 생명살림의 이치는 먼저 내 몸과 마음을 살리는 데서부터 시작한다. 내 몸과 마음을 먼저 치유해서 평안하게 하지 않고서 세상의 평화와 화해, 치유를 말하기는 어렵다. 그런데 생명살림을 위해서 하나 더 강조되어야 하는 것은 무한 성장에의 환상을 버리고 진정한 인간의 행복과 자유에 대해 깊은 성찰을 해야 한다는 점이다. 무엇보다도 인류가 오늘날의 극단의 생태 위기를 넘어 평화롭게 공존 공생할 수 있는 길을 깊이 성찰해야 할 것이다. 지금과 같은 방식의 성장 중심 문명을 지속하는 한 기후위기를 비롯한 생태계 위기를 극복하기는 어렵다.

이를 위해서는 생활양식과 가치관의 변화가 필요하다. 해월은 "일용행사가 도 아님이 없다."고 하였다. 생활방식의 변화는 단호한 결단을 요구한다. 그중에서도 핵심은 인생관을 사회적 성공이나 출세, 외면적 화려함과 편안함에 두지 않고 자기실현과 영적 성장에 두고, 불편하지만 생명과 괴를 하지 않는 소욕지족(少欲知足)의 삶으로 전환하는 것이다.

물론 생활방식을 바꾸는 것은 쉬운 일이 아니다. 적게 소비해야 하고, 불편을 참아야 한다. 때로 주변의 멸시와 몰이해를 이겨내야 한다. 하지만 결국은 인생관이 변하지 않으면, 그래서 배우자를 만나는 데서부터 아이를 기르고, 직업을 선택하고, 먹고 소비하는 데서 달라지지 않으면 대안적 실천은 실효성을 거두기 어렵다.

이런 인생관을 선택하고 이런 불편한 생활을 감내하기 위해서는 결국 다시 높은 정신성, 영성이 요구된다고 할 것이다. 다시 말해 우리의 내면이 참으로 거룩해지고 신령해지지 않으면 안 된다. 말과 행동, 그리고 생각이 거룩해져야 한다. 내면의 거룩함이 영성이다. 이것이 수련이 필요한 이유이기도 하다. 앞서도 언급했듯이 생명 파괴의 가장 근원적 원인은 규제되지 않는 탐욕 때문이다. 그러므로 자기 내면의 욕망을 다스려 거룩하게 성화(聖化)시키는 노력이 우선되지 않으면 안 된다.

근본적 차원에서 보자면, 마음은 본래 신령하고 거룩한 것이다. 육신을 가지고 세속에 처하여 살아가면서 잊어버리고 잃어버린 마음을 회복하는 공부가 양천주이고 수심정기이다. 물론 그렇다고 욕망을 다 다스리고 나서야 사회적 실천을 할 수 있다는 의미는 아니다. 수행과 실천, 이 둘은 항상 병행되어야 할 것이다. 다만 청빈한 마음이 근본이 되어야 새로운 살림운동, 녹색운동의 길이 열릴 수 있다는 것이다. 이것이 수운과 해월이 주문 공부를 중시한 이유이다.

제7장 나를 향해 제사상을 차려라

— 해월의 시간관과 생사관

" '향아설위'는 해월에게 와서 인간을 더 중시하고 구체적 현실성을 중시하는 사고의 합리화가 이루어지고 있다는 것을 보여준다. 모든 사상과 제도가 결국은 인간을 위한 것이며, 인간에 앞서서 정치나 종교, 신이 있는 것이 아님을 의미하는 것이기도 하다. 향아설위야말로 과거와 미래에 결박되어 오늘의 생활, 오늘의 실존적 삶을 황폐하게 해온 전 역사적 문화를 송두리째 부정하고 지금 여기의 삶, 자기 곁에 있는 사람들에게 집중하게 함으로써 진정한 경천, 경인, 경물의 새로운 윤리를 가능하게 한 상징적인 사건이었다."

향아설위

해월은 죽음을 예감하고, 한 해 전인 1897년 4월 5일, 수운 선생 득도일을 맞아 '향아설위'(向我設位) 제사법을 전격 단행했다. 이는 가히 새로운 문명의 전환을 알리는 상징적인 사건이었다. 향아설위는 제사상의 밥그릇 위치를 저편(彼岸)에서 이편(此岸)으로 옮기는 것이다. 기존의 벽을 향해서 제사상을 차리는 이른바 '향벽설위'(向壁設位)에서, 나를 향해, 자손을 향해 제사상을 차리는 방식으로 제사법을 변혁한 것이다. 그때 남긴 법설을 보면 다음과 같다.

> 신사 물으시기를 "제사 지낼 때에 벽을 향하여 위를 베푸는 것이 옳겠습니까, 나를 향하여 위를 베푸는 것이 옳겠습니까."
> 손병희 대답하기를 "나를 향하여 위를 베푸는 것이 옳습니다."
> 신사 말씀하시기를 "그러합니다. 이제부터는 나를 향하여 위를 베푸는 것이 옳습니다."[1]

---

1 『해월신사법설』, 「향아설위」.

유교를 비롯한 동서고금의 모든 제사는 벽을 향해 제위(祭位)를 차리는 '향벽설위'(向壁設位)였다. 그러나 해월은 조상이 저 벽을 타고 오는 것이 아니라 내 안에 모셔져 있다는 전환적 인식을 바탕으로 나(자손)을 향해서 상을 차리도록 하였다. '지금 여기' 우주생명을 모셔 기르는 산 사람 앞에 생명의 근원이 되는 밥을 공양하는 것이다.[2] 향아설위는 나의 혈기와 부모의 혈기, 그리고 한울님의 영기가 모두 하나로 이어져 있다는 동학의 시천주 정신이 그대로 담겨진 제례법이라고 할 수 있다.[3]

제사 양식의 변화는 우리의 삶을 근본적으로 전환시키는 파급력을 지닌 것이다. 이념은 바뀌어도 원래 관습이라는 것은 쉽게 바뀌는 것이 아니다. 특히 제사의 관습은 단순히 조상의 넋을 기리는 의미를 떠나서 가문이나 문중, 또는 국가의 안녕을 빌면서 참여자들을 하나로 묶게 하고, 제사를 주관하는 사람의 권위를 세우는 것이기도 했다. 조선후기에 벌어졌던 예송논쟁만 봐도 일년상이냐 삼년상이냐 하는 것으로 다툰 것이지만, 그 이면에는 결국 살아 있는 사람들의 권위과 권력을 세우는 문제와 관련된 것이있다. 그러므로 세사법을 바꾼다는 것은 그러한 권위와 권력을 재편한다는 의미도 있기 때문에 과히 파천황적인 전환이라고 할 수 있다.

그다음, 해월은 계속해서 질문을 던진다.

"그러면 제물을 차릴 때에 혹 급하게 집어 먹었다면, 다시 차려서 제사

---

2 모심과살림연구소, 『죽임의 문명에서 살림의 문명으로 - 한살림선언 다시 읽기』, 도서출판 한살림, 2010, 52쪽.
3 윤석산, 『일하는 한울님, 해월 최시형의 삶과 사상』, 모시는사람들, 2014, 278쪽.

를 지내는 것이 옳겠습니까, 그대로 지내도 옳겠습니까."

손천민이 대답하기를 "그대로 제사를 지내는 것이 옳겠습니다."[4]

엄격한 유교식의 제사법에서 이런 일이 있었다면 조상에게 불경스런 일이며, 부정을 탈 수 있기 때문에 집례자는 이를 엄숙히 꾸짖고 제물을 다시 차리게 함으로써 집안의 예법을 바로 잡고 집안을 검속했을 것이다. 이는 결국 주부의 수고로 이어질 뿐 아니라, 무심코 제물을 입에 넣은 아이는 지탄의 대상이 될 것이고, 제사 분위기는 무겁고 냉랭해졌을 것이다.

하지만 해월은 이러한 관행이 조상이 바깥에 영혼으로 존재한다고 보고, 그 돌아가신 조상의 심기를 먼저 살핌으로써 오히려 살아 있는 집안 사람들을 잡는 것이라고 보았다. 산 사람을 먼저 살피지 않고 죽은 사람을 먼저 살피는 것이다. 지금 여기에 있는 사람을 우선시하지 않고 과거에 스스로를 얽어매고 있는 것이다. 이는 동학의 입장에서는 맞지 않는 것이다. 조상의 심령과 혈기는 자손 안에 살아 있는 것이지 자손을 떠나 있지 않다. 그러므로 혹시라도 어린아이가 모르고 음식을 집어 먹으면 그것은 조상님이 그 아이의 정을 움직여서 드신 것으로 봐야 한다. 그래서 해월은 이어서 질문을 던진다.

---

4 『해월신사법설』, 「향아설위」, "神師問曰「奉祀之時 向壁設位可乎 向我設位可乎」孫秉熙答曰「向我設位可也」神師曰「然矣 自此以後 向我設位可也 然則奉祀之物 準備時 或有急遽拿食則 再備奉祀可乎 其然奉祀可乎」孫天民答曰「其然奉祀可也」."

신사 말씀하시기를 "여러분들은 매번 식고할 때에 한울님 감응하시는 정을 본 때가 있습니까."

김연국이 대답하기를 "보지 못하였습니다."

신사 말씀하시기를 "그러면 한울님께서 감응하시지 않는 정은 혹 본 일이 있습니까. 사람은 다 모신 한울님의 영기로 사는 것이니, 사람의 먹고 싶어 하는 생각이 곧 한울님이 감응하시는 마음이요, 먹고 싶은 기운이 곧 한울님이 감응하시는 기운이요, 사람이 맛나게 먹는 것이 이것이 한울님이 감응하시는 정이요, 사람이 먹고 싶은 생각이 없는 것이 바로 한울님이 감응하시지 않는 이치입니다. 사람이 모신 한울님의 영기가 있으면 산 것이요, 그렇지 아니하면 죽은 것입니다. 죽은 사람 입에 한 숟갈 밥을 드리고 기다려도 능히 한 알 밥이라도 먹지 못하는 것이니 이는 한울님이 이미 사람의 몸 안에서 떠난 것입니다. 그러므로 능히 먹을 생각과 먹을 기운을 내지 못하는 것이니, 이것은 한울님이 능히 감응하시지 않는 이치입니다."[5]

사람은 다 모신 한울님의 영기로 사는 것이니, 사람의 먹고 싶은 생각이 한울님의 감응이라는 것이다. 다르게 말하면 아이가 먹고 싶은 생각이 드

---

5 『해월신사법설』,「향아설위」, "神師曰「爾等 每食告之時 天主感應之情 有時見乎」金演國答曰「未見也」神師曰「然則天主不感應之情 或有見乎 人皆以侍天主之靈氣生活者也 人之欲食之念 卽天主感應之心也 欲食之氣卽天主感應之氣也 人之甘食 是天主感應之情也 人之無欲食之念 是天主不感應之理也 人有侍天主之靈氣則 生者也 不然則死者也 屍體之口而奠一匙飯以待之 不能食一粒之飯 此天主旣離於人之體內也故 不能發食念食氣也 此天主不能感應之理也」"

는 것은 조상님의 감응이라고 해석할 수 있다. 조상님이 어디 딴 곳에 계신 것이 아니라 자손의 심령 속에 살아 계시기 때문이다. 따라서 아이가 음식을 맛있게 먹는 것이 내 안의 한울님과 조상님에게 봉양하는 것이 된다. 마찬가지로 내 옆에 있는 사람을 먼저 살피는 것이 내 안에 계신 한울님과 조상님을 진정으로 살피는 길이 될 수 있다.

그러자 향아설위의 이치가 잘 납득되지 않은 한 제자가 다시 질문한다.

> 임규호 묻기를 "나를 향하여 위를 베푸는 이치는 어떤 연고입니까."
> 신사 대답하시기를 "나의 부모는 첫 조상으로부터 몇만 대에 이르도록 혈기를 계승하여 나에게 이른 것이요, 또 부모의 심령은 한울님으로부터 몇만 대를 이어 나에게 이른 것이니 부모가 죽은 뒤에도 혈기는 나에게 남아 있는 것이요, 심령과 정신도 나에게 남아 있는 것입니다. 그러므로 제사를 받들고 위를 베푸는 것은 그 자손을 위하는 것이 본위이니, 평상시에 식사를 하듯이 위를 베푼 뒤에 지극한 정성을 다하여 심고하고, 부모가 살아계실 때의 교훈과 남기신 사업의 뜻을 생각하면서 맹세하는 것이 옳습니다."[6]

임규호의 질문에 해월은 부모의 심령은 한울님으로부터 몇만 대에 이

---

6 『해월신사법설』, 「향아설위」, "任奎鎬問曰「向我設位之理 是何故也」神師曰「我之父母 自始祖以至於幾萬代 繼承血氣而至我也 又父母之心靈 自天主幾萬代繼承而至我也 父母之死後血氣 存遺於我也 心靈與精神 存遺於我也 故奉祀設位爲其子孫而本位也 平時食事樣 設位以後 致極誠心告 父母生存時敎訓 遺業之情 思而誓之可也」"

어 나에게 이른 것이며, 부모의 혈기와 심령과 정신은 죽은 뒤에 자손에게 남아 있는 것이지 다른 곳에 혼령으로 존재하는 것이 아니라고 대답한다. 그러므로 제사를 받드는 것은 자손을 본위로 해야 한다고 다시 한번 강조한다. 그 방법은 평상시 식사를 하듯 상과 위를 차리되 정성을 다하여 심고하고, 무엇보다 자손들이 모여 부모의 뜻을 잊지 않고 되새기며 다짐하는 것이 핵심이라고 일러주고 있다.

이처럼 벽을 향해 제사상을 차리지 않고, 나(후손)를 향해 제사상을 차린다는 것은 조상이 사후에 저세상에 있다가 제삿날 벽 쪽에 놓인 위패를 타고 오지 않고 자손의 심령과 혈기 속에 항상 함께하고 있다는 인식에 따른 것이다. 이는 신 중심의 수직적이고 저 벽 쪽의 위패, 혹은 과거 조상들의 시간을 향했던 시선을 자기에게로, 지금 여기에 실존하는 삶과 생명으로 되돌리는 것을 의미한다.

해월이 「삼경」에서 "어리석은 풍속에 귀신을 공경할 줄은 알되 사람은 천대하니, 이것은 죽은 부모의 혼은 공경하되 산 부모는 천대함과 같다."고 한 언급과 상통하는 이야기다. 동학의 실천은 멀리서 구하지 않고 가까운 데서부터, 과거와 미래가 아니라 지금 여기, 바로 곁에서 현존하고 있는 사람들, 지금 가장 도움이 필요한 사람들의 손을 잡아주는 것이며, 그 전에 먼저 자신을 향해서, 자기의 몸과 마음을 소중하게 잘 돌보는 데서부터 시작된다는 것을 의미한다.

해월의 시간관

그렇기에 향아설위는 '지금 여기'를 강조하는 시간관의 차원에서도 해석될 수 있다. 김지하는 '시간관은 삶의 실존적 기초를 결정'하며 현대 사회의 우리는 한편에서는 "서양의 직선적이고 처음과 끝이 있는 목적론과 종말론적 시간관, 상승주의적 진보주의적 시간관, 양적 수렴적 시간관 또는 팽창적 비가역적 물리적 엔트로피적 시간관"과 다른 한편에서는 "원안에서 끊임없는 반복 순환이라는 폐쇄적 역동의 순환관에 입각한 끊임없는 복고의 시간, 복고 상고 고대 숭상의 수직적 시간관"에 구애되어 살아가고 있다고 진단한다. 그리고 그것은 어느 쪽이든 "지금 여기의 삶을 황폐화하고 파괴하고 우리의 모든 살아 생동하는 욕구와 지금 당장 충족되어야 할 기초 내지 높은 인간적인 삶의 요구를 묵살하는 우주관의 필연적 틀로서 생명을 억압"한다고 갈파한다.[7]

그리고 향아설위의 시간관을 예기(豫期)하며 다음과 같이 대안적 의미를 덧붙인다.

> 바로 이것을 깨뜨리는 것, 이것은 문명 전환과 우리의 민초 중생, 모든 생명과 시민들, 이름 없는 숱한 사람들의 숱한 생명, 숱한 물질이 지금 여기에서 낮은 차원, 제한된 범위에서나마 전 우주적이고 전 심층·심리적이고 전방위, 전 영역적인 확산 속에서 고도의 질적 자기 수렴으로 자기를

---

[7] 김지하, 『생명학1』, 화남, 2003, 229쪽.

충만시키는 그러한 우주 사회적 실존적 자기 성취를 가능하게 하는 새로운 삶과 생명의 시간관에 대한 요청입니다. 바로 이러한 시간관의 발견만이 생활양식과 그 문명을 전환시킬 수 있는 근거가 되는 것이지요.[8]

김지하는 기존의 서양적 시간관은 직선적이고 목적론적 종말론적 시간관이며, 동양의 시간관은 순환적, 상고적이고 복고적인 보수적 역사관에 정착되어 있다고 비판하면서 향아설위야말로 지금 여기의 삶에 기초한 실존적 자기 성취를 가능하게 하는 새로운 삶과 생명의 시간관이라고 역설하고 있다. 따라서 동학의 시간관은 과거, 현재, 미래로 이어지는 직선적인 시간관이 아니라, 지금 여기로부터 과거, 미래로 무한히 확장되었다가, 다시 지금 여기로 수렴되는 그런 시간관이라고 한다. 그러면서 밥그릇 위치가 저쪽에서 이쪽으로 돌아오는 이 간단한 전환이 후천개벽의 상징이며 인류 오만 년 문명사 전체의 질서를 뒤집어놓는 후천개벽의 가장 완벽한 집행이라고 의미를 부여하고 있다.

이러한 향아설위, 내 앞으로 메밥과 위패를 돌려놓는 이 새로운 동학의 제사 방법은 그리고 그 제사 방법에 입각한 새로운 생명의 실존적 우주적 자기 성취의 시간관, 지금 여기의 시간관은 바로 동서양 고대로부터 가장 고상한 것으로 숭배되어 온 제사와 가장 저급하고 천박하게 생각되어왔던 밥 먹는 것의 통일, 식사와 노동, 상부와 하부, 하늘과 땅, 성스러움과 속

---

8 김지하, 앞의 글.

됨, 식사와 제사, 조상과 자손, 일체 과거와 미래를 현실 안에 일원적으로 결합시키는 과정입니다.[9]

김지하는 동학의 향아설위의 제사법은 지금 여기의 현재에 집중하는 생명과 생성의 시간관일 뿐 아니라 제사와 식사, 식사와 노동, 성스러움과 속됨, 조상과 자손, 그리고 일체의 과거와 미래를 현재 안으로 통합시키는 일원적 과정이라고 의미를 부여하고 있다. 일체의 수직적 권위, 지금 여기의 삶을 부정하고, 곁에서 고통받고 있는 내수도, 며느리, 자녀, 그중에서도 딸들, 서얼들, 노비들, 일체의 밑바닥 민중들의 삶을 내동댕이치고 오로지 과거의 전통과 권위, 위를 향해 있었던 시선을 지금 여기로 향하게끔 하고, 발을 현실의 땅에 내리라는 것이다. 이처럼 제사 양식의 변화는 우리의 삶을 근본적으로 바꾸자는 상징적인 의미가 있는 것이다.

마음으로 절을 하라

제자와의 문답이 계속 이어진다.

> 방시학이 묻기를 "제사 지낼 때에 절하는 예는 어떻게 합니까."
> 신사 대답하시기를 "마음으로써 절하는 것이 옳습니다."

---

9 김지하, 앞의 책, 234쪽.

또 묻기를 "제물 차리는 것과 상복은 어떻게 하는 것이 옳습니까."

신사 대답하시기를 "만가지를 차리어 벌려 놓는 것이 정성이 되는 것이 아니요, 다만 청수 한 그릇이라도 지극한 정성을 다하는 것이 옳습니다. 제물을 차릴 때에 값이 비싸고 싼 것을 말하지 말고, 물품이 많고 적은 것을 말하지 마소서. 제사지낼 시기에 이르러 흉한 빛을 보지 말고, 음란한 소리를 듣지 말고, 나쁜 말을 하지 말고, 서로 다투고 물건 빼앗기를 하지 마소서. 만일 그렇게 하면 제사를 지내지 않는 것이 옳습니다. 굴건과 제복이 필요치 않고 평상시에 입던 옷을 입더라도 지극한 정성이 옳습니다. 부모가 돌아가신 뒤에 굴건을 쓰고 제복을 입고라도, 그 부모의 뜻을 잊어버리고 주색과 잡기판에 나들면, 어찌 가히 정성을 다했다고 말하겠습니까."

조재벽이 묻기를 "상기는 어떻게 하는 것이 옳습니까."

신사 대답하시기를 "마음으로 백년상이 옳습니다. 천지부모를 위하는 식고가 마음의 백년상이니, 사람이 살아 있을 때에 부모의 생각을 잊지 않는 것이 영세불망이요, 천지부모 네 글자를 지키는 것이 만고사적 분명하다고 말하는 것입니다."[10]

제사 지낼 때 절하는 예법을 묻자, 해월은 마음으로 절을 하는 것이 옳다고 답을 하고 있다. 유교의 제사법에서 절하는 예법은 집안마다 다르고, 지역마다 다르다. 지금도 어떤 집안에서는 아예 여자들은 참여시키지도 않는다. 해월은 그런 일체의 형식을 부정하고 단지 마음으로 절을 하는 것

---

10 『해월신사법설』, 「향아설위」.

이 옳다고 답을 하고 있다. 그리고 이어서 다시 한번 정성을 강조하면서 많은 제물을 차리는 것이 중요한 것이 아니라 청수 한 그릇이라도 정성을 다해야 함을 강조한다. 이것은 단지 은유적 표현이 아니었다. 이미 1875년 단양 송두둑에서 새로운 시작을 다짐하는 제례를 열며, '청수일기'의 제례법을 언급한 바 있다.[11] 이후 '청수일기'를 통한 제사법은 천도교 시대에 와서 일반화되었다.

끝으로 해월은 다시 한번 제사의 핵심은 자손들이 모여서 경건한 마음으로 부모의 뜻을 잊지 않고 그 뜻을 계승하는 것이 중요하다는 점을 상기시키며. 상기는 마음으로 백년상을 하라고 한다. 백년상이라는 것은 매 식사 때마다 식고(食告)를 잊지 않고 하는 것을 의미한다. '잊지 않는 것'이 중요하다. 부모를 마음에서 잊지 않고 있으면 부모는 그 자녀의 심령 속에서 살아 있는 것이지만 그렇지 못하다면 영원히 사멸된다. 그래서 '영세불망'(永世不忘)이라고 하였다.

윤노빈은 향아설위에 대해 "동양적 내세관과 기성종교들에 도사리고 있던 피안과 차안의 대립을 극복하는 혁명일 뿐만 아니라, 지금까지 인간 상호간의 반목과 투쟁의 화근이었던 남과 나의 대립을 극복하는 하늘님의 혁명"[12]이라고 의미를 부여하였다.

요컨대 '향아설위'는 해월에게 와서 인간을 더 중시하고 구체적 현실성을 중시하는 사고의 합리화가 이루어지고 있다는 것을 보여준다. 모든 사상과 제도가 결국은 인간을 위한 것이며, 인간에 앞서서 정치나 종교, 신

---

11 윤석산, 앞의 책, 278쪽.
12 윤노빈, 「동학의 세계사상적 의미」, 『신생철학』, 학민사, 2003, 347쪽.

이 있는 것이 아님을 의미하는 것이기도 하다. 향아설위야말로 과거와 미래에 결박되어 오늘의 생활, 오늘의 실존적 삶을 황폐하게 해 온 전 역사적 문화를 송두리째 부정하고 지금 여기의 삶, 자기 곁에 있는 사람들에게 집중하게 함으로써 진정한 경천, 경인, 경물의 새로운 윤리를 가능하게 한 상징적인 사건이었다.

성령출세, 우주는 영의 표현이다

향아설위의 원리를 계승하여 나온 개념이 손병희의 '성령출세'(性靈出世)이다. 손병희는 1910년 2월 통도사 내원암에서의 49일 수도를 마치고, 한때 스승 수운이 49일 기도를 한 적이 있는 적멸굴을 방문하였다. 적멸굴은 내원암 가까운 천성산 중턱에 있는 자연 동굴이다. 여기서 손병희는 수운의 성령이 마치 현신한 것처럼 임하는 묘한 체험을 하게 된다. 이 체험을 이돈화는 다음과 같이 기술하고 있다.

> 성사(의암-필자주) 49일 기도를 행하시고 대신사(수운-필자주)께서 직접 머물며 공부하시던 적멸굴을 방문하여 굴의 입구에 들어서자 문득 정신이 황홀하여 자신의 소재를 잊게 되고 마음이 삼계(三界)를 통하는 듯하며, 대상과 내가 없어지는 경계(境)에 들어 문득 시 한 수가 가르침으로 내리되(降話), "옛적에 이곳을 보았더니 오늘 보고 또 보는구나"(昔時此地見 今日又看看)라고 하였다. 이것은 성사께서 적멸굴을 보는 것이 아니요 대신사로서 두 번째 적멸굴을 본다는 뜻이었다. 이 시를 보면 마치 대신사가 성령으로

현세하여 적멸굴을 다시 보는 감(感)이 있으니, 이것은 곧 대신사의 심령이 법신(法身)으로 의암성사에게 출현되었음을 명증하는 것이다. 이로 인(因)하여 의암성사께서 성령출세설(性靈出世說)을 발표하시게 되었다.[13]

손병희가 양산 통도사 내원암에서 49일 수련을 마치고 한때 수운이 공부한 바 있는 적멸굴을 방문했을 때, 불현듯 수운의 성령(性靈)이 임하여 자신의 몸을 통해 이곳을 다시 보는 듯한 느낌에 사로잡혔다는 것이다. 그리고 이때의 체험으로 '성령출세'라는 새로운 개념을 도출하게 되었다는 것이다. 여기서 성령(性靈)의 성이 거룩할 성(聖)이 아니라, 본성 성(性)이라는 점에 유의할 필요가 있다.

손병희는 그때의 체험을 「성령출세설」에서 다음과 같이 직접 표현하고 있다.

> 내가 일찍이 양산 통도사에서 수련할 때에 활연히 '옛적에 이곳을 보았더니 오늘 또 보고 보는구나' 하는 시 한 구를 불렀으니, 이것은 대신사의 옛적과 나의 오늘이 성령상 같은 심법임을 말한 것입니다. 대신사는 이미 성령으로 출세하셨으니 일체의 물건마다 마음마다 다 이 성령의 출세한 표현이 아님이 없는 것입니다. 그러나 우리 사람이 이를 깨닫고 깨닫지 못하는 바는 전혀 성령을 수련하고 수련치 않는 데 관계한 것이니, 만약 우리가 각각 대신사의 심법을 받아 성령 수련한 결과가 하루아침에 환한 경지

---

13 이돈화, 『천도교창건사』 제3편 의암성사, 63쪽.

에 이르면, 이에 대신사의 심법이 일체 우주의 심법임을 깨닫고 따라서 자기의 성령이 곧 대신사의 성령임을 깨달을 것이니, 생함과 없고 멸함도 없으며(不生不滅), 덜 것도 없고 더할 것도 없는(無漏無增) 이것이 큰 성령의 근본적 출세입니다.[14]

손병희는 자신도 모르게 "옛적에 이곳을 보았더니 오늘 또 보고 보는구나"라는 시를 읊조렸다. 이는 분명 자신이 아닌 스승 수운의 목소리였다. 손병희는 이 체험을 통해 스승의 육신은 비록 흙으로 돌아갔지만, 그 성령은 사라지지 않고 이 세상에 다시 나타나 있으며, 특히 후학들의 심령 속에 살아 있음을 깨닫는다. 또한 근본에서 보면, 자신의 성령이 곧 수운의 성령과 다르지 않음을 깨닫는다. 나아가 수운의 성령이 본래 한울, 우주의 성령이었음을 깨닫는다. 다시 말하면 우주는 하나의 성령의 표현이며, 그것이 수운의 성령으로, 또 자신의 성령으로 나타났다는 말이다.

손병희는 이 체험을 확장하여 자신뿐 아니라 모든 인간이, 그리고 인간뿐이 아니라 우주만물이 하나인 우주적 영의 표현임을 깨닫는다. 영이 드러난 것이 우주이고, 우주가 잠겨 있는 것이 영이다.

---

14 『의암성사법설』, 「성령출세설」, "余嘗 梁山修煉之時 豁然得「昔時此地見 今日又看看」之詩句 是大神師之昔時余之今日 性靈上同一心法立言 大神師 旣爲性靈出世矣 一切物物心心 皆不無此性靈之出世的表顯也 然而吾人 以此覺得 未覺得之所以 全關係性靈之修煉不修煉 若以吾人各受大神師之心法而性靈修煉之結果 一朝豁然境到之則 玆覺大神師之心法 一切宇宙之心法而從以覺自己之性靈 卽大神師之性靈 不生不滅 無漏無增 是大性靈之根本的出世也."

우주는 원래 영의 표현인 것입니다. 영의 적극적 표현은 이것이 형상 있는 것이요, 영의 소극적 섭리는 이것이 형상 없는 것이니, 그러므로 형상이 없고 형상이 있는 것은 곧 영의 나타난 세력과 잠겨 있는 세력의 두 바퀴가 도는 것 같습니다. 여기에 한 물건이 있어 문득 영성의 활동이 시작되었나니, 이것은 영의 결정으로써 만물의 조직을 낳은 것이요, 만물의 조직으로써 다시 영의 표현이 생긴 것입니다. 그러므로 영과 세상은 같은 이치의 두 측면일 따름입니다.[15]

영에 의해 만물이 나타나고, 그 만물의 조직과 활동에 의해 다시 영의 표현이 생긴다. 영은 고정불변의 어떤 인격체가 아니라 만물과의 관계 속에서 계속 생성하고 있다. 그것을 우주정신이라고 할 수도 있고, 억조의 정신이라고 해도 무방하다.

나의 정신은 억조 정신의 반영

그렇다면 우리가 개체라고 하는 것은 무엇인가? 그는 다음과 같이 말한다.

---

15 『의암성사법설』, 「성령출세설」, "宇宙元來靈之表顯者也 靈之積極的 表顯 是有形也 靈之消極的攝理是無形也 故無形有形也 卽靈之現勢力 潛勢力之兩轉輪也 玆有一物從之而忽有靈性之活動 是以靈之結晶 生物之組織也 以物之組織 又生靈之表顯也 故 靈與世不過同一理之兩側面而已."

그러므로 성령은 근본이 세상에 나타난 것입니다. 영을 떠나 따로 물건이 없고 물건을 떠나 따로 영이 없고 다시 세상이 없으니, 마침내 영은 세상을 마련하고 세상은 영을 얻은 것입니다. 물건마다 각각 그 성품을 이룬 것은 이 신묘한 성령의 활동이 만기만상에 응한 것이요, 기국대로 세상에 나 조섭하는데 응함이니, 비유하면 같은 비와 이슬에 복숭아는 복숭아 열매를 맺고, 살구는 살구 열매를 맺나니, 이것은 천차만별의 식물에 좇아 천차만별의 열매를 맺음과 같습니다.[16]

우리가 개체라고 인식하는 것은 우주의 본체 성령이 형상(몸)을 이루어 그 형상의 기질과 기국에 따라 작용이 일어나는 것을 의미할 뿐이다. 그중에서 사람은 마음을 갖추게 되었는데, 그 마음의 작용 안에서 세상을 대상화하여 헤아리는 작용이 일어나면 우주의 본체 성령과 그것을 헤아리는 주관이 분리된다. 그 주관의 의식들이 쌓이면서 기억이 저장되고, 그 기억의 총체를 나라고 여기게 된다. 이것이 인간의 '자아'를 구성하는 것이며 개개인의 '의식'이 된다.

그러므로 죽으면, 육신의 활동은 정지되므로 마음 작용, 즉 자아의식은 사라진다고 봐야 할 것이다. 그렇게 되면 성품(성령)만 남아 다시 본래의 한울 성령으로 돌아가게 된다. 다만 살면서 형성된 정신은 없어지는 것이

---

16 『의암성사법설』,「성령출세설」,"故性靈根本出世的矣 靈移而別無物 物移而別無靈 更無世 究竟 靈而需世 世而得靈 物物各遂其性 是神妙之性靈活動 應於萬機萬相 與器數 應於出世調攝 譬如同一雨露 桃結桃實杏結杏子 是從千差萬別之植物 結千差萬別之果實."

아니라 성품 속에 보관되어 다시 본체 성령으로 섞여 들어간다. 그것이 섞여 들어간 만큼 우주의 정신은 변화된다. 그리고 그 우주정신이 다시 세상으로 나타나 만물을 조직한다. 그래서 의암은 다음과 같이 말한다.

> 그러나 사람은 이에 만물 가운데 가장 신령한 자로 만기만상의 이치를 모두 한몸에 갖추었으니, 사람의 성령은 이 대우주의 영성을 순연히 타고난 것임과 동시에 만고 억조의 영성은 오직 하나의 계통으로서 이 세상의 사회적 정신이 된 것입니다. 신사께서 사람이 곧 한울인 심법을 받아 향아설위(向我設位)의 제법을 정하니 이것은 우주의 정신이 곧 억조의 정신인 것을 표명한 것이며, 다시 억조의 정신이 곧 내 한 개체의 정신인 것을 밝게 표명한 것이다. 이를 한층 뜻을 좁히어 말하면 전대 억조의 정령은 후대 억조의 정령이 된다는 점에서, 조상의 정령은 자손의 정령과 같이 융합하여 표현되고, 선사의 정령은 후학의 정령과 같이 융합하여 영원히 세상에 나타나서 활동함이 있는 것입니다.[17]

나 하나의 정신은 나 개체의 것이 아니라 지금까지 억조의 정신이 총집합된 것이다. 그리고 내가 살면서 형성된 정신은 다시 우주정신(宇宙精神)

---

17 『의암성사법설』, 「성령출세설」, "然而人是萬物中 最靈者萬機萬相之理 總俱體者也 人之性靈 是大宇宙靈性純然稟賦同時 萬古億兆之靈性 以唯一系統 爲此世之社會的精神也 神師 受人乃天之心法 定向我設位之祭法 是表明宇宙之精神 卽億兆之精神也 共更明定億兆之精神 卽我一個體之精神也 此以一層狹義而言之 前代億兆之精靈 爲後代億兆之精靈之點 祖先之精靈 與子孫之精靈 融合表顯 先師之精靈 與後學之精靈融合 永遠出世的活動有之也."

에 부가된다고 본다. 그래서 수운은 "한 몸이 모두 꽃이면 온 집이 모두 바로 봄일세"(一身皆是花 一家都是春)라고 읊었다. 나의 정신은 억조의 정신의 반영이며 사회적 정신의 반영이다. 또한 그렇게 형성된 나의 정신은 우주정신에 더해져 또다시 다음 세대의 정신으로 이어진다. 나의 정신과 영은 없어지지 않고 다음 세대, 다음 세계에 나타나며 그런 정신과 영의 총집합체가 한울의 성령이며 우주의 정신이다.

그러므로 한울과 사람은 서로 영적인 성장을 주고받으면서 서로를 키우고 생성시켜 나가는 존재이다. 이것이 인내천의 또 다른 의미라고 할 수 있다. 한 사람의 정신 안에 전 우주의 정신이 다 들어 있고, 그러므로 나의 정신의 성장은 다시 우주의 정신을 진화시킨다는 것이다.

이러한 '성령출세'의 자각은 이후에 법문 형식으로 정리되어 모든 교도에게 '심법'으로 전수되는데, 그 법문은 다음과 같다.

여러분은 반드시 한울이 한울된 것이니, 어찌 영성이 없겠습니까. 영은 반드시 영이 엉뭔 것이니, 한울은 어디 있으며 여러분은 어디 있습니까. 구하면 이것이요 생각하면 이것이니, 항상 있어 둘이 아닙니다.[18]

이 법문은 1914년 4월 2일 손병희가 서울 가회동 자택에 전국의 두목 74명을 모이게 하고 이른바 공동전수심법을 하면서 내린 법문이다.[19] 이

---

18 『의암성사법설』,「법문」,"汝必天爲天者 豈無靈性哉 靈必靈爲靈者 天在何方汝在何方 求則此也 思則此也 常存不二乎."
19 조기주,『동학의 원류』, 천도교중앙총부출판부, 1979, 321쪽.

제부터는 한 사람에게 심법을 전하지 않고, 삼백만 교도에게 공동으로 심법을 전수한다는 의미이다. 다만 삼백만이 다 모일 수 없기에 대두목들만 모이게 한 것이다.

손병희는 이 성령출세를 깨달음으로써, 스승 해월의 향아설위의 의미를 더 발전시켰을 뿐만 아니라, 수운의 시천주의 의미, 그리고 '오심즉여심'(汝心卽吾心)의 의미, 그리고 『용담유사』 「흥비가」에서 수운이 노래했던 "무궁한 이 울 속에 무궁한 내 아닌가"의 의미가 무엇인지를 분명하게 깨달았다. 그리고 이 성령출세를 중심으로 다시 시천주와 인내천의 의미를 재해석했고, 수련에서도 영원한 성품 본체를 깨달아 성품이 주체가 되는 공부를 중시하게 된 것이니, 이 역시 향아설위의 재해석이라고 볼 수 있다.

동학의 생사관

지금까지 살펴보았듯이 동학에는 딱히 내세라고 하는 관념이 없다. 죽어서 어디 특정한 장소로 간다고 보지 않는다. 천당과 지옥이 따로 있다고 생각하지도 않는다. 그러므로 동학에서는 내세관이라는 표현을 잘 쓰지 않는다. 하지만 죽음의 문제는 인생의 궁극적인 물음이므로, 천도의 진리를 추구하는 동학 역시 태어남과 죽음에 대한 논의가 없을 수는 없다. 그래서 '생사관'(生死觀)이라는 개념으로 이를 표현한다.

앞에도 논변했듯이 태어남은 우주적 영기인 지기(至氣)에 의해 태어나는 것이다. 우주 만물도 이 지기에 의해 형성되지만, 우리의 몸도 지기에 의해 형성된다. 물질과 세포 모두 지기의 작용에 의해 나타난 것이다. 지기는 모든 만물을 낳는 근원적 질료이다. 우리의 몸은 직접적으로는 부모의 정자와 난자에 의해 형성되지만, 정자와 난자가 결합될 때 밖으로부터 지기의 기운이 들어오지 않으면 수정이 되지 않는다고 본다. 그리고 수정이 되어 세포분열을 하는 것도 지기의 무위이화의 작용이라고 본다.

그렇게 해서 처음 어머니의 배 속에서 떨어져 나와 개체로 분리될 때 지기의 영적 작용에 의해 마음(의식)이 생긴다. 그래서 해월은 "안에 신령이 있다는 것은 처음 세상에 태어날 때 갓난아기의 마음이요, 밖에 기화가 있다는 것은 포태할 때에 이치와 기운이 바탕에 응하여 체를 이룬 것"[20]이라 하였다.

한울의 영이 내 몸 안에 들어와 있는 것을 해월은 심령(心靈)이라고 했고, 의암은 성령(性靈)이라고 표현했다. 심령이 인간의 본질이며, 존재의 중심이다. 그것을 수운은 '내유신령'이라고 표현했다. 그 영을 중심으로 해서 보면, 인간은 죽고 사는 것이 없다. 영이 영된 것이며, 무형한 한울이 유형한 한울이 된 것일 뿐이다. 이 심령에 의해 마음이 비로소 생긴다. 마음은 후천적인 의식현상일 뿐이다. 그러므로 '나'라고 하는 자아의식은 앞에서도 언급했듯이, 후천적으로 형성된 하나의 의식 현상에 불과하다. 한울로부터 온 심령이 나의 본래이며, 이 심령은 지기의 영으로부터 온 것이므로, 내가 곧 한울이요, 한울이 곧 나인 것이다.

다만 나의 개별성은 부모의 유전인자에 의해 결정된다. 두 부모의 유전인자의 조합은 원리적으로는 무한한데, 최선의 유전인자가 조합되느냐의

---

20 『해월신사법설』,「영부주문」, "內有神靈者 落地初赤子之心也 外有氣化者 胞胎時 理氣應質而成體也."

여부는 태교가 좌우한다. 농부가 씨를 뿌리지만 실제로 자라게 해 주는 것은 천지의 작용이듯이, 부모가 나를 낳긴 했지만, 실제로 나의 생명을 화생시켜 주고, 길러주는 것은 천지이다. 그래서 해월은 천지를 부모처럼 섬겨야 한다고 강조하며 식고의 이치를 잊지 말라고 당부한 것이다.

우리가 태어나는 것이 지기(至氣)의 이치와 기운, 내유신령과 외유기화에 의해 태어나는 것이라면, 죽는 것은 이 한울의 영과 기가 내 몸에서 떠나는 것이다. 나에게 들어왔던 영(심령, 성령)이 본래 있던 곳으로 돌아가는 것이 죽는 것이다. 그래서 '환원'(還元, 근원으로 돌아감)이라고 한다. 지기의 본체로 다시 돌아가는 것이다. 나의 개별성을 상실하고, 다시 우주적 자아와 융합 귀일하는 것이 죽음이다. 나의 '본래 나'는 죽는 것이 아니라, 다시 돌아가는 것이다. 상실되는 것은 나의 몸이요, 나의 '자아의식'일 뿐이다.

따라서 동학의 관점에서 죽은 후의 인간 영혼의 개체성은 인정되지 않는다. 한마디로 내세를 인정하지 않는다. 그렇지만 죽음으로 존재가 완전히 소멸되는 것은 아니라 정신과 영은 남아서 계속 세상에 영향을 미친다고 본다. 살았을 때의 정신(성령)은 없어지지 않고 전체 성령에 귀일하는 한편 다시 후손과 후학과 합일되어 후손과 후학의 정신에 영향을 준다는 것이다. 이렇게 전체 정신, 전체 우주의 영은 나타난 세계와의 관계 속에서 끊임없이 변화하고 생성된다. 우주는 하나의 영의 무궁한 작용인 것이다.

'본래 나'는 죽고 사는 것이 없다. 몸을 기준으로 하면 태어남도 있고 죽는 것도 있지만, 성품 본체를 기준으로 보면 태어남도 없고 죽는 것도 없는 것이고, 생하는 것도 멸하는 것도 없는 것이며, 가는 것도 오는 것도 없는 것이다. 이것이 동학의 생사관이다. 이처럼 동학에선 다른 여타의 종교처럼 따로 천국과 지옥 같은 것을 설정하지 않는다. 다만 무형의 한울에서 유형의 몸이 되었다가 다시 무형의 한울로 돌아간다고 말할 뿐이다.

　지금까지 살펴보았듯이, 해월의 향아설위는 동학의 제례법이기도 하지만, 동시에 동학의 생사관(生死觀)이기도 하다. 사람은 살았을 때의 정신(성령)이 죽더라도 없어지지 않고 전체 우주의 성령에 귀일되는 한편 다시 후손(후학)과 합일되어 영원히 함께 살아간다는 것이다. 또한 해월의 향아설위는 지금 여기의 삶을 중심으로 삶을 재편하라는 동학의 새로운 시간관이기도 하다. 신 중심의 수직적이고 저 벽 쪽, 피안, 미래, 저 종말, 역사의 저쪽 혹은 과거 조상들의 시간을 향했던 시선을 자기에게로, 지금 여기에 실존하는 삶과 생명으로 되돌리는 것을 의미한다. 그리고 그 실천은 먼 데서 구하지 않고 가까운 곳에서 찾는, 밖에서 구하지 않고 안에서 발견하는, 그리고 자기 바로 곁에 있는 사람을 먼저 살피는, 무엇보다도 자신의 마음을 먼저 공경하는, 그런 삶의 혁명적 전환을 촉구한다고 하겠다.

제8장 평화와 개벽의 세상
— 해월의 문명관

> 결국 새로운 개벽세상, 문명의 전환은 오늘날의 생태적 위기와 자본주의 문제를 우회할 수 없다. 또한 분단 한국의 현실에서 분단의 문제를 놔두고 문명전환을 논할 수 없다. 문명전환으로서의 개벽운동은 오늘날 생명운동과 통일운동으로 구체화되어야 한다. 그리고 그 밑바닥을 다지는 운동은 결국 사람을 변화시키는 운동인 교육운동이 기초가 되어야 할 것이다.

생명과 평화

지금 시대는 크게 세 측면에서 위기적 국면이라고 생각된다. 하나는 기후위기로 대표되는 전 지구적인 생명의 위기이며, 또 하나는 자본주의적 불평등과 기술문명으로 점점 더 심해지고 있는 민주주의의 위기, 인간 주체의 위기이며, 세 번째는 여전히 세계적으로 해소되지 못한 온갖 분쟁과 갈등, 그리고 핵무기로 인한 전쟁의 위기이다.

150년 전 해월이 꿈꾼 세상은 모든 생명이 차별받지 않고 한울님으로 공경받는 세상, 모든 존재가 자기의 숨을 온전히 쉬며 공존 공생할 수 있는 세상, 나아가 모든 사람이 국경과 인종과 남녀와 종교를 넘어 진정한 평화를 구가할 수 있는 세상이었을 것이다. 그 꿈은 여전히 실현되지 못하고 있다. 생태계 파괴는 더 심각해지고 있고, 예전보다 많이 줄었다고는 하지만 아직도 폭력이 일상에서 쉽게 행해지고 있다.

해월은 생명사상가로 불릴 만큼 생명에 관한 이야기는 풍부한 반면, 평화에 대해서는 상대적으로 적다. 하지만 생명과 평화는 분리되기 어렵다. 이번 장에서는 해월이 생각하는 평화의 개념을 바탕으로 그가 꿈꾼 동귀일체의 개벽세상에 대해 생각해 보고자 한다.

현재 전해지는 기록 속에서 해월이 '평화'를 언급하는 구절은 두 구절이 있다. 그중에 하나는 다음과 같다.

> 남계천이 묻기를 "세 가지 재앙은 어떻게 면합니까." 신사 대답하시기를 "삼재 가운데 전란을 피하는 일이 가장 쉬우니, 적병이 습격하여 와서 인명을 살해할 때에 의기남아로 하여금 적군의 앞에 나아가 그의 원하는 바를 들어주고 평화를 공작하면 가히 면할 것이요, 흉년은 처음 평년부터 절용하여 칠년간의 양식을 저장하여 둘 것입니다. 천리가 아직까지는 칠년 흉년은 없었습니다. 가히 흉년은 면할 것이니, 이것은 사람 사람이 단결하고 협력하면 가능할 것이요, 질병은 사람이 다 수심정기 하여 마음이 화하고 기운이 화하면 능히 면할 것입니다."[1]

이 구절은 남계천이 삼재(三災)를 면하는 방법을 묻는 대답에서 나온다. 삼재는 가난(흉년)과 질병과 전쟁으로, 백성을 가장 괴롭히는 세 가지 재앙이라고 볼 수 있다. 이 중에서 전쟁을 피하는 방법으로 의기남아로 하여금 적진에 가서 화의(和議)를 청하는 것으로 들고 있다. 어떤 경우에도 전쟁으로 맞부딪치기보다는 외교적인 담판을 통해 평화적으로 해결해야 한다는 입장을 표명한 것으로 볼 수 있다.

두 번째로 평화를 언급하는 구절은 다음과 같다.

---

1 「해월신사법설」,「삼재」. "南啓天問曰「三災何可以免乎」神師曰「三災中 戰亂謀避之事 最可易也 敵兵來襲 殺害人民之時 使義氣男兒 接近於敵前 以充其所欲而工作平和則 可免也 凶年 始自平年而節用 貯藏七年之糧 天理未有七年之凶 可爲免凶也 是人人 團結而 協力可能也 疾病人皆守心正氣而 心和氣和則 能可免也」."

손병희 문기를 "전란을 당하면 각국이 서로 병기를 가지고 승부를 결할 것이니, 이 때를 당하여 우리 도인은 두 나라가 서로 싸우는 사이에서 어떤 좋은 생각으로 이길 수 있습니까."

신사 대답하시기를 "전쟁은 다만 병기만 가지고 이기는 것은 없습니다. 병전을 능가하는 것은 책전이니, 계책이 지극히 큰 것입니다. 서양의 무기는 세상 사람이 견주어 대적할 자 없다고 하나 무기는 사람 죽이는 기계를 말하는 것이요, 도와 덕은 사람 살리는 기틀이니, 이때를 당하여 수도를 지극한 정성으로 함이 옳습니다. 큰 전쟁 뒤에는 반드시 큰 평화가 있는 것이니, 전쟁이란 평화의 근본입니다. 사상은 동방에 있고 기계는 서방에 있습니다. 구름이 서산에 걷히면 이튿날이 맑고 밝으니. 사람은 한 사람이라도 썩었다고 버릴 것이 없습니다. 한 사람을 한번 버리면 큰일에 해롭습니다. 일을 하는데 있어 사람은 다 특별한 기술과 전문적 능력이 있으니, 적재적소를 가려 정하면 공을 이루지 못할 것이 없습니다."[2]

이 구절에서는 부득이하게 전란을 당하게 되었을 경우 어떻게 처신해야 하는지를 묻고 있다. 그런데 해월은 이 경우에도 직접적으로 군사적인 대결보다는 책전을 통해 해결할 것을 종용하고 있다. 그리고 결국 사람을

---

2 「해월신사법설」, 「오도지운」, "孫秉熙曰「遭戰亂則 各國相互間 使兵器而決勝負 當此時 吾道人處於兩國交戰之間 如何善心得勝乎」神師曰「戰爭 只爲兵器而得勝者未之有也 凌駕兵戰者策戰 計策至大也 西洋之武器世人無比對敵者 武器謂之殺人器 道德謂之活人機 君等當此時修道極誠可也 大戰爭後 必有大平和 戰爭者平和之本也 志在東方 機在西方 雲捲西山則 翌日淸明矣 人無一人捨朽 一人一捨 毁害大事 用事人皆有特技專能 擇定於適材適所則 無不成功者未之有也」."

살리는 기틀은 도와 덕에 있음을 강조하면서 이러한 때일수록 더욱 수도에 힘쓸 것을 당부하고 있다.

'큰 전쟁 뒤에 큰 평화'라는 말은 해월이 당시를 큰 전란기로 보고 있으며, 이후 반드시 평화의 세상이 온다는 개벽적 역사관에 입각해 있음을 다시 한번 확인시켜 준다. '전쟁이 평화의 근본'이라는 말은 역설적인데, 이는 전쟁을 용인한다는 말이 아니라, 전쟁을 어떻게 잘 극복하고 치유하느냐에 따라 진정한 평화가 올 수 있다는 말로 해석할 수 있다. 이 구절의 마지막에는 인사(人事)에 대한 언급을 하고 있는데, 이는 사람을 가려서 생기는 갈등과 분란을 경계하는 말로 볼 수 있다. 전란과 같은 큰일을 당했을 때, 또 전란 이후 새로운 기반을 구축해야 하는 중요한 시기일수록 탕평인사와 통합의 지도력이 요구된다는 말로 이해할 수 있다.

위 두 구절을 보면 일단 해월은 '평화'라는 용어를 전쟁과 대비되는 개념으로 쓰고 있다. 즉 일차적으로 전쟁이 없는 상태를 평화로 보고 있다. 평화의 최소 조건은 전쟁이 없는 상태이다. 이는 다음 구절에서도 확인된다.

묻기를 "어느 때에 현도가 되겠습니까."

신사 대답하시기를 "산이 다 검게 변하고 길에 다 비단을 펼 때요, 만국과 교역할 때입니다."

묻기를 "어느 때에 이같이 되겠습니까."

신사 대답하시기를 "때는 그 때가 있으니 마음을 급히 하지 마세요. 기다리지 아니하여도 자연히 오리니, 만국 병마가 우리나라 땅에 왔다가 후

퇴하는 때입니다."³

언제 도가 드러나 좋은 세상이 오겠냐는 제자의 질문에 해월은 "산이 다 검게 변하고 길에 비단을 펼 때요, 만국과 교역할 때"라고 답한다. 또 언제 그렇게 되겠냐는 질문에 "만국병마가 우리나라 땅에 왔다가 후퇴하는 때"라고 답한다. 결국 좋은 세상은 모든 군대가 물러가서 전쟁이 끝나고 평화가 도래하는 세상이다. 한반도에 외국 군대가 사라지는 그날 평화가 올 것이라는 말이다.

도와 덕이 사람 살리는 기틀

위 대목에서 제일 중요한 부분은 "도(道)와 덕(德)이 사람 살리는 기틀이다."라는 구절이다. 도와 덕이 평화의 기틀이라는 것이다. 동학의 도는 천도(天道)를 말한다. 천도는 오늘날의 말로 하자면 다른 사람과는 물론 만물과 더불어 공존할 수 있는 생명의 길, 평화의 길을 말한다. 그런데 당시 서양의 제국주의 문명은 천도와 천리를 어기고 생명을 죽이는 폭력적 길로 가고 있었다. 해월은 이를 바로 잡아서 도와 덕이라고 하는 가치를 기준으로 생명을 살리고 평화를 이룩하는 길로 가야 한다고 강조하였다.

---

3 『해월신사법설』, 「개벽운수」, "問曰「何是顯道乎」神師曰「山皆變黑 路皆布錦之時也 萬國交易之時也」問曰「何時如斯乎」神師曰「時有其時 勿爲心急 不待自然來矣 萬國兵馬 我國疆土內 到來而後退之時也」."

이는 구체적으로 사인여천(事人如天)과 삼경(三敬) 사상으로 표현되었으며, '살림'의 실천으로 드러났다. 살림은 죽임에 반대되는 의미에서 살림이다. 이 살림은 때로는 죽임의 폭력, 기존 봉건 세력과 제국주의에 맞서는 강력한 저항의 원리가 되기도 한다. 동학농민혁명도 그러한 제국주의에 대한 저항이자 궁극적으로는 모든 생명에 대한 살림운동이라는 차원에서 평가할 수 있다.

갑오년 일로 말하면 인사로 된 것이 아니요 천명으로 된 일입니다. 지금은 사람을 원망하고 한울을 원망하나 이후부터는 한울이 귀화하는 것을 보이어 원성이 없어지고 도리어 찬성할 것입니다. 갑오년과 같은 때가 되어 갑오년과 같은 일을 하면, 우리나라 일이 이로 말미암아 빛나게 되어 세계 인민의 정신을 불러일으킬 것입니다. (중략) 이 뒤에 또 갑오년과 비슷한 일이 있으리니 외국 병마가 우리 강토 안에 몰려들어 싸우고 빼앗고 할 것입니다. 이 때를 당하여 잘 처변하면 현도가 쉬우나, 만일 잘 처변치 못하면 도리어 근심을 만날 것입니다.[4]

해월은 동학농민혁명을 단순한 반봉건, 반제국의 민중 혁명일 뿐 아니라 새로운 문명을 외친 개벽 운동의 차원에서 바라본다. 동학농민혁명이

---

4 『해월신사법설』, 「오도지운」. "神師曰「論擧甲午之事則不爲人事 天命之爲事 怨人怨天自後 天示歸和無爲怨聲 反於贊成 如甲午之時到來而爲甲午之事則 吾國之事 緣由於此而光輝 喚起世界人民之精神也 以後 又有甲午恰似之事 外國兵馬 聚驅於我國疆土內而爭奪矣 當此時而善處則 顯道容易 若不善處則 還是憂患矣」."

야말로 조선말기 사회의 대내외적 모순 속에서 민(民)이 생존을 지켜내고자 하는 울부짖음이었으며 불의하고 무능한 권력에 대한 총체적인 저항이었으며 외세에 굴종하는 정부와 벼슬아치에 대해 목숨으로 민족적 자존을 지킨 항거였을 뿐 아니라, 모든 사람들이 한울님으로 존중받는 새로운 세상을 열고자 한 개벽운동이었다.[5]

마음의 평화, 일상의 평화

평화의 최소 조건으로서 전쟁이 없어야 하는 것은 말할 것도 없지만, 그렇다고 평화가 단지 전쟁이 없는 상태, 또는 폭력이 없는 상태라고 규정한다면 너무 소극적인 정의가 될 것이다.[6] 진정한 평화는 몸과 마음에서 흘러넘쳐서 일상에서 기쁨으로 드러나는 것이다. '마음의 평화, 일상의 평화'는 정치적 평화 이후에 주어지는 적극적 평화이다. 하지만 역으로 마음의 평화가 세상의 평화를 위한 필요조건이라고 볼 수도 있다. 마음에 평화가 깃들어야 누구를 만나든지 온화한 말과 행동이 가능할 것이며, 세상에 참된 평화를 가져오게 할 수 있을 것이다.

이러한 몸과 마음의 평화를 수운은 '심화기화'(心和氣和)라는 말로 표현했다. 해월 역시 '심화기화'가 되어야 참된 평화가 깃들고, 몸과 마음이 봄처럼 화해져야 세상에 봄이 올 것이라고 하였다.

---

5   김용휘, 「동학의 모심의 영성과 사회복지」, 『영성과 사회복지』 제4권 제1호, 2017, 10쪽.
6   이찬수, 『평화와 평화들』, 모시는사람들, 2016, 32-41쪽.

南辰圓滿脫劫灰　남쪽별이 둥글게 차고 겁회를 벗어나니
東海深深萬里淸　동해가 깊고 깊어 만리에 맑았어라.
千山萬峰一柱綠　천산 만봉은 한 기둥처럼 푸르고
千江萬水一河淸　천강 만수는 한 하수처럼 맑았어라.
心和氣和一身和　마음이 화하고 기운이 화하니 온몸이 화하고
春回花開萬年春　봄이 돌아오고 꽃이 피니 만년의 봄이로다.
靑天白日正氣心　청천백일에 기운과 마음을 바르게 하니
四海朋友都一身　사해의 벗과 벗이 모두 한몸이로다.[7]

이 시는 1873년 겨울 태백산에서 49일 공부를 마치고 읊은 일종의 오도송이다. 평민으로 태어나 어려운 시절을 보냈고, 글공부를 제대로 하지도 못하고 쫓기는 몸이 되었지만, 해월은 그 와중에서도 수도를 게을리 하지 않았고, 마침내 마음이 활짝 열렸다. 이때 열린 마음의 세계는 봄의 기운으로 가득한 평화의 세계였다. 그래서 마음이 화해지고 기운이 화해지니 온몸이 화해신다고 했고, 그렇게 '심화기화'가 되이야 새상의 봄이 오고 문명의 꽃을 피워서 만년을 이어갈 평화가 온다고 노래하고 있다. 그리고 사해의 모든 벗이 한몸처럼 어우러지는 좋은 날이 올 것이라고 하였다.

이러한 심화기화는 수심정기 공부를 통해서 도달할 수 있는 지극히 고요하고 평화로운 마음의 상태이다. 나의 마음과 기운이 한울의 기운(至氣)과 잘 조응된 상태이며, 내 몸과 마음의 테두리가 해체되어 한울의 지극한

7　『해월신사법설』, 「강시」.

기운과 합치된 상태이다. 해월은 이러한 마음의 상태를 "사람의 성령은 한울의 일월과 같으니, 해가 중천에 이르면 만국이 자연히 밝고, 달이 중천에 이르면 천강이 자연히 빛나고, 성품이 중심에 이르면 백체가 자연히 편안하고, 영기가 중심에 이르면 만사가 자연히 신통한 것입니다."[8]라고 표현하기도 했다.

또 해월은 "성인의 절개는 겨울 산마루에 외로운 소나무와 같아서 홀로 봄빛을 띤다."(聖節如冬嶺孤松 獨帶春光)고 하였다. 마음의 깊은 평화가 흘러 넘치면 몸에 온화한 봄기운으로 드러나고 그 힘이 주변을 밝게 하고 생명을 살리는 원천이 된다. 몸과 마음을 적신 평화의 기운은 주변에 흘러 넘쳐서 일상의 평화를 가져오게 할 것이다. 단순히 비폭력을 넘어 진정한 평화와 기쁨을 가져오게 할 것이다.

해월의 '개벽'

앞에서 살펴보았듯이 해월은 당시를 큰 전란의 시기이자, 큰 전환의 시기로 인식했다. 이를 그는 '개벽운수'라고 표현했다. 사실 이런 개벽의 사유는 스승인 수운으로부터 물려받은 것이라 할 수 있다. 수운은 "십이제국 괴질운수 다시 개벽 아닐런가. 태평성세 다시 정해 국태민안 할 것이니"[9]라고 하면서 태초의 한울과 땅이 열리는 것과 같은 거대한 전환이 한

---

8 『해월신사법설』,「수심정기」.
9 『용담유사』,「안심가」.

번 일어날 것임을 암시했다. 이때 개벽은 '우주적 순환원리에 의해 필연적으로 도래할 새로운 세상과 그것에 수반하는 물질적 정신적 대변혁'을 의미한다.

해월은 이러한 스승의 개벽적 사유를 수용하면서, 그러한 전환의 시기에는 모든 것이 편안할 수 없다고 하였다.

> 이 세상의 운수는 개벽의 운수입니다. 천지도 편안치 못하고, 산천초목도 편안치 못하고, 강물의 고기도 편안치 못하고, 나는 새, 기는 짐승도 다 편안치 못하니, 유독 사람만이 따스하게 입고 배부르게 먹으며 편안하게 도를 구하겠습니까. 선천과 후천의 운이 서로 엇갈리어 이치와 기운이 서로 싸우므로, 만물이 다 싸우니 어찌 사람의 싸움이 없겠습니까.[10]

해월은 당시 시대를 '불안'이라는 심리적 기조로 포착하는 한편, 이러한 시기에는 필연적으로 인간들의 싸움이 없을 수 없다고 인식한다. 즉 낡은 징지는 물러갔지만, 새 징지가 아직 펴지 못하니 큰 난리가 내상된다고 하였다. 하지만 해월은 단순히 이런 편안치 못한 시기로 끝나지 않고 다시 모든 것이 새로워지는 세상이 다시 열릴 것이라고 바라보고 있다.

> 이 세상 운수는 천지가 개벽하던 처음의 큰 운수를 회복한 것이니 세계

---

10 『해월신사법설』,「개벽운수」. "斯世之運開闢之運矣 天地不安 山川草木不安 江河魚鼈不安 飛禽走獸皆不安 唯獨人 暖衣飽食安逸求道乎 先天後天之運 相交相替 理氣相戰 萬物皆戰 豈無人戰乎."

만물이 다시 포태의 수를 정하지 않은 것이 없습니다. 경(「탄도유심급」-필자 주)에 말씀하시기를 "산하의 큰 운수가 다 이 도에 돌아오니 그 근원이 가장 깊고 그 이치가 심히 멀도다" 하셨으니, 이것은 바로 개벽의 운이요 개벽의 이치이기 때문입니다. 새 한울, 새 땅에 사람과 만물이 또한 새로워질 것입니다. 만년에 대일변, 천년에 중일변, 백년에 소일변은 이것이 천운이요, 천년에 대일변, 백년에 중일변, 십년에 소일변은 이것이 인사입니다.[11]

해월은 당시가 천지가 개벽하던 처음의 큰 운수를 회복한 개벽의 운이라고 강조하며, 모든 것이 새로워질 것이라고 강조한다. 또 수운이 『동경대전』 「탄도유심급」 편에서 말한 '산하의 큰 운수가 다 이 도에 돌아온다'는 말도 개벽의 운을 표명한 것이라고 해석한다. 해월은 또 이 운수를 맞이하여 우리 도에서 성스러운 인물이 많이 나고 우리 도(道)로 말미암아 우리나라 운수가 좋아짐은 물론 세계가 본래의 근본 큰 운수를 회복할 것이라고 한다.

선천이 후천을 낳았으니 선천 운이 후천 운을 낳은 것으로, 운의 변천과 도의 변천은 같은 때에 나타나는 것입니다. 그러므로 운인즉 천황씨가 새

---

11 『해월신사법설』, 「개벽운수」, "斯世之運 天地開闢初之大運回復也 世界萬物無非更定胞胎之數也 經曰 山河大運盡歸此道 其源極深其理甚遠 此是開闢之運 開闢之理故也 新乎天新乎地 人與物亦新乎矣 萬年大一變 千年中一變 百年小一變 是天運也 千年大一變 百年中一變 十年小一變 是人事也."

로 시작되는 운이요, 도인즉 천지가 개벽하여 일월이 처음으로 밝는 도요, 일인즉 금불문 고불문의 일이요, 법인즉 금불비 고불비의 법입니다. 우리 도의 운수에 요순공맹의 성스러운 인물이 많이 날 것입니다. 우리 도는 천황씨의 근본 큰 운수를 회복한 것입니다.[12]

해월은 결정적인 전환기를 거쳐 "새 한울 새 땅에 사람과 만물이 또한 새로워질 것"이라고 하였다. 당시를 이렇게 큰 전환기로 생각하는 그는 이 난리를 거쳐 새로운 도(道)와 덕(德)이 나와 시대를 선도하고 새로운 문명이 건설될 것이라고 보았다. 그 새로운 도와 덕은 당연히 동학의 도와 덕을 의미한다.

그런데 해월의 강조점은 단지 지금이 개벽의 시기이며, 개벽의 운수라는 것을 아는 데 있지 않다. 그보다는 이런 시대를 살고 있는 인간이 어떻게 해야 할 것인가에 초점이 있다. 그는 "아무리 좋은 논밭이 있어도 종자를 뿌리지 않으면 나지 않을 것이요, 만일 김매지 아니하면 가을에 바랄 것이 없다."고 하였다. 또 "때는 그 때가 있으니 마음을 급히 하지 말라. 기다리지 아니하여도 자연히 오리니"라고 하면서 때가 중요한 것이 아니라 먼저 시천주를 깨닫고 양천주(養天主)의 실천을 통해 '마음이 한울'이 되어야 한다는 점을 강조하고 있다. 따라서 그가 말하는 개벽은 '인심개

---

12 『해월신사법설』,「개벽운수」, "先天生後天 先天之運生後天之運 運之變遷 道之變遷 同時出顯也故 運則 天皇氏始創之運也 道則天地開闢日月初明之道也 事則今不聞古不聞之事也 法則今不比古不比之法也 吾道之運 堯舜孔孟之聖材多出矣 吾道 回復天皇氏之根本大運也."

벽', 즉 '정신개벽', 새로운 주체의 형성에 더 초점이 있다고 하겠다.

대신사께서 늘 말씀하시기를 '이 세상은 요순공맹의 덕이라도 부족언이라' 하셨으니, 이는 지금 이때가 후천개벽임을 이름입니다. 선천은 물질개벽이요 후천은 인심개벽이니 장래 물질 발명이 그 극에 달하고 여러 가지 하는 일이 전례 없이 발달을 이룰 것입니다. 이때에 있어서 도심은 더욱 쇠약하고 인심은 더욱 위태할 것이며, 인심을 인도하는 선천도덕이 때에 순응치 못할 것입니다. 그러나 한울의 신령한 변화 중에 일대 개벽의 운이 회복되니, 우리 도의 포덕천하, 광제창생은 한울의 명하신 바입니다.[13]

해월은 개벽의 시기를 당해 물질문명은 더욱 발전하겠지만 선천도덕이 그에 따라가지 못하면서 도심과 인심의 괴리감이 더 커질 것이라고 우려하면서 이때에 도심을 회복하는 인심개벽을 통해 포덕천하, 광제창생하는 것이 동학의 역할이라는 점을 강조하고 있다.

하지만 다시개벽의 새 세상은 단지 정신개벽, 즉 새로운 주체의 형성만으로는 부족하다. 현실적 제도개혁이 뒷받침되지 않으면 진정한 사회변혁은 불가능하기 때문이다. 또한 이치 공부와 현실에 대한 인식이 병행되지 않으면 참된 실천은 불가능하다. 설사 마음의 평정은 얻었다 하더라도 현실적 모순과 부조리에 대한 인식과 고통에의 참여가 없으면 결국 자기한 몸을 편안히 하는 데 그칠 뿐이다. 그러므로 진정한 개벽은 영적 각성

---

13 『해월신사법설』, 「기타」.

에 토대해서 생활양식의 변화, 그리고 제도적 개혁과 병행해 나가야 한다.

그런 측면에서 전체를 응시하는 마음과 생활양식의 변화, 문명의 전환을 주장한 노르웨이의 생태학자 얀 네스의 근본생태주의나, 정신생태학의 '생태적 지혜'와 '주체성 생산의 과제', 사회생태학의 사회 변혁과 배치·관계망의 과제, 자연생태학의 '자연과 인간의 신진대사'의 문제를 통합하는 '세 가지 생태학'의 구도를 보여준 펠릭스 가타리와의 대화도 필요하다.[14]

또한 파블로 솔론, 크리스토프 아기똥 등이 제시한 '다른 세상을 위한 7가지 대안'도 주시할 필요가 있다. 이 7가지 대안은 안데스 원주민공동체에서 배우는 '참다운 삶'의 지혜로서 '비비르 비엔'(Vivir Bien), 검소한 풍요의 사회로 가기 위한 상상력으로서 '탈성장', 공공의 것을 공동체가 관리하는 모델로서 커먼즈(Commons), 가부장제와 생태위기에 도전하는 여성운동으로서 '생태여성주의', 인간과 자연이 평등한 지구공동체를 위한 '어머니지구의 권리', 세상의 상품화를 막고 참다운 지구공동체를 건설하자는 '탈세계화', 여러 대안을 연결시키자는 '상호보완성' 등의 7가지를 제시하고 있다. 해월의 사상과 근본적으로 상통하면서도 해월의 사상을 현대적으로 재해석할 때 참고해야 할 사유라고 생각한다.[15]

---

14 신승철, 『떡갈나무혁명을 꿈꾸다』, 한살림, 2022, 19-21쪽 참조.
15 파블로 솔론, 크리스토프 아기똥 외 지음, 김신양, 김현우, 허남혁 옮김, 『다른 세상을 위한 7가지 대안』, 착한책가게, 2018 참조.

혁명과 개벽

여기서 전봉준의 혁명과 해월의 개벽을 비교해 보는 것도 흥미로운 일이다. 흔히 해월은 혁명에 소극적이라고 평가해 왔지만, 사실 해월은 갑오년의 혁명 이전부터 차근히 개벽 세상을 위한 준비를 하고 있었다. 이를 위해 그는 1890년을 기점으로 포, 접 조직을 이용하여 동학적 생활양식을 공고히 하고, 민의 집회를 통해 정치적 영향력을 확대해 나갔다. 포접제는 조직 특성상 기본적으로 동학이라고 하는 이념을 실천하는, 영적 중심을 기반으로 한 생활세계의 성격이 강하였다. 해월은 현실운동의 확장과 함께 영적 수행의 심화를 동시에 추구해야 한다는 입장을 일관되게 개진해 나갔다.[16] 이 포접제를 통한 교조신원운동은 동학의 정치적 영향력을 공주와 삼례의 집회, 광화문 복합상소, 보은 집회를 통해 조선 전역으로 확대해 나가고 있었다.

반면 전봉준(全琫準, 1853-1895)에 의한 갑오 동학농민혁명은 동학도와 농민들의 광범위한 지지를 받으면서 급진적인 방법으로 폭정에 항거하고, 외세에 저항하였다. 이는 밑바닥 민중들이 부패한 봉건정부와 외세에 맞서 현실의 모순을 제거하고자 일어난 무장투쟁이었다. 동학농민혁명은 생활 속에서 도를 실천하고 종교적 신앙공동체를 형성해 나가면서 점진적인 변화를 추구했던 해월의 노선과는 성격을 달리하는 것이었지만 당시 무능한 정부와 부패한 지방수령들의 가렴주구(苛斂誅求)에 견디다 못

---

16 오문환, 『사람이 하늘이다』, 솔, 1996, 200-201쪽.

해 일어난 민중의 불가피한 저항이었다.

여기서 한 가지 짚어야 할 것이 전봉준과 해월, 남접과 북접의 관계이다. 기존의 사학계는 남북접을 대립적 이분법으로 갈라서 접근했다. 하지만 최근에 발굴된 자료들은 그 시각을 교정할 것을 요구한다. 30년간 동학 연구에 매진해 온 박맹수 교수는 동학 접주 김구의 『백범일기』, 일본방위청 방위연구소 도서관에 소장된 『전사편찬준비서류: 동학당폭민』의 「동학당여문」(東學黨餘聞) 등의 자료를 근거로 북접과 남접의 봉기 경향이 서로 혼재할 뿐 아니라, 1차 봉기 초기를 제외하고는 남북접이 물밑으로는 긴밀한 교류가 있었다고 한다.[17]

남북접이란 용어도 살펴보면, 처음부터 남접·북접이 따로 있었던 것이 아니다. 해월이 수운으로부터 1863년 7월 '북도중주인'으로 임명되고, 1880년 이후 들어 해월을 '북접주인', '북접법헌'으로 부르게 되었다. 따라서 북접이란 용어는 해월이 수운으로부터 도(道)를 전해 받았다는 도통의 정통성을 상징하는 용어였을 뿐, 따로 남접이란 실체가 있어서 그에 대비되는 개념으로 나온 것이 아니었다. '남접'이란 용어는 1894년 이후에 등장하는 용어로서, 당시 동학농민혁명을 주도했던 전봉준이 혁명을 주도했던 세력과 그 외의 세력을 구분하기 위해 사용한 용어일 뿐이다.[18]

또한 혁명이 전라도에서만 일어난 것이 아니었다. 충청도 동학도인의 기록 『북접일기』는 동학혁명이 결코 전라도 중심의 사건이 아니라 1894

---

17 박맹수,「동학농민혁명기 해월 최시형의 활동」,『개벽의 꿈, 동아시아를 깨우다』, 모시는사람들, 2012 참조.
18 박맹수, 같은 책, 296쪽.

년 3월의 1차 봉기부터 전라, 충청, 경상 등 삼남 전역에서 동시다발적으로 일어났음을 보여주는 뚜렷한 증거이다. 해월이 1차 봉기 직후 전봉준을 비판적으로 언급한 부분도 있지만, '시운이니 금하기 어렵다'고 함으로써 사실상 봉기를 인정하기도 했다. 전라도에 동학이 급속도로 확산된 것 역시 해월이 3차에 걸쳐 전라도 지역 순회를 한 덕분이었다. 이때 손화중과 김덕명, 전봉준 등은 수시로 해월의 처소에 와서 가르침을 받았다.

따라서 해월의 개벽과 전봉준의 혁명을 대립적인 것으로 볼 필요는 없다. 해월의 지도력과 포접제를 기반으로 한 광범위한 포덕이 없었다면 동학농민혁명은 애당초 불가능했을 것이다. 또한 전봉준이 없었다면 그렇게 민중의 힘이 폭발적으로 분출되지는 못했을 것이다. 다만 혁명 초기에 해월이 혁명에 대해 유보적이었던 것은 아직 환경적 조건과 주체적 조건이 구비되지 않았다고 인식했기 때문이다. 새로운 역사의 개막은 민(民)이 동학적 이념을 생활양식으로 철저히 체행하고, 이를 정치 과정에 반영할 수 있는 정치적 공공 영역이 형성될 때 가능한 것이다.[19] 그러나 당시는 아직 그러한 결정적인 시점은 아니었다고 판단했던 것이다.

전봉준의 혁명과 달리, 해월은 인간 주체의 각성을 전제로 그것이 생활을 통해 실천되고, 나아가 그것을 전 사회적, 전 우주적으로 확대시키는 거대한 기획을 하였다. 따라서 해월이 생각한 개벽은 시천주(侍天主)적 삶이 완전히 발화된 이상적인 공동체의 모습을 의미한다. 그의 개벽은 인간의 내적 변혁을 통해 '삶의 양식'을 일대 전환시키는 것이다. 혁명이 사회

---

19 오문환, 『해월 최시형의 정치사상』, 모시는사람들, 2003.

정치적, 경제적, 제도적인 외적 환경의 급격한 변혁이라면, 개벽은 이러한 외적 변혁을 위한 내적, 영적, 정신적, 근본적 변혁을 의미한다. 그런 측면에서 동학의 이상적인 실천은 해월의 개벽(精神開闢)과 전봉준의 혁명(革命)이 적절히 만날 때 가능하리라 생각된다.

사해동포주의와 동귀일체

한편, 해월의 사상에서 주목해야 할 것이 인오동포(人吾同胞), 물오동포(物吾同胞)의 사해동포주의이다.

> 사람은 한울을 공경함으로써 자기의 영원한 생명을 알게 될 것이요, 한울을 공경함으로써 모든 사람(人吾同胞)과 만물(物吾同胞)이 다 나의 동포라는 전체의 진리를 깨달을 것이요, 한울을 공경함으로써 남을 위하여 희생하는 마음과 세상을 위하여 의무를 다할 마음이 생길 수 있나니, 그러므로 한울을 공경함은 모든 진리의 중심이 되는 부분을 움켜잡는 것입니다.[20]

해월은 경천(敬天)의 의미를 새롭게 정의하면서, 경천이란 공중의 한울을 공경하는 것이 아니라 내 마음을 공경하는 것이며, 한울을 공경함으로써 모든 사람은 물론 모든 만물이 나의 동포라는 전체의 진리를 깨달을 수

---

20 『해월신사법설』, 「삼경」.

있다고 하였다. 천지가 나의 부모라면 그에서 나온 모든 사람과 만물은 나의 형제자매가 되기 때문이다. 그런 점에서 '천지부모'의 사유는 생명사상이면서도 사해동포주의적인 평화사상이기도 하다. 또한 '인오동포'(人吾同胞)에 그치지 않고 '물오동포'(物吾同胞)에까지 나아가면서 인간중심주의를 넘어 생명중심주의로 나아가고 있다.

이런 점에서 해월의 사유는 최근의 불교생태학자인 조애나 매이시의 『생명으로 돌아가기』의 통찰과 맞닿아 있다. 조애나 매이시는 '우리는 연결되어 있다'는 자각을 바탕으로 해서 자연과 생태에게 고마움을 느끼며, 자연과의 '재연결' 작업을 역설하면서, 대전환을 위한 방법으로서 세 차원에서의 움직임이 동시적으로 일어나야 한다는 점을 강조한다. 그것은 직접적으로 지구와 생명체에 가하는 피해를 늦추는 행동, 일상의 토대 분석 및 변혁, 그리고 세계관과 가치관의 근본적인 전환이다.[21]

한편, 사해동포주의적 이상을 수운은 '동귀일체'(同歸一體)[22]라는 말로 표현하였다. 동귀일체는 모든 사람이 한몸처럼 돌아간다는 의미이다. 모든 사람이 한울마음을 회복해서 한마음 한뜻으로 어우러지는 것이다. 하나가 된다고 해서 같아지는 것을 의미하지는 않는다. 각자 자기다움을 잃지 않고 살 수 있는 참다운 영성적 생명공동체, 지구공동체로 가자는 것이다. 이는 오케스트라 연주에 비유해 볼 수 있다. 각각의 악기가 자기의 소리를 내지만 전체적으로 조화롭게 어우러지는 그런 것이다. 이것이 해월

---

21 조애나 매이시·몰리 영 브라운 지음, 이은주 옮김, 『생명으로 돌아가기』, 모과나무, 2020.
22 『용담유사』, 「교훈가」.

이 꿈꾸는 평화의 최종적 이상이라고 할 수 있다. 그래서 해월은 앞에 언급한 시(詩)에서 "사해의 벗과 벗이 모두 한 몸이로다"(四海朋友都一身)라고 노래했으며, 또 "한 사람이 화해짐에 한 집안이 화해지고, 한 집안이 화해짐에 한 나라가 화해지고, 한 나라가 화해짐에 천하가 같이 화하리니, 비 내리듯 하는 것을 누가 능히 막으리오."[23]라고 하였다.

여기서 동귀일체는 사람에 국한되지 않는다고 본다. 사람은 물론 모든 생명이 포함된다. 또한 여기서 '일체'는 어떤 단일한 공동체를 의미한다기보다는 모든 존재의 근원으로서의 우주생명, 그리고 전체의 진리로서의 천도(天道), 만법이 귀일하는 일심(一心), 천심(天心)을 의미한다고 본다. 앞서 언급한 조애나 매이시의 '생명으로 돌아가기'가 바로 '동귀일체'라고 할 수 있다. 우리 모두가 생명의 근원인 천지부모, 한울님, 내 안의 본래 마음, 일심(一心), 무궁(無窮), 천도의 근본으로 돌아갈 때, 다시 말해 각자가 가진 각자위심을 벗어버리고 한울님 천심을 회복할 때 비로소 진정한 화해와 평화, 평등한 세상, 개벽세상이 열릴 수 있다는 의미이다.

생명운동이 개벽운동이다

해월의 사상은 한마디로 '심화기화'의 마음의 평화에 기반한 일상의 평화, 그리고 '공경과 살림'을 통해 적극적으로 행동하는 생명평화 사상이자

---

23 『해월신사법설』, 「대인접물」.

'생태영성'[24]의 전형이라고 할 수 있다. 이는 이후에 3·1운동의 근인(根因)이 되었다. 잘 알려져 있듯이 3·1운동은 단순한 독립운동이 아니라, 제국주의적 탐욕과 군사적 폭력에 맞서 세계 최초로 일으킨 거족적인 독립투쟁이었으며, 비폭력 평화운동이자 온 민족이 하나로 마음을 모으는 대통합 운동이었다. 또한 3·1운동은 독립선언서에서도 표방했듯이 비폭력 평화운동이자 '도의적 신문명'을 열망하는 개벽운동이었다.

이는 1920년대에 와서 천도교 청년들에 의해 계승되어 사회 전 부문에 걸쳐 전면적인 개벽운동으로 나타났다. 그들이 펴낸 잡지가 다름 아닌 『개벽』이었다는 점도 결코 우연이 아니다. 당시 그들의 고민은 단지 우매한 민중들을 깨우려는 계몽운동에 머물지 않았다. 또한 일제로부터의 민족 해방, 독립 쟁취를 위해 고투했지만 거기에만 머물지 않았다. 또한 그들은 단순히 사회주의적 평등이나, 자본주의적 문명개화라는 노선에 만족하지 않았다. 그들의 눈은 더 멀리 '도의적 신문명'의 건설을 거시적 시각에서 내다보고 있었다.

그 운동의 최일선에 있었던 이돈화는 이미 1920년대 초에 민족주의와 자유주의에 대해서 비판적으로 성찰하고 있었으며, 서양 자본주의의 문제점에 대해서도 충분히 인지하고 있었다. 한때는 사회주의에 깊이 공명하기도 하였으나 역시 사회주의로는 '도의적 신문명'의 건설이 불가능함을 간파하고 더 근본적인 인간학을 정립하고자 하였다. 이돈화를 비롯한 당시 『개벽』의 청년 동인들은 계급모순을 절감하면서 민족해방을 위해

---

24 해월의 사유는 오늘날 '생태영성'의 사유와 맥을 같이 하고 있다. (르웰린 보간리 엮음, 김준우 옮김, 『생태영성 -지구가 울부짖는 소리』, 한국기독교연구소, 2014. 참조)

골몰했지만, 동시에 자기 안에 있는 한울을 발견함으로써 자아를 초월·해방시키고 우주적 기운과의 연대감 속에서 모든 생명을 받들고, 경쟁보다는 상호부조의 원리에 의해서 자본주의와 사회주의를 넘어 더 나은 사회를 꿈꾸었다.

이러한 고민들이 1945년 해방을 맞아 새로운 국가 건설을 해야 하는 긴급한 상황에서 몇 가지 원칙으로 제시되었다. 이는 청우당이라는 정당을 통해 제시되었는데, 이때 청우당이 추구한 새로운 국가의 구상은 다음과 같다.

> 첫째, 민족자주(民族自主)의 이상적 민주국가의 건설을 기함
> 둘째, 사인여천(事人如天)의 정신에 맞는 새 윤리 수립을 기함
> 셋째, 동귀일체(同歸一體)의 신생활이념에 기(基)한 신경제 제도의 실현을 기함
> 넷째, 국민개로제(國民皆勞制)를 실시하여 일상보국(日常輔國)의 철저를 기함[25]

청우당의 강령에서 제일 먼저 강조하고 있는 것은 민족과 자주이다. 외세에 의존하지 않는 자주국가 건설이 첫 번째 목표인 것이다. 그런데 여기서 민족의 강조는 기존의 민족주의와는 차별화된 것이다. 기존의 민족주의가 국수적, 침략적 또는 폐쇄적 민족주의였다면, 동학(천도교)의 조선적

---
25 소춘김기전선생문집 편찬위원회, 『소춘 김기전선생 문집 3』, 국학자료원, 2011, 162쪽.

신민족주의는 고립과 의타가 아닌 자주적 노농민주국가의 건설을 의미하며, 세계를 일가로 하고 각 민족이 공통으로 공존공영의 생(生)을 도모하는 민족주의를 의미한다.

제2강령인 사인여천의 윤리는 '사람을 한울님처럼 섬기라'는 해월의 사상을 직접 계승한 것으로, 신본위가 아닌 인본위 사상에 맞는 새 윤리 제도를 말한다. 사인여천의 실천적 인간 존엄성을 바탕으로 해서 민주주의의 숙제인 '자유와 평등' 간의 모순성을 극복하고 개인과 전체의 조화를 추구하는 한편, 삼경 윤리를 통해 자연과의 조화까지 추구한다는 것이다. 이는 동학의 인본주의 철학사상을 계승하여 사람과 사람, 사람과 자연 간의 새로운 윤리를 정립함으로써 자본주의적 물신화와 사회주의적 투쟁 일변과는 다른 인간과 자연에 내재한 불가침의 신성과 존엄성을 기반으로 한 도덕문명국가를 추구한 것이라 할 수 있다.

제3강령인 동귀일체의 신경제는 인간사회를 유기체로 보고 사회 조직을 유기화하여 인체의 생명 원리에 맞게 모든 개인과 기관과 조직이 잘 어우러지고 건강하게 순환하는 경제를 의미한다. 여기서 자세히 언급하지는 않지만, 동귀일체의 경제는 자본주의의 비인간화를 극복함과 동시에 사회주의적인 국가 개입을 최소화하는 경제를 추구하고 있다고 볼 수 있다.

제4강령의 국민개로란 불로소득으로 놀고먹는 사람이 없는 사회를 만들겠다는 것이다. 또한 천도공리에 자재한 성(誠)을 표현한 것이라고도 해석한다. 노동이 반드시 생계를 위해 억지로 해야 하는 일이 아니라 사회를 위한 봉사이며, 자기의 재능을 실현하는 자아실현의 장이기도 하다. 그러므로 모든 사람들이 자기의 재능을 사회에 온전히 꽃피울 수 있는 사회,

그것을 통해서 자아실현은 물론 지상천국을 이 땅에 건설하겠다는 것이 국민개로의 국가 이상이라고 볼 수 있다.

이러한 강령을 바탕으로 이후 김병제가 대표 저술한 것으로 되어 있는 『천도교정치이념』(1947.3.31)에서 청우당의 이념 노선과 천도교의 건국이념을 '조선적 신민주주의'라고 정리하고 있다.

> 우리는 미국형의 자본가 중심의 자유민주주의를 원치 않는다. 그것은 자본제도의 내포한 모순과 폐해를 미리부터 잘 알고 있기 때문이다. 동시에 소련류인 무산자 독재의 프로민주주의도 필요치 않다고 생각한다. 그것은 조선에는 일찍이 자본계급의 전횡이 없었기 때문이다. 우리는 오직 조선의 현 단계에 적응한 '조선적 신민주주의'를 주장한다. 조선의 신민주주의란 어떤 것이냐. 민족해방과 계급해방을 경중선후(輕重先後)의 차별 없이 동일한 목적으로 취급하는 민주주의이다. 조선의 자주독립과 아울러 조선민족 사회에 맞는 민주정치, 민주경제, 민주문화, 민주도덕을 동시에 실현하려는 민주주의이다.[26]

조선적 신민주주의는 미국식 자유민주주의와 소련식 '프로(프롤레타리아) 민주주의'를 모두 반대하고, 조선의 현실, 또는 현 단계에 맞는 신민주주의이자, 민족해방과 계급해방을 함께 추구하는 민주주의이다. 여기서 민족개벽이라 함은 민족이 해방을 얻자는 것이고, 사회개벽이라 함은 자

---

26 김병제, 이돈화 외 지음 『천도교의 정치이념』, 모시는사람들, 2015, 52쪽.

본사회의 제도를 개혁하여 무산계급을 해방하자는 것이다. 보국안민을 교리로 삼고 있는 천도교에서 보국은 민족해방, 안민은 계급해방으로 연결됐다.[27]

또한 '조선적 신민주주의'는 민주정치, 민주경제, 민주문화, 민주도덕을 아울러 실현하는 민주주의이다. 여기서 민주정치는 시민계급이 정치·경제의 실권을 쥐고 전인민이 정치적·경제적·사회적으로 자유와 평등을 향유할 수 있는 민주주의이다. 민주경제란 동귀일체의 신생활 이념을 기반으로 한 민주주의 경제제도를 말한다. 민주경제는 경제권을 소수의 지주, 자본가로부터 인민 전체에 옮겨 놓으며, 계급적 대립이 없는 단일성의 민족경제를 실현할 것을 주장하였다. 이 때문에 적극적인 토지제도 개혁과 사유재산 제한과 더불어서 양국 군대의 철수를 주장하기도 하였다.

다만 계급해방은 투쟁이나 혁명적 방식이 아니라 동학·천도교의 '사인여천'(事人如天) 윤리와 '동귀일체'(同歸一體) 정신을 바탕으로 한 계급 화해를 통한 해방을 주장하였다. 정치와 경제는 불가분의 관계가 있는 만큼 민주경제 없이는 민주정치도 명목에 그치고 말 것이므로 '조선적 신민주주의'의 주안점이 오로지 여기에 있다고 하였다. 이를 위해 토지문제의 해결이 가장 급선무라고 밝히기도 하였다.[28]

이 구상은 비록 구체적인 이론적 체계와 현실적 정책을 완전히 내세우는 데까지 나아가지는 못하였지만, 남북 분단의 위기 속에서 통일국가의

---

27 박세준,「천도교에 대한 역사사회학적 연구-국가와의 관계변화를 중심으로」, 고대사회학과박사학위논문, 2015, 79쪽.
28 김병제, 이돈화 외 지음『천도교의 정치이념』, 모시는사람들, 2015, 61쪽.

비전을 모색해야 하는 당시의 급박한 상황 속에서 민족해방과 계급해방을 함께 추구하면서, 자본주의와 사회주의를 넘어선 자주국가, 도의적 문명국가의 건설을 추구했다는 데서 오늘날에도 시사점이 크다고 할 수 있다.

결국 새로운 개벽 세상, 문명의 전환은 오늘날의 생태적 위기와 자본주의 문제를 우회할 수 없다. 또한 분단 한국의 현실에서 분단의 문제를 그대로 두고 문명전환을 논할 수 없다. 문명전환으로서의 개벽운동은 오늘날 생명운동과 통일운동으로 구체화되어야 한다. 무엇보다도 그 밑바닥을 짓는 운동은 결국 사람을 변화시키는 운동인 교육운동이 기초가 되어야 할 것이다.

그리고 통일운동의 핵심은 어떤 정치체제로 합칠 것인가 하는 점보다는 자본주의와 사회주의, 그리고 성장지상주의를 넘어선 새로운 경제모델을 제시하는 데 있다고 본다. 여기서 해월의 '밥 한 그릇'의 이치를 잘 헤아려서, 모든 사람이 차별받지 않고 최소한의 생존을 보장받는 한편, 생태적 한계를 넘지 않는 '생명의 경제'에 대한 연찬이 필요하다. 그런 점에서 동학·천도교의 역사 속에서 방정환의 어린이운동과 해방 공간에서의 통일운동을 이 시대에 계승 발전시키는 노력이 선행되어야 할 것이다. 또한 장일순과 김지하로 이어지는 한국의 생명운동에 대해서도 치열한 연찬이 필요하다. 그리고 무엇보다도 이러한 운동의 정신적 토대가 되었던 수운과 해월의 동학에 좀 더 깊은 관심과 적공(積功)이 필요하다고 본다.

지금 우리는 다시개벽의 문명적 대전환기를 살고 있다. 인류의 역사에서 정말 특별한 시기를 건너고 있다. 지금 이 시기는 절멸적 위기의 시대이기도 하지만, 새로운 가능성의 시대이기도 하다. 예전엔 몇몇 영적 천재들만이 이루었던 정신적 성취를 이제 보통 사람들도 이룰 수 있는 시대를 맞이하고 있다. 사람들 내면에 있는 신성의 불꽃이 깨어나고 지혜가 밝아지고 의식의 진화가 폭발적으로 일어날 수도 있다. 나는 그렇게 되리라고 믿는다. 그것이 수운과 해월이 우리에게 전하고자 했던 메시지이기 때문이다. 우리 안의 한울님을 발견함으로써 평범한 사람들 모두가 새로운 존재로 깨어나고 고양될 수 있기를, 그리하여 인류의 정신이 한 단계 높아지고, 품격 있는 도의적 생태문명을 열어낼 수 있길 간절히 열망한다.

맺음말

해월 생명철학의 특징과 의의

해월의 철학의 특징 - 요약

해월의 한평생은 참으로 신산하였다. 평민으로 태어나 어릴 때 부모를 잃고 친척집을 전전하면서 눈칫밥을 먹었고, 친척집을 나와서는 남의 집 머슴살이도 하는 등 온갖 막일을 하면서 잔뼈가 굵었다. 나중엔 제지소의 직공 일도 하였고, 결혼을 한 이후에는 마을 일을 보기도 했으며, 심지어 화전을 일구기도 하였다. 신실한 사람이긴 했지만 지극히 보통 사람의 삶을 살았던 그가 눈이 깊어지고 거룩한 생각을 하며 비범한 삶을 살게 된 것은 수운을 만난 이후였다. 그 이후로 그는 수도의 길에 들어서서 한평생 마음 밭을 일구며 수운으로부터 물려받은 천도를 지키고 그 덕을 이 땅에 펴는 사명을 온몸으로 감당해 내었다.

그는 완성이 되어서 수운으로부터 도통을 받은 것은 아니었다. 그럴 만한 시간이 부족했다. 하지만 누구보다도 '정성과 공경과 믿음'이 지극했던 그의 자질을 알아보고 수운은 걸출한 양반 제자들을 뒤로 하고 그에게 대도의 중임을 맡겼다. 천도를 깨달아 비범한 사람이 되는 것은 신분에 달린 것도 아니고 학문이나 어떤 특별한 재능에 달린 것도 아니었다. 다른 어떤 것보다도, 마음 바탕이 진실한지, 변치 않는 순일함을 가졌는지, 누구를 대하더라도 잘난체하는 마음이 없이 겸손한지, 누구에게라도 열린 마음으로 배우며 공경하는 마음을 가졌는지, 큰 의심을 하지만 한번 정하면 하늘과 땅이 뒤집히더라도 변치 않는 믿음을 지녔는지, 번뜩이는 지혜로 헤아리기보다 늘 가슴으로 세상을 마주하며 밑바닥 민중의 고통에 절절하게 공명하고 있는지, 무엇보다도 진리에 대한 열망으로 내면의 목소리에 귀기울이고, 그 명(命)에 온몸을 내던질 수 있는 용기를 가졌는지, 그것이 중요한 것이었다. 해월은 그런 사람이었다.

오로지 이런 해월의 마음 바탕을 어여삐 여겼던 수운은 자신의 최후를 직감하고는, 추석을 같이 보내려 먼 길을 찾아온 제자를 조용히 방으로 불러, 자신이 깨달은 천도의 진리와 수심정기의 심법을 물려주었다. 수운이 전수한 한울의 길, 천도(天道)는 동아시아 고대 현자들이 추구하며 온몸으로 체득했던 바로 그 천도에 다름 아니었다. 그것은 '경천명·순천리'(敬天命順天理), 즉 '한울을 모시는' 삶으로 요약된다. 하지만 이후 사람들이 문자에 사로잡히고 각자위심에 빠짐으로써 천도는 오랫동안 맥이 끊어져 있었다. 그 어둠이 이천년 가까이 지속되었다.

수운의 동학은 그 천도(天道)의 기적적 회복이었다. 수운은 조선 땅에서 그 잃어버린 천도를 마침내 벅찬 감격과 희열로 다시 발견했을 뿐 아니라, 그 한울을 내 안에서 모시는 '시천주'(侍天主)의 한울로 재해석함으로써 새로운 길을 열었다. 그 '오래된 새 길'을 수운은 '무극대도'(無極大道, 다함이 없는 큰 도)라고 불렀다.

해월은 스승으로부터 이 무극대도의 이치와 시천주의 체험을 전수받은 한편 그것을 자신의 것으로 온전히 체화하기 위해 수배를 피해 도망 다니는 그 긴박한 상황에서도 끊임없이 수도에 정진했다. 이 수도의 과정을 통해 그의 눈은 점점 더 깊어졌다. 그는 물리적인 세계의 형상을 넘어 그것이 드러나기 이전의 생명의 흐름과 의식의 차원을 보기 시작했다. 그에게 자연은 산과 강과 들로 이루어진, 많은 부분이 텅빈 창공으로 이루어진 그런 물리적 세계가 아니었다. 그에게 자연은 생명의 끊임없는 유동과 숨겨진 높은 의식적 차원들과 빛나는 신성으로 가득 찬 살아 있는 세계였다. 심지어는 그 안에 있는 작은 돌멩이 하나, 풀 한 포기에도 생명과 의식이 잠복해 있는, 그 자체로 존중받아야 할 아름답고 거룩한 '물'(物)이었다. 생물, 무생물이라는 구분은 무의미한 것이었다. 더 본질적인 차원에서 그들은 아직 드러나지 않았다 하더라도, 내면에 생명과 의식을 함유하고, 나아가 우주적 영(靈)을 함유하고 있었다. 그런 의미에서 그들은 모두 한울(天)이었다. 이를 그는 '물물천·사사천'(物物天事事天)이라고 표현했다.

이런 감각은 점점 더 예민해져서 아침의 새소리를 들으면서도 '시천주'의 소리로 느꼈고, 어린아이가 나막신을 신고 땅을 쿵쿵 밟는 소리에 놀라 가슴을 쓸어내리기도 했다. 이제 그에게 천지는, 말 그대로 어머니였으며, 아버지였다. 생명은 육신의 부모로부터 오는 것이 전부가 아니다. 더 근원적인 차원에서 생명은 한울로부터, 천지로부터 온다. 그렇기에 '천지가 나의 부모인 것'은, 부인할 수 없는 진실로 느껴졌다. 해월은 그것을 마치 잃어버린 부모를 다시 찾은 감격으로 "천지를 부모님처럼 섬겨야 한다."고 역설했다.

이처럼 수운의 시천주는 해월에 와서 그 의미가 확장되어 만물이 거룩한 한울을 모시고 있으며, 나아가 천지 자체가 한울님이라는 사유로 깊어졌다. 생명철학적 성격이 뚜렷해진 것이다. 반면 '마음이 한울이다'라는 심즉천(心卽天)의 사유와, 존재의 중심으로서 '심령'(心靈)의 개념은 수운의 심학적 요소를 더 강화했으며, 인간 스스로의 자력적 수도를 통해 본래 마음을 깨닫고 천지의 기운을 적극적으로 운용하는 한편, 내 안의 한울과 뭇 생명을 적극적으로 기르고(養) 돌보는 책임 있는 주체로서의 인간을 표방하였다. 그는 여전히 시천주 체험을 부정하지는 않지만, 그의 강조점은 어느덧 '양천주' 쪽으로 이동하고 있다. '내유신령'보다는 '심즉천'을 강조하는 해월에게 '천'은 초월적 절대자라기보다는 태어날 때부터 내재하고 있는 마음의 본체, '심령'의 의미로 해석되었다.

그리고 그 심령은 마치 씨앗처럼 아직 자신을 완전히 드러내지 못한 상태로 그려졌다. 그래서 자신의 마음을 떠나서 따로 한울이 있는 게 아님을 깨닫는 한편, 내재한 한울의 씨앗을 잘 키워서 발현하는 것이 해월에게 가장 중요한 공부가 되었다. 이렇게 되면 양천주는 곧 수심정기와 비슷한 심학적 공부가 된다. 따라서 해월에게서는 천의 초월성과 시천주 체험은 약화되고 '심즉천'에 입각한 양천주와 수심정기의 심학적 요소가 좀 더 강화되는 특징이 나타나고 있다.

한편, 해월에게서 강조되는 양천주는 자기 안의 한울의 씨앗을 키우는 일일 뿐 아니라, 다른 존재들 안에 모셔진 한울도 키워주는 일로 이해되었다. 그래서 '양천'은 "인간이 자기와 이웃과 자연 안에 내재해 있는 우주생명을 키움으로써 '자아'와 '공동체'와 '생태계'의 공진화를 도모하는 것"이라고 할 수 있다. 그것을 우리말로 하면 '살림'이라고 할 수 있다. '살림'은 생명을 그 본성 그대로 온전히 길러 실현한다는 의미이다. 내 안에 있는 한울의 본성을 온전히 실현하는 것일 뿐 아니라, 뭇 생명이 역시 그러할 수 있도록 적극적으로 돌보고 살피는 실천인 것이다.

양천의 가장 구체적인 모습은 바로 배 속의 태아를 기르는 것이다. 또한 어린이를 키우는 보육이 가장 직접적인 양천이다. 따라서 해월의 양천주, 생명살림은 동학의 전개 과정에서 가장 소외받고 억압받는 사람과 생명을 살리는 해방운동으로 나타났다. 그는 일체의 반상과 적서의 차별을 금하라고 했으며, 천민 출신 남계천을 호남을 통괄하는 편의장에 앉힘으로써 계급해방을 몸소 실천했다. 또한 여성을 한 집안의 주인이라고 하였고, 앞으로의 시대의 주역이라고 높임으로써 여성해방에 앞장섰다. 게다가 그는 인간만이 아니라 생명까지도 존중하라고 함으로써 인간 중심에서 벗어나 생태적 해방을 추구했다.

그리고 누구보다도 무시당하고 차별받던 아이들에게 주목하여 "아이가 바로 한울님"이라고 함으로써 어린이 해방의 선구가 되었다.[1] 실제로 1920년대 김기전, 방정환의 어린이 운동을 비롯한, 천도교청년당이 주도한 여성운동, 농민운동 등은 모두 해월의 이러한 양천의 살림운동으로의 계승이었다. 또한 그의 생명사상은 오늘날에는 원주의 장일순으로 계승되어, '한살림'을 비롯한 '생명민회', '생명평화의 길', '생명평화결사', '한울연대' 등 생명운동 진영의 주요한 원천이 되기도 하였다.

한편 해월의 향아설위는 신 중심의 수직적이고 저 벽 쪽, 피안, 미래, 저 종말, 역사의 저쪽 혹은 과거 조상들의 시간을 향했던 관습을 자기에게로, 지금 여기에 실존하는 삶과 생명으로 되돌리는 것을 의미한다. 이는 지금 여기, 현재의 삶을 중시하는 새로운 시간관으로 해석될 수 있다. 그리고 그 실천은 먼 데서 구하지 않고 가까운 곳에서, 밖에서 구하지 않고 안에서, 그리고 자기 바로 곁에 있는 사람의 손을 먼저 잡아주는 삶의 방식의

---

1   이주영, 『어린이 해방』, 우리교육, 2017.

전환을 촉구한다.

한편, 해월은 당시를 개벽의 시기로 인식하면서 이 시기를 당해 물질문명은 더욱 발전하겠지만 선천도덕이 그에 따라가지 못하면서 도심과 인심의 괴리감이 더 커질 것이라고 우려했다. 그는 이때 도와 덕으로써 도심을 회복하는 인심개벽·정신개벽을 통해 포덕천하, 광제창생하여 개벽세상을 여는 것이 동학의 역할이라는 점을 강조하고 있다. 그리고 이는 단순히 내면의 변혁으로만 되는 것이 아니라 생활과 제도의 변혁으로까지 나아가야 하며, 이를 위해서는 모든 사람들이 각자위심을 버리고 근본으로 돌아가는 것이 가장 요구된다고 하였다. 그는 이를 '동귀일체'(同歸一體)라고 하였다. 내 안의 한울님, 천심으로 돌아감이면서, 모든 삶의 벼리가 되는 생명으로 돌아가는 것을 의미한다. 따라서 그에게서 개벽은 단순히 개벽의 시기를 아는 데 있는 것도 아니요, 혁명을 통한 정치적 변화만 꾀하는 것도 아닌, 공경의 원리를 바탕으로 한 '마음의 평화'와 '생활양식의 근본적 전환'을 의미한다고 할 수 있다. 그 전환은 결국 우주와 생명에 대한 새로운 각성, 그리고 인간에 대한 새로운 각성을 바탕으로 해서, 다른 사람은 물론 전체 생명, 한울님, 천심, 천도에 다시 연결될 때 가능한 것이다. 그리고 그것은 결국 따뜻한 '밥 한 그릇'을 차별 없이 나누는 제도적 실천으로 나타나야 한다.

요컨대 해월의 철학은 심화기화의 깊은 내면의 평화를 강조하고, 뭇생명에 대한 공경과 살림의 구체적 행동을 강조하는 철학이라고 할 수 있다. 대부분의 폭력과 차별, 전쟁이 생명의 존엄성과 연대성에 대한 자각 없이 상대방을 폄하하고 차별하고 수단화함으로써 일어난다고 할 때, 만유와의 우주적 연대성에 의거한 화해와 공경, 그리고 살림의 정신은 비록 관념적으로 느껴질 수도 있지만, 가장 근본적이고 강력한 전환의 지혜를 내포하고 있다고 할 수 있다.

해월 철학의 현대적 의의

이러한 해월 철학의 현대적 의의를 살펴보면 다음과 같다.

첫째, 해월의 철학은 수운을 계승하고 있지만 단순한 계승을 넘어 동학을 새롭게 해석하였다. 특히 천지를 부모와 같이 섬겨야 한다는 천지부모의 사유를 내놓았으며, 자연만물까지도 공경하는 경물(敬物)을 외침으로써 동학을 생명철학으로 정립했다. 또한 해월의 철학은 '만유가 무궁한 우주생명을 내면에 모시고 있다는' 근본적 생명 원리와 '한울이 한울을 먹고 산다'는 이천식천의 생명 원리를 제시했다.

이천식천은 만물의 상호 의존성을 알고 모든 존재를 소중하게 모시는 삶을 살아야 한다는 의미이다. 또한 먹는 것의 신성함과 공생의 삶을 내포하고 있다. 무엇보다도 이천식천은 적자생존의 논리가 아니라 오히려 자기의 몸을 언젠가는 기꺼이 내놓는 자기희생의 의미를 담고 있으며, 궁극적으로는 나라는 개체 생명에 한정된 의식을 벗고 우주의 전체 생명이라는 좀 더 초월적 시각에서 생과 사를 바라볼 것을 요구하고 있다. 이러한 해월의 생명철학은 아메리카 원주민을 비롯한 전 세계의 다양한 '생태적 지혜'와 결을 같이하면서, 오늘날 생태론적 위기에 대한 깊은 성찰과 함께 근본적 전환을 촉구하고 있는 '생태영성'과도 깊은 대화와 연대의 가능성을 가지고 있다고 하겠다.

둘째, 해월은 스승의 가르침을 평민의 언어로 재해석하여 민중의 삶 속으로 자리 잡게 하였다. 그는 스승의 '시천주' 가르침을 '사람을 한울님같이 섬기라'는 '사인여천'(事人如天)의 가르침으로 재해석했으며, 특히 당시 핍박받던 민중, 특히 여성과 어린이까지도 한울님으로 공경하라고 가르쳤다. 해월은 공경을 일상에서 생활화해 동학적 인간상을 정립하고 동학적 인격의 전형을 몸소 보여주었다.

해월은 수운의 시천주 사상을 현실 생활 속에 적용시키고 서민들의 삶 속에서 구체화시키려고 노력하였다. 동학을 비로소 참다운 민중의 종교로 재탄생시킨 것은 해월의 공이며 그의 사상은 계급해방을 넘어 남녀해방, 어린이해방을 촉구했다. 특히 경물의 생태적 해방에까지 이르러 모든 생명이 한울로 존중받는 평화공존의 세상을 꿈꾸었다. 이러한 해월의 평민철학은 오늘날에도 여전히 온존하고 있는 각종 차별과 편견을 벗고 진정한 인간 해방과 정신적 자유를 실현하는 해방철학으로 읽을 수 있을 것이다.

셋째, 해월의 '경물'은 서양의 차갑고 천박한 유물론을 넘어 '새로운 물질주의'의 가능성을 보여준다. 자연에 대한 경외심은 물론이고, 신비로 가득찬 경이로운 마음의 회복, 어린아이 같은 순수성과 현자의 사물에 대한 깊은 시선, 깊은 마음의 드러남이 경물이다. 물건 하나하나를 인격적으로 대하고, 그것에 유일성과 연대성을 부여하는 것이 경물이다. 돈이나 물질을 문제적으로 생각하는 것이 아니라 그것에 다시 신성한 의미를 회복시켜 그것이 제 역할을 할 수 있도록 하는 것이 경물이며, '새로운 물질주의'이다. 이러한 '경물'에 대한 재해석은 최근의 '신유물론' 철학과도 열린 대화가 가능할 것이며, 물질과 정신을 이분법적으로 구분하지 않고, 새로운 인간관과 새로운 경제모델이 결합되어, 진정한 살림/살이 경제를 구상할 수 있는 철학적 토대가 될 수 있을 것이다.

넷째, 해월의 동학은 자기 내면에 한울님이 있다는 것을 체험함으로써 자기의 삶을 존엄하게 변화시키고 이를 바탕으로 모든 존재에게서 불가침의 신성을 발견하고 공경하는 윤리가 문명적 원리가 되어야 한다는 것을 가르치는 '공경'의 철학이자 '살림'의 철학이자 '생명평화' 사상이다. 그리고 공경과 살림의 원리를 기반으로 해서 사해동포적 동귀일체의 한마음으로 모두가 천도의 생명원리를 존중하고, 이천식천의 자기희생의 정신 위에서, 모든 존재를 한울로 공경하는 '사인여천'의 새로운 문명을 열망한 것이 해월의 철학이다. 이러한 신문명의 비전은 비록 요원하게 느껴진다 하더라도 우리가 진정한 인류의 평화공존과 동귀일체의 하나 됨을 꿈꾼다면, 그의 철학은 하나의 문명적 비전으로서 등대 역할을 할 수 있다고 생각한다.

다섯째, 무엇보다도 해월의 철학은 눈에 보이는 물리적 세계보다 더 리얼하게 현실을 규정하는 세계가 있음을 역설하고 있다. 눈에 보이지 않지만 우리의 삶을 실질적으로 지배하는 세계가 있다. 그것은 바로 생명의 세계이다. 물리적인 형상 세계의 내면에는 이미 생명과 의식이 잠복하고 있다. 생명과 의식이 눈에 보이는 물질세계보다 더 근원적 실재라고 할 수 있다.

또 하나, 물리적 세계보다 더 리얼하게 현실을 규정하는 힘은 바로 감정의 세계이다. 보통 마음이라고 통괄해서 표현하지만 더 정확한 것은 감정이다. 감정의 세계가 눈에 보이는 물리적 세계를 압도한다. 사람을 실제로 움직이게 하는 힘은 감정이기 때문이다. 해월의 동학 철학은 바로 그 감정에 집중한다. 그 감정의 세계를 떠나서 한울님을 섬긴다는 것은 자칫 공염불에 그칠 수 있다. 마음이 불편하면 그것은 한울을 잘 섬기는 것이 아니다. 바로 곁에 있는 사람의 감정을 잘 살피지 못하면 그것은 한울을 잘 섬기는 것이 아니다. 그것이 그가 부화부순을 도의 으뜸 종지라고 한 이유도, 어린 아이를 절대로 때리지 말라고 한 것도 그 감정까지 살피라는 것이었다. 따라서 내 마음속 감정의 목소리에 귀 기울이는 한편, 곁에 있는 사람들의 감정에 귀 기울여 그에 공감하고 공명하는 것이 진정한 동학의 수행이다. 과거가 아니라 '지금 여기'에 집중하는 삶, 그리고 지금 자기 바로 곁에 있는 사람의 감정을 먼저 섬기는 삶을 제시한 것이 동학이다.

과거와 미래에 결박되어 오늘의 생활, 오늘의 실존적 삶을 황폐하게 해온 전 역사적 문화를 송두리째 부정하고 지금 여기의 삶, 자기 곁에 있는 사람들에게 집중하게 함으로써 진정한 경천, 경인, 경물의 새로운 윤리를 촉구한 것이 바로 해월의 향아설위였다. 지금 여기에 현존함으로써 내적 열망이 이끄는 삶을 살라고 한 것이 바로 해월의 철학이었다. 이것은 오늘날 우리에게 몸과 마음의 주인이 되고, 삶과 운명의 주인으로서 사는 방법을 제시한 새로운 주체 철학이자, 새로운 인간학, 새로운 생명학이다. 이것이 오늘날 우리가 다시 해월의 철학에 주목해야 할 이유이다. 여러분들 내면에서 바다 달이 환하게 밝아지길 바란다.

에필로그

이 책이 나오기까지 많은 우여곡절이 있었다. 2018년 한국연구재단의 지원을 받아 시작하게 된 원고였다. 이후 공동체 공부를 위해 인도 오로빌에 약 2년간 머무르게 되었다. 그리고 2020년 코로나19가 막 시작될 무렵, 잠깐 네팔을 나왔다가 갑자기 인도 국경이 닫히는 바람에 오로빌로 다시 돌아갈 수 없게 되었다. 그 사이 마감 시간은 다가왔고 아무런 자료도 없는 상황에서 원고를 마무리해야 했다. 엎친 데 덮친 격으로 노트북에 커피가 쏟아지면서 노트북이 먹통이 되어 버렸다. 할 수 없이 다른 노트북을 구해서 여기저기 흩어져 있던 글들을 얼기설기 엮어서 보고용으로 겨우 제출은 했지만, 책이 될 수 없는 수준이었다.

'출판 불가' 판정을 받았다. 당연한 결과였다. 하지만 사정 설명을 하고, 다소 원고를 보완하여 이의 신청을 했다. 다행히 신청이 받아들여졌는데, 문제는 결과 안내 메일이 나에게 전달되지 않았다. 스팸메일로 처리되었던 것이었다. 마감시한을 한 달 앞두고 출간한 책을 제출하라는 메일을 받고서 깜짝 놀랐다. 나는 이의 신청이 기각된 줄 알고 손 놓고 있었던 것이다. 하는 수 없어 평소 알던 〈모시는사람들〉의 박길수 대표에게 도움을 청해서, 편집도 제대로 못한 책을 급하게 출간하게 되었다. 여러모로 부끄러운 책이었다. 하루빨리 다시 수정해서 부끄러움을 면하고 싶었는데, 3년이나 흐른 지금에야 내놓게 되었다. 여전히 부족한 점이 많지만, 나름

최선을 다했다고 생각한다.

　나는 이 책에서 해월이 우리에게 정말 전하고 싶었던 메시지가 무엇이었을까를 깊이 생각하면서 그것을 찾아내려고 애썼다. 여러 가르침을 남겼지만, 크게 세 가지로 요약할 수 있다고 본다. 하나는 '천지가 살아 있다'는 것이다. 이 우주가 물질로만 이루어진 것이 아니라 살아 있는 우주생명으로 지금도 만물을 생성하고 있으며, 인간의 마음에 반응하는 우주의식이라는 것이다. 두 번째는 눈에 보이는 가시적 세계보다 마음의 세계가 더 리얼한 실재임을 알아야 한다는 것이다. 그러니 늘 마음을 살피고 마음의 차원에서 삶을 살아야 한다는 것이다. 세 번째는 공경하는 마음으로 모든 사람들, 뭇 생명을 대하라는 것이다. 그리하여 나를 살리고 주변을 살리고 세상을 살리는 실천을 하라는 것이다.

　나는 동학을 만나면서, 특히 해월을 만나면서 내 삶이 많이 변했다고 생각한다. 물론 여전히 화를 내고 실수도 하고 부족한 것투성이지만 예전에 비해서는 많이 좋아졌다고 생각한다. 우선 내 몸과 마음을 잘 보살피려고 하며, 주변 사람의 감성을 잘 헤아리려고 한다. 그리고 늘 지금 여기에 연결되어 깨어 있으려고 노력한다. 무언가를 억지로 애써서 하기보다는 하늘의 뜻을 살피고 그 자연한 흐름에 내 삶을 내맡기려고 한다. 그러다보니 어떤 상황도 받아들일 수 있는 여유가 조금 생긴 것 같다. 나는 동학 공부를 하면서 모든 사람이 성공 출세를 할 수는 없지만, 모든 사람이 지금 여기에서 행복할 수 있고, 자기 나름의 재능과 소질을 꽃 피우며, 어떤 어려움이 닥쳐도 의연함을 잃지 않고 자기를 지키고 남을 돌보는 거룩한 삶을 사는 것이 가능하다는 것을 알게 되었다. 그리고 나는 또 알게 되었다. 내가 내 삶을 만드는 창조적 주체라는 것을. 우주는 나의 가슴에서 열리고 나의 가슴으로 닿힌다는 것을. 어쩌면 개벽 세상은 미래의 어느 시점에 있는 것이 아니라, 지금 여기 나의 호흡을 놓치지 않고, 내 안의 한울과 조화 · 합일되는 그 순간에 이미 도래해 있다는 것을.

나는 오늘도 나의 생각을 점검하고 감정을 잘 돌보면서도, 자본이 주도하는 세상에 대한 저항을 멈추지 않을 것이다. 그러면서 내일의 모습이 어떠해야 하는지를 공부하고 꿈꾸기를 멈추지 않을 것이다. 하지만 행복을 미래에만 유보하지 않고 오늘 당장, 지금 여기 우주생명의 품 안에서 진정한 평화와 충만한 기쁨을 누릴 것이다. 그것은 전적으로 내 마음에 달린 것이기 때문이다. 그리고 시간을 초월하여 나의 참 생명이 무궁하다는 것을 영원토록 잊지 않을 것이다. 문득 고개를 들어 창 밖을 내다보니, 동쪽 바다에 달빛이 그윽하다(忽然仰首窓外望, 東海月光幽然照).

부록

해월 최시형의 생애

수운이 도를 편 지 겨우 3년 만에 좌도난정의 죄목으로 참수를 당하자 동학은 일대 붕괴의 위기를 맞았다. 해월은 이 위기를 수습하고, 36년간을 관의 추적을 피해 다니면서 동학을 다시 일으켰다. 동학에 있어서 해월의 역할은 수운 못지않게 크다. 이는 단지 동학의 세력을 회복하고, 포교를 삼남지방에까지 확대했다고 해서가 아니라 그의 실천적인 가르침이 그만큼 중요하기 때문이다.

　그는 수운의 고원한 가르침을 한결 쉬운 어조로 서민들의 삶에 스며들게 하였다. 그리하여 시천주를 재해석하여 구체적인 실천지침인 사인여천(事人如天-사람을 한울님같이 섬기라)으로 내놓았는가 하면, 일상에서의 대인접물(待人接物)을 중시하였다. 그는 또 사람만이 한울님을 모시고 있는 것이 아니라 만물이 다 한울님을 모시고 있다고 하여 물물천사사천(物物天 事事天)과 이천식천(以天食天)의 탁월한 생태적 세계관과 실천윤리를 제시하였다.

　그는 늘 쫓기는 몸으로도 수도를 게을리 하지 않았고, 작은 것이라도 깨달은 것이 있으면 몸소 실천하고 구현하려 하였다. 말로써만 가르친 것이 아니라 행동으로 묵묵히 보여줬기 때문에 더 깊은 감화를 주었다.[1] 삶으

1　해월 최시형의 생애는 해월을 가장 가까이에서 보필했던 강수의 『도원기서』를 중심으로 하고, 동학의 역사를 한평생 발로 검증하고, 관련된 거의 모든 사료들을 실증적

로 보여준 그의 동학함을 그의 전 생애를 통해 한번 살펴보자.

탄생과 성장

해월의 본관은 경주(慶州)이며, 초명은 경상(慶翔)이다. 아버지는 종수(宗秀)며, 어머니는 월성 배씨(月城裵氏)다. 1827년 3월 21일(음) 외가인 경주 동촌 황오리에서 태어났다. 6세에 어머니가 돌아가시자 영일 정씨를 계모로 모시게 되었다. 유년기는 영일군 신광면 기일동(터일)에서 자랐으며, 15세까지는 서당을 다녔다고 한다. 기존에 알려진 것처럼 일자무식은 아니었다. 적어도 천자문과 소학은 뗀 것으로 보인다. 15세에 부친이 돌아가시자 계모 슬하를 떠나야 하는 처지에 놓이게 되었다. 해월은 누이동생을 데리고 친척집을 전전하며, 때로는 남의 집 머슴살이를 하기도 했다. 17세에는 마을의 제지소에서 일을 하기도 했다.

19세에 밀양 손씨(密陽孫氏)와 결혼한 뒤 처가가 있는 홍해에서 한동안 살다가, 28세에 고향인 신광면 마북동으로 다시 들어왔다. 마북동은 그가 19세까지 살던 기일동(터일)과 작은 고개를 하나 마주하고 있던 곳이다. 이곳에서 해월은 오늘날 이장에 해당하는 집강(執綱)을 맡아 마을 일을 보기도 했다고 한다. 33세에 다시 골짜기 안쪽의 검곡(劍谷, 검등골)으로 이사했다. 마북동은 깊은 산중이라 농사지을 땅이 넉넉지 않았던 모양이다.

으로 면밀히 검토해서 집필한 표영삼의 『동학 1, 2』(통나무, 2005)를 참고해서 정리했음을 밝힌다.

그래서 검둥골에서 화전을 일구고자 하였다.

이때까지만 해도 그는 가난한 농군으로 변변한 땅도 없어서 화전을 일굴 수밖에 없었던, 겨우 처자를 부양하며 살았던 평범한 한 시골 촌부에 불과했다. 적어도 수운을 만나기 전까지는 말이다.

수운을 만나다

해월이 검곡으로 이사한 지 얼마 안 되어 경주 용담에 현인이 났다는 소문이 경상도 일대에 퍼지고, 해월에게까지 전해졌다. 해월은 수운이 제자들을 받아들이기 시작한 신유년(1861) 6월경에 용담으로 찾아가서 수운의 가르침을 받았다. 한번 수운을 만난 이후로 그는 비로소 자신이 어떻게 살아야 하는지, 무엇에 힘써야 하는지를 알게 되었다. 일찍이 조실부모하고 친척집에서 눈칫밥을 먹으며 일찍 세상 물리에 밝았고, 10대 중반부터는 종살이를 비롯해서 안 해 본 것이 없지만, 학문이라고 해 봐야 천자문을 겨우 뗀 정도였던 그가 수운을 만나 가르침을 받으면서 우주의 운행 원리와 만물 화생의 이치를 헤아리고, 천인합일의 길과 인간완성의 길(天道)을 깨닫게 되었던 것이다.

그는 수운을 만나 35세인 1861년 6월에 동학에 입도하였다. 그때부터 시간이 나면 용담으로 가서 가르침을 받고 지극 정성으로 수도를 하기 시작했다. 그해 11월에 얼음을 깨고 목욕하며 독공(篤工)하는 가운데 한울님 말씀을 듣기도 하는 등의 작은 체험들을 하기 시작했다. 이로써 그는 우주가 영적 신비와 활력으로 가득 차 있음과 모든 존재 안에 신령한 한울의 영이 모셔져 있음을 몸소 체험하면서 점점 비범한 사람으로 거듭나고 있었다. 다음 해 1862년 1월, 수운이 은적암에 가 있는 동안에도 해월은 밤낮 없이 수도에 매진했다. 그 결과 반 종지의 기름으로 21일 밤을 지새우는 이적이 나타나기도 하고, 찬 물에 목욕을 하던 중 공중에서 소리를 듣기도 하였다. 또 아침에 수련을 하다가 문득 수운이 경주로 다시 돌아왔다는 영감을 받고 가 보니 정말 스승이 돌아와 있음을 확인하는 등 점점 지혜가 밝아지고 있었다.

이후로 그는 수운으로부터 더욱 열심히 수도하라는 격려와 함께 포덕에도 힘쓰라는 명을 받게 되었다. 이에 해월은 영덕, 예천, 청도, 울진, 홍해를 순회하며 많은 사람들을 만나 동학의 가르침을 널리 펴기 시작했다. 그를 알고 지냈던 많은 사람들은 이전에도 신실한 사람이었지만, 그의 한결 거룩해진 모습을 보고 동학도가 되었다.

그런 해월이지만 쟁쟁한 양반 제자들을 놔두고 동학의 심법이 자신에게 전수될 줄은 꿈에서인들 생각지도 못했었다. 하지만 그런 일이 일어났고, 두려운 심정으로 그는 37세 때인 1863년 7월 23일에 수운으로부터 해월(海月)이라는 도호를 받고 북접주인(北接主人)으로 임명되었다. 8월 14일에는 스승으로부터 '수심정기'의 동학 심법과 함께 정식으로 도통(道統)을 전수받음으로써 동학의 2세 교조가 되었다.

은거와 수도

그해 11월 9일(음력) 수운이 조정에서 보낸 선전관 정운구에게 체포되었다. 한양으로 끌려가던 수운이 철종의 국상으로 인해 대구의 경상감영에서 심문과 거결을 받게 되었다는 소식을 전해 들었다. 이에 해월은 곧바로 대구로 가서 숙소를 정한 뒤 수운을 구할 방법을 백방으로 물색하던 중, 당시 수운의 옥바라지를 하던 곽덕원을 통해 스승의 말씀, 즉 "나는 천명을 순히 받들겠거니와 너는 높이 날아서 멀리 도망가라"(我順受天命 汝高飛遠走), 그리고 "등불이 물 위에 밝았으니 의혹의 여지가 없고, 기둥이 마른 것 같으나 힘은 남아 있네"(燈明水上無嫌隙 柱似枯形力有餘)라는 말씀을 전해 받았다. 『도원기서』를 제외한 다른 역사서에는 해월이 수완을 발휘해 옥졸과 사귀고, 그의 도움으로 3월 3일에 옥 안에 들어가 수운을 친견했다고 기록하고 있으나, 이는 다소 과장된 이야기인 듯하다. 위의 말씀을 전해 받은 해월은 가슴이 찢어질 것 같았지만, 도의 앞날이 자신에게 맡겨졌다는 무거운 책무를 느끼며, 대구를 떠나 도망 길에 나섰다.

이후 안동접주 이무중의 집에 숨어 있다가 3월 10일 수운의 순도 소식을 전해 들었다. 4월 초에 영덕의 강수를 찾아갔다. 강수는 해월이 가장 믿었던 학덕을 겸비한 도인으로 이후 해월이 가장 힘든 시기 가까이에서 보좌했으며, 초기 동학의 역사서인 『도원기서』를 저술하기도 했다. 이후 해월은 평해 황주일의 집에서 숨어 지냈다. 해월은 숨어 다니면서도 각지의 도인들을 방문하면서 마음을 다잡고 더욱 수도에 정진할 것을 당부하였다. 이처럼 산중과 도인 집을 오가며 은신하다가 이듬해 1865년(39세) 1월 울진군 죽병으로 거처를 옮겼다. 이때 수운의 유족인 박씨 사모와 두 아들 세정(世貞), 세청(世淸)을 돌보는 한편 도인들의 이탈을 막기 위해 고군분투하였다. 이해 3월에는 다시 영양 용화동 윗대치로 옮겼다. 용화동 윗대치는 일월산 동쪽의 깊은 산중이다. 해월은 윗대치로 이거한 후 더욱 수도에 힘써 1년에 4차례씩 49일 기도를 하는 한편 사람들을 각지에 보내 포덕에 주력하였다.

　그는 도망을 다니는 그 급박한 사이에도 조금만 여유가 생기면 49일 기도와 수도를 하며 힘을 길렀다. 수도는 지친 심신에 다시 활력을 불어넣어 주었으며, 불안하고 두려운 마음을 극복하고 천심을 회복할 수 있게 하였다. 또한 49일 수도를 통해 점점 수운의 가르침을 온몸으로 체득하는 한편, 그것을 쉬운 자신의 언어로 소화하여 표현할 수 있게 되었다. 그해 9월에는 검곡(검등골)으로 가서 10월 28일 수운 탄신향례를 지냈다. 이때 "사람은 한울이라 평등이요 차별이 없나니 사람이 인위로써 귀천을 분별함은 곧 천의에 어기는 것이니 제군은 일절 귀천의 차별을 철폐하여 선사의 뜻을 잇기로 맹세하라."는 강론을 하였다. 여기서 처음으로 '사람이 한울'이라는 표현이 등장한다. 다만 여기에 대한 한문 표기는 '인시천'(人是天)으로 쓰고 있다.

　1866년 3월 10일에는 수운의 순도기념 제례를 용화동 윗대치에서 모셨다. 이때 다시 한번 신분 차별과 적서 차별의 철폐를 강조했다. 이 무렵 해월이 사는 용화동 근처로 도인들이 모여들기 시작했다. 9월 하순경에는 강수가 수소문 끝에 박춘서와 함께 용화동의 해월과 박씨 사모를 찾아왔다. 이로써 3년 만에 동학 조직이 다시 살아나기 시작했다. 10월 28일 수운의 탄신향례에는 많은 도인이 모였고, 이 자리에서 해월은 매년 두 차례의 향례(탄신, 순도)를 위한 계(契)를 조직하자고 제안했다.

　다음 해(1867년) 10월 중순경에 해월은 처가가 있던 흥해 매곡동으로 갔다. 해월은 여기서 도인들의 수행 자세를 강론하면서 양천주(養天主) 설을 폈다. 다음 해 1868년 3월에 해월은 다시 일월산 밑으로 들어 와서 매일

짚신 두 켤레를 삼으면서 수도에 주력하였다. 이때 영덕에 사는 김용여가 5백금을 가지고 찾아왔다. 1869년 2월에는 양양 사람 최혜근과 김경서가 와서 도 닦는 방법을 묻고 같이 양양으로 향하기를 청하므로 함께 가서 양양에서 30여 호를 포덕하였다.

이필제와 영해교조신원운동

1870년 10월에 이인언이 수운의 신원(伸寃)을 위하여 의거를 일으키자는 이필제의 제안을 해월에게 전했다. 이필제는 충청도 홍주 사람으로 풍채가 좋고 언변이 뛰어났으며 26세 때 영주군 풍기에서 허생관이라는 노인으로부터 '중원(中原)을 도모할 인물'이라는 말을 듣고 큰 꿈을 갖게 되었다고 한다. 35세(1859년)에 무과에 급제하고도 변란을 기도하다가 정배를 가기도 했고, 이후에도 여러 차례 변란을 기도하다가 실패하고, 1870년 2월 28일에 다시 신수에서의 변란을 꾀하다가 발각되어 영해로 숨어들었다. 그는 1863년 계해년 수운 선생으로부터 입도했다고 주장했지만, 확실하지는 않다.

이필제의 제언을 전해 듣고, 해월은 아직 때가 아니라며 좋은 말로 돌려보냈다. 그러고도 몇 차례 더 사람을 보내 면담을 청하였지만, 해월은 모두 미루며 돌려보냈다. 그런데도 이필제는 포기하지 않고 다음 해인 1871년 2월에 권일원을 통해 재차 봉기를 청하였다. 5개월 사이에 다섯 차례나 만나기를 청하므로 해월은 하는 수 없이 허락하고, 박사헌의 집에서 이필제를 만났다. 여기서 해월은 스승의 억울한 원을 푸는 것은 의리의 마땅함이지만 아직 시기상조라는 뜻을 전했다. 하지만 이필제는 언제까지 미룰 수 없고, 지금이 바로 때라고 하면서, 3월 10일 수운의 순도일을 기해 거사를 도모하자고 강변했다. 해월은 내키지 않았지만 스승을 위한 일이라는 이필제의 명분을 차마 내치지 못하였다.

이에 이필제가 격문을 쓰고, 해월은 각지의 접주들에게 "3월 10일 스승님의 신원운동을 할 것이니, 3월 10일을 기하여 영해 박사헌의 집으로 모이라."는 통문을 보냈다. 이 통문을 받고 각지에서 모인 도인이 5백여 명이었다. 이필제는 이들을 이끌고 영해부를 습격하여 백성들을 수탈하던 부사를 즉결처단하고, 관아에 있던 공전 150냥을 털어 5개 동민에게 나눠 주었다. 그런데 이 과정에서 수운 대선생 신원에 대한 언급은 일체 없었으며, 부사를 즉결처분하는 것도 원래 계획에 없던 일이었다. 무엇보다도 거사 이후의 계획이 뚜렷하지 않았다. 아니 애초에 이필제와 동학도들의 참가 목적이 달랐던 것이다. 동학도들은 일이 이렇게까지 될 줄 몰랐던 듯하고, 단순히 관심을 일으킬 만한 정도의 소요를 일으키고 스승의 신원을 탄원할 생각이었던 듯하다. 그 때문에 이필제가 바로 영덕군 관아를 공격하자는 제안을 동학도들은 찬성할 수 없었다.

결국 동학도들은 흩어지고 이필제, 정치겸, 박영관 등 약 50명 정도만 해월이 기다리는 용화동 윗대치로 향하였다. 이후 15일 영양 현감을 비롯한 인근의 지방수령들이 용화동으로 관군을 급파하였다. 이때 13명이 포살되고, 10여 명은 체포되었으며, 해월과 이필제는 다행히 화를 면하고 도주하였다. 이후 이들이 심문 받는 과정에서 가담 사실이 밝혀져 체포된 동학도는 모두 93명에 이르렀다. 이 중에서 참형되어 목숨을 잃은 사람이 45명, 중형을 받고 정배 당한 사람이 21명이나 되었다.

이 사건은 비록 이필제의 무모한 계획과 야심으로 촉발되기는 했지만, 해월과 동학도인들의 입장에서는 스승의 억울한 죽음을 풀겠다는 순수한 동기를 가지고 16개 접의 500여 명이 참여하였다는 점에서 명백히 '교조신원운동'임에는 틀림없다. 다만, 충분한 준비와 사후 계획이 없이 진행된 급박한 행동은 해월과 동학을 다시 벼랑 끝으로 몰아넣었다. 그나마도 수운 사후 동요하고 있던 동학도들을 겨우 수습하여 간신히 일어서고 있었는데 다시 완전히 주저앉게 된 셈이었다. 이 사건으로 동학에 대한 관의 지목은 극심해져서 해월과 동학 접주들은 물론 일반 동학도들에 대해서도 발본색원하라는 체포령이 내려져 전국이 들썩거렸다. 특히 해월을 체포하기 위해 현상금과 함께 수배령이 내려져 지방관들은 그를 찾기 위해 혈안이 되어 있었다.

참회와 사십구일 공부

이렇듯 사세가 급박하여, 해월은 이필제, 강수, 전성문과 함께 일단 일월산으로 피신하였다가 단양 정기현의 집으로 갔다. 이튿날 해월은 다시 정석현의 집으로, 이필제는 김창화의 집으로, 강수와 전성문은 영춘에 있는 김용권의 집으로 보내졌다. 정석현의 집에서 잠시 숨을 돌린 해월은 밀려오는 자책감을 느끼며 밭일에만 매달렸다. 5월 어느 날 영춘에 있던 강수가 찾아와 급히 피신해야 한다며, 서둘러 영월 직동의 정진일의 집으로 향했다. 그 해 8월에는 이필제가 정기현과 다시 모의하여 문경군창을 습격하다가 관군에게 체포당해 서울로 압송되어 끝내 처형되었다.

이필제의 이 사건으로 다시 동학도를 체포하기 위한 관의 검문과 검속이 물샐틈없이 강화되었다. 이때 해월은 영월 정일진의 집에 있다가 인근의 박용걸이라는 사람의 집에 머물고 있었다. 관은 해월이 잠시 머물렀던 영월의 정진일의 집을 쳐들어와 가산을 몰수했다. 더 이상 박용걸의 집에도 머물 수 없다고 판단한 해월 일행은 지푸라기라도 잡는 심정으로 박씨 사모가 있는 영월 소밀원(蘇蜜院)으로 향하였다. 소밀원에는 수운의 부인 박씨 사모님과 아들 세정, 세청이 머물고 있었다. 해월은 강수와 황재민과 같이 세정의 집에 들렀는데 화가 미칠까 두려워한 세정은 그들을 반갑게 맞이할 수 없었다. 밤이 늦었지만 할 수 없이 발길을 돌려 산길을 오를 수밖에 없었다. 소백산 자락이었다. 한참을 산속에서 헤매다가 마침 깊은 골짜기에 큰 바위굴을 발견하게 되어 겨우 몸을 숨길 수 있었다. 양식이 다 떨어졌으므로 주변의 풀뿌리와 나무껍질, 도토리 등으로 연명했다.

　해월 일행이 14일 넘도록 굶주리며 초근목피로 연명하다가 부득이 영월 직곡리의 박용걸 집으로 다시 찾아 들었다. 박용걸은 해월과 강수를 따뜻이 맞이하며 안방을 내주었다. 해월이 가장 힘든 시기에 결정적인 도움을 준 사람이 바로 영월의 박용걸이다. 해월은 박용걸의 인품에 감화를 받아 그와 결의형제를 맺고 그의 집 안방에서 49일간 특별기도를 올렸다. 참회의 기도였다. 그해 12월 해월은 각지의 접주를 직곡리로 모이게 하여 대인접물(待人接物)에 관한 강론을 하였다. 대인접물은 사람을 대하고 만물을 대하는 삶의 자세에 관한 가르침이었다. 여기서 특히 "집에 사람이 오거든 사람이 왔다 이르지 말고 한울님이 강림하셨다 말하라."고 하였다.

　이듬해 1872년 1월 5일, 해월은 박용걸의 집에서 교조신원운동을 잘못 지도한 과오를 뉘우치는 제례를 올렸다. 그리고 이튿날 박씨 사모님이 있는 소밀원을 찾아 그동안의 고초를 위로하였다. 얼마 후 세정이 양양 포졸에게 잡혀갔다는 소식을 접했다. 이때 수운의 둘째 딸 최완과 세정의 처 강릉 김씨도 함께 끌려갔다. 해월은 급히 소밀원으로 가서 수운의 가족을 데리고 직곡리의 박용걸 집으로 옮겼다. 그러나 지목이 날로 심해지자 다시 영춘 장간지로 옮기고, 자신은 정선군 무은담 유인상 집에 숨었다. 5월 12일에는 세정이 양양감옥에서 매를 맞다가 장사(杖死)되었다는 소식을 들었다. 박씨 사모는 온종일 통곡을 했고, 해월은 비통함을 금할 수 없었다. 이처럼 신미년(1871)에부터 재연된 고난은 가혹했다. 간신히 수습되어 가던 동학교단을 갈갈이 찢어놓았을 뿐 아니라 수운의 장자마저 희생되었던 것이다.

그래도 해월은 천신만고 끝에 관의 수배와 추적을 피할 수 있었다. 지목이 좀 누그러진 1872년 10월 해월은 강수, 유인상, 권성문, 김해성 등을 데리고 태백산 갈래사 적조암에 들어가서 49일 기도를 하였다. 이 기간에 신미년의 사건에 휘말리게 된 것을 깊이 성찰하고 참회했다. 이 기도를 마치고 해월은 다음과 같은 시를 남겼다.

太白山工四十九　태백산에서 사십구일 공부를 하고
受我鳳八各主定　내가 봉황 여덟 마리를 받아 각각 주인을 정하니,
天宜峰上開花天　천의봉 위에 꽃핀 한울이로다.
今日琢磨五絃琴　오늘 오현금을 갈고 닦아
寂滅宮殿脫塵世　적멸궁전에서 티끌세상을 벗어나도다.

이듬해 1873년 12월 다시 정선 무은담 유인상의 집을 찾은 해월은 그곳

에서 박씨 사모의 환원(還元) 부고를 받았다. 박씨 사모는 영양실조로 굶주리다 병을 얻어 49세의 나이로 세상을 떴다. 참으로 신산고초의 삶이었다. 해월은 이듬해 1874년 1월 적조암의 철수자 스님의 임종을 지키고, 장례를 치러준 후에 스님이 일러준 도솔봉 아래 절골(寺洞, 단양군 대강면)로 김연순과 함께 이거를 하였다. 곧이어 영춘 의풍에 살던 김병내, 홍순일 등도 들어왔다. 이때 해월은 제작년 환란 때 손씨 부인과 생이별을 하고 생사를 확인할 수도 없는 처지로 혼자 궁색하게 살고 있었다. 이에 권명하라는 도인이 여러 제자들과 의논하여 오래 전에 홀몸으로 딸 하나와 같이 살고 있는 안동 김씨를 소개하고, 사동에 새 집을 한 채 마련해 주었다. 해월은 김연순, 김연국과 함께 4월 10일 새 식구를 데리고 이 집으로 이사를 했다. 10월에는 강수도 이곳으로 와서 함께 살게 되었다.

　1875년 1월 22일 수운의 둘째 아들 세청이 병으로 급사했다는 부음이 날아왔다. 큰아들은 양양 관아에서 장살 당하고, 박씨 부인은 영양실조로 별세하고, 이제 둘째 아들까지 병사하게 된 것이다.

동학 재건과 개접

　지목이 뜸해지자 단양 절골로 모여드는 도인들이 늘어났다. 1875년 2월 단양 절골 골짜기 입구에 있는 송두둑에 새로 큰 집을 마련했다. 세청의 별세 이후 사가(師家)의 대가 끊어지게 되자, 자연스럽게 해월 중심의 단일 지도체제가 자리를 잡게 되었다. 8월 보름날 유인상, 전성문을 비롯하여 정선도인들과 영월도인들이 참여하여 다시 대의(大義)를 다지는 제례를 올렸다.

9월에는 강수와 전성문을 대동하고 오랜만에 영남행에 나섰다. 신령의 하치욱 접주를 만나고, 용담에서 수운의 장조카 맹륜도 만나고, 청하의 이군강과 이준덕, 그리고 사촌아우 최경화도 만났다. 이 남행길에서 백성들의 어려움을 다시 한번 목도하는 한편, 1871년 신미교조신원운동의 희생이 너무 커서 영남 지역의 도맥이 거의 끊어졌음을 알게 되었다. 이로써 앞으로의 동학 재건은 강원도나 충청도를 중심으로 할 수밖에 없다는 판단을 내리게 되었다.

당시 해월을 따르는 도인들은 주로 정선, 양양, 인제, 영월과 단양, 청송에 100호 정도가 있을 뿐이었다. 해월은 이들의 결속을 강화하기 위해 새로운 집단종교 의식, 즉 제례의식이 필요함을 절감했다. 1875년 8월 추석날에 교단의 새로운 출발을 기약하는 제례를 올렸다. 제수를 마련하고 제상을 차리고자 할 때 해월은 문득 강화의 가르침을 받고 다음과 같은 설법을 하였다; "내 과거 다년간에 각종 음식물로써 기도 의식을 치러 왔으나 이는 아직 시대의 관계로 부득이해서 행한 일입니다. 앞으로는 모든 의식에 다만 청수 한 그릇만 올리는 날이 올 것입니다."라고 하였다.

그해 10월 18일 집회의 정례화를 위해 첫 번째 집단제례(說法祭)를 올리고, 여기서 강수를 도차주(道次主)로 임명하였다. 이로써 그동안 수운의 탄신일이나 순도일 위주로 하던 동학 집회가 '설법'이라는 형식으로 동학의 가르침을 묻고 배우는 자리로 전환되었다. 또 10월 28일 제51회 수운의 탄신 향례식을 행한 후 제자들에게 "대저 도(道)는 때를 잘 쓰고 때를 잘 활용하는 데(用時用活) 있나니, 때와 짝하여 나아가지 못하면 이는 죽은 물건과 다름이 없으리라" 하고 스스로 이름을 경상(慶翔)에서 시형(時亨)으로 바꾸고, 참여한 12명도 모두 시(時) 자를 써서 이름을 바꾸었다. 그래서 강수는 시원(時元)으로, 유인상은 시헌(時憲)으로 고쳤다. 이듬해 1876년 3월 10일 수운 순도 기념 제례를 모셨다. 4월에는 인제 남면 김연호 집에서 고천제례를 올렸다.

　1877(丁丑) 10월 3일에 고천제례를 구성제(九星祭)로 이름을 바꾸어 행하였다. '구성제'라는 용어는 『동경대전』의 "하늘에는 구성이 있어 땅의 구주와 응해 있다."라는 구절에서 따온 것이다. 10월 16일 다시 정선 유시헌의 집에서 구성제를 봉행하였다. 해월은 이 집단제례를 통해 종교적 신념을 고취시키는 한편, 조직의 결속을 강화하려고 했던 것이다. 집단제례를 시작한 지 1년 만에 참여하는 도인의 수도 급증하게 되었다.

　1878년 7월 25일에 해월은 정선 무은담 유인상의 집에서 개접(開接)을 하였다. 본래 접은 수운이 1863년 1월 흥해 매곡동 손봉조의 집에서 처음 시작했는데, 그해 7월에 파접한 이후 한번도 개접하지 못했다. 개접은 도인들이 모여 같이 수련도 하고 진리를 강론하는 한시적인 모임을 말한다. 이때 모인 사람들에게 해월은 다음과 같은 질문을 던졌다.

　　제군들은 모실 '시' 자의 뜻을 어떻게 해석하는가. 사람이 포태의 때에 이때를 곧 모실 시 자의 뜻으로 해석하는 것이 옳으냐, 세상에 태어난 이후에 처음으로 모실 시 자의 뜻이 생기는 것일까, 또 대신사 포덕 강령의 날에 모실 시 자의 뜻이 생겼을까, 여러분은 이 뜻을 연구하여 보라.

　해월은 이 질문을 던짐으로써 당시 모인 사람들에게 수운 선생의 핵심적 가르침인 시천주의 의미를 깊이 숙고하도록 하였다. 이때 "제례를 행할 때 벽을 향해 제사상을 차리는 것이 옳은가, 아니면 나를 향해 차려놓는 것이 옳은가도 생각해 보라."고 했다. '향아설위'에 대한 생각은 이 무렵부터 싹텄다는 것을 알 수 있다. 「향아설위」 설법은 그 후 20년을 기다려 1897년 4월 5일, 수운의 득도기념일에 처음으로 실행되었다.

또 이 당시에 「영부와 주문」, 「수심정기」, 「성경신」, 「개벽운수」 등의 주요 법설을 강론하였다. 이 당시의 말씀은 주로 수도를 어떻게 할 것인가에 관한 내용이라고 할 수 있다. 개벽운수에 대한 말씀 역시 당시의 시기를 결정적인 전환의 시기로 인식하고 정신을 바짝 차리고 수도에 임해야 한다는 것을 강조한 것으로 보인다.

1879년 4월부터는 구성제를 인등제(引燈祭)라는 이름으로 바꾸고, 기존의 제수를 좀 더 간소화해서 생쌀과 천과 등불로만 제례를 올리게 되었다. 음식을 차리는 부담과 비용을 줄이기 위함이었다. 이후 인등제는 봄과 가을에 정기적으로 행하게 되었는데, 이렇게 더 간편해진 의례는 동학 조직을 확산시키고 강화하는 데 중요한 역할을 하였다.

경전 간행

1879년 10월에 해월은 수운의 유적편찬소를 인제군 갑둔리 방시학의 집에 설치하고 경전 편찬 작업에 들어갔다. 경전 간행은 그의 숙원이었다. 그는 늘 쫓기는 가운데도 보따리 하나를 목숨처럼 메고 다니면서 잠잘 때도 그것을 베고 잘 정도로 애지중지했다고 한다. 그 보따리 속에는 스승 수운의 유고(遺稿)가 들어 있었을 가능성이 많다. 이제 스승이 돌아가신

지도 15년이 흘렀다. 동학에 대한 감시도 조금 느슨해졌다. 해월은 본격적으로 포교를 해야 할 때라고 판단했다. 그러기 위해서는 경전 간행이 가장 시급했다. 해월은 먼저 『동경대전』(東經大全)을 간행하기로 하고, 1880년 5월 9일 인제 남면 갑둔리 김현수의 집에다 간행소를 설치하고 판각 작업에 착수했다. 이렇게 해서 동경대전이 처음 세상에 빛을 본 것은 1880년 6월 14일이다. 이때 100여 부를 인쇄하였는데, 이를 '인제 갑둔리본'이라고 한다.

그 후 수운이 한글가사로 지은 『용담유사』는 1881년 6월에 단양군 남면 천동 여규덕의 집에서 간행되었다.[2] 이어 1883년 2월 충청도 목천군 구내리 김은경의 집에 간행소를 차려서 『동경대전』 천여 부를 다시 간행하였다. 1883년 3월 해월은 각지의 두목과 여러 도인을 모아놓고 "오도의 운이 방금 흥륭하는지라 청구(靑邱) 팔역에만 광포될 뿐 아니라, 장차 동서양에 널리 흥진하리니, 제군은 먼저 성경신(誠敬信)을 위주하여 포덕에 힘쓰라."고 하였고, 또 "도는 고원(高遠)한 곳에 있는 것이 아니요, 일용행사(日用行事)가 다 도 아님이 없다."라는 법설을 하였다. 이 목천판 경전 간행 이후 청주 지방을 비롯한 인근 충청도 인사들이 대거 찾아왔다. 『해월선생문집』에 의하면, 이때 서인주, 황해일, 그리고 손천민이 찾아왔다고 한다.

그해 6월 다시 동경대전 경주판을 간행·배포하였다. 이름은 경주판이지만 사실은 공주접에서 간행한 것이다. 이로써 충청과 경기 일대에 동학 포교가 날로 늘었다. 특히 이 시기는 임오군란이 일어난 지 얼마 되지 않

---

2 '동경대전' '용담유사' 등의 명칭은 해월이 여러 경편을 모아 한 책(冊)으로 간행할 때 붙인 이름이다.

은 시기라 국정은 매우 혼란했고, 이에 갈 곳을 못 찾던 많은 선비들이 동학 경전을 접하고 동학에 입도하였으니, 1880년대의 급속한 동학 포교는 경전 간행에 힘입은 바 크다고 하겠다.

한편, 늘어난 도인의 왕래에 단양 관아가 다시 해월을 지목하자, 1884년 6월 해월은 박치경의 주선으로 익산 사자암에 가서 4개월 머물렀다. 10월에는 손병희, 박인호 등을 대동하고 공주 가섭사에 가서 21일 기도를 하였다. 이때 많은 '강서'(降書)를 받았다고 한다.

육임제와 포덕

1884년 12월 해월은 가섭사에서 육임제(六任制)를 구상했다. 육임제는 각 포에서 도인들을 관리하고 처결해야 할 일에 대비한 조직 구상이라고 할 수 있다. 육임은 교장(敎長), 교수(敎授), 도집(都執), 집강(執綱), 대정(大正), 중정(中正)의 여섯 직책을 말한다. 교장·교수는 교인들을 교육하는 교화 업무를, 도집·집강은 도인들을 관리하고 업무와 규율을 담당하는 행정업무를, 대정·중정은 교단을 공평하게 관리하고 직언을 하는 역할을 한 것으로 보인다. 이 육임제는 동학 포교가 늘어남에 따라 기존의 접주제로는 관리가 한계에 다다르자, 좀 더 체계적인 교단 운영을 위한 역할 분담을 구상한 것이라 할 수 있다.

1885년 이후 포덕은 더욱 늘어났다. 충청도 일대에서 동학이 크게 일어나자 충청도 관찰사 심상훈은 단양군수 최희진과 협의하여 5월부터 동학 두목들에 대해 현상 수배령을 내렸다. 이에 해월은 상주 앞재(前城村)의 집을 김연국에게 맡기고 보은 장내리로 은신하였다. 은신 중에도 청주와 진천 지역을 순회하며 도인들을 지도하는 데 힘을 기울였다. 이때 청주 북이면의 서택순 집에서, '베 짜는 며느리가 한울님'이라는 말씀을 남겼다.

지목이 다소 가라앉자 9월 이전 살던 상주 화령 전성촌으로 돌아왔다. 10월 28일 수운 탄신 61회 순도향례를 여기에서 지내고 참례한 제자들에게 얼마 전 서택순 집에서의 일화를 언급하면서「천주직포설」(天主織布說)을 폈다. 이어서「이천식천」(以天食天),「사인여천」(事人如天),「심즉천」(心卽天),「부화부순」(夫和婦順) 등의 법설을 강론하였다.

해월은 60세 되던 1886년 4월 악질(惡疾)의 유행을 염려하여 위생 준칙을 각 포에 제시하고, 부엌을 청결케 할 것과 수도(修道)를 통해 심화기화(心和氣和)에 힘쓸 것을 당부하였다. 과연 6월에 전염병이 크게 유행하였으나 위생 준칙을 잘 지킨 도인 집은 무사하였고, 해월이 있던 마을의 40호도 모두 무사하였다. 이해 가을, 충청도와 전라도, 경상도, 경기도 등지에서 많은 이들이 해월을 뵙기 위해서 전성촌으로 찾아들었다. 이로써 한때 무인지경이 되었던 경상도 서남부 지역에 다시 포덕이 일어났으며, 전라도에까지 도인의 수가 늘었다.

해월은 61세 되던 1887년 1월 1일에 "춘추(春秋)로 2회씩 정기적으로 49일 기도를 하라."는 통문을 내었다. 1월 아들 덕기가 청주 율봉에 사는 음선장의 둘째딸과 혼례를 올렸다. 음선장의 첫째딸은 이미 서인주와 결혼을 했으므로, 덕기와 서인주는 동서지간이 되었다. 그러나 아들을 장가보낸 후 김씨 부인은 다음 달 병을 얻어 끝내 운명하였다. 이해 3월 21일에는 각지 도인들이 상주에 모여 해월의 회갑 헌수(獻壽)의 예를 베풀었다. 이후 해월은 몇 사람의 제자와 더불어 정선 갈래사 적조암에 들어가 49일

기도를 하였다. 이때 기도를 마치고 시 한 수를 지었다.

   不意四月四月來 뜻 아니한 사월에 사월이 오니
   金士玉士又玉士 금사 옥사 또 옥사로다.
   今日明日又明日 오늘 내일 또 내일
   何何知之又何知 무엇 무엇을 알고 또 무엇을 알리.
   日去月來新日來 날이 가고 달이 오고 새 날이 오니
   天地精神令我曉 천지정신이 나로 하여금 깨닫게 하도다.

 해월은 적조암에서 내려오면서 가섭암에서 구상했던 육임제를 실행해 보기로 하였다. 보은 장내리로 옮겨 육임소(六任所)를 정하고, 각지 두목으로 하여금 매달 한 번씩 와서 청강케 하였다.

전라도 포덕과 내칙 · 내수도문 반포

 해월이 전라도에 처음 간 것은 1884년 6월로, 익산 사자암에서 4개월간 머물며 호남 지역의 포덕 교화에 임하였다. 이 무렵에 김개남, 손화중 등을 만나 도를 전한 것으로 보인다. 김덕명은 1886년 해월이 있던 상주 전성촌으로 찾아와서 도를 받았다. 고부접주 전봉준은 이후 김덕명에게 도를 전해 받은 것으로 보인다.
 해월은 다시 1887년 가을 익산 남이면 남참의리에서 남계천, 김정운, 김집중 등을 포덕하였다. 1888년 1월에 다시 호남 북부지방의 순회에 나섰다. 이해 3월 인제접의 김병내가 앞장서서 『동경대전』, 『용담유사』를 중간하였다. 이 해에 입도자가 크게 늘어났다. 특히 전라북도와 충청도 지역에서 포덕이 많이 일어났다. 이때 큰 가뭄으로 흉년이 되어 백성들의 어려움이 심했는데, 해월은 도인들 간에 '유무상자' 하여 서로 돕도록 통문을 띄웠다.

1889년 들어 굶주리던 백성들이 학정을 견디지 못하고 정선과 인제에서 잇따라 민란을 일으켰다. 동학과 무관한 민란이었지만, 7월 들어 관의 지목이 심해졌다. 이에 해월은 육임소를 임시 해산하고 괴산군 신양동에 은거했다. 10월에 이르자 문경 사변으로 인해 서인주, 강한형, 정현섭, 신정엽 등이 관에 체포되었다. 1890년 1월 지목이 조금 풀리자 해월은 인제 갑둔리로 넘어와 김연호의 집에 있다가, 7월 초순에 이명수의 집으로 옮겼다. 여기서 유명한 "새소리도 시천주 소리"라는 강론을 하였다. 다행히 앞서 체포된 서인주, 신정엽은 유배갔다가 보석으로 풀려났다. 해월은 서인주가 풀려날 때까지 식고(食告) 때마다 기도를 했다고 한다.

10월에 영남순회에 나서 11월에 금산군 복호동 김창준의 집에서 여러 도인을 만났다. 이때 「내칙」(內則)과 「내수도문」(內修道文)을 지어 반포하였다. 주부를 위한 지침이지만, 사실상 모든 도인들에서 일상에서 수도를 어떻게 해야 하는지, 그리고 어떻게 내 안의 한울님을 모시고 받들어야 하는지에 대한 가르침이라고 할 수 있다. 12월 하순에 공주 신평의 윤상오 집에서 해을 넘기고, 이듬해 2월 윤상오가 공주 동막에 마련해 준 집으로 이사를 했다.

1891년 2월에 해월은 공주 신평리에서 여러 접주들과 교리 문답을 하였다. 이때 이기(理氣) 분석을 비롯한 많은 법설을 하였다. 3월에는 접 조직

사이에 일어나는 분쟁을 조정하기 위해 편의장 제도를 만들어 윤상오를 전라 우도 편의장으로, 남계천을 전라좌도 편의장으로 임명하였다. 그런데 남계천이 원래 천민 출신이라는 이유로 남계천의 편의장 임명에 반발하는 기류가 거셌다. 이에 해월은 아직도 신분에 얽매인 폐단을 없애야겠다는 결단으로 윤상오를 해임하고, 남계천을 전라 좌우도 편의장 겸 도접주로 승격시켜 임명하였다. 당시에도 해월은 윤상오의 헌신적인 도움을 입고 있었기에 사적인 정으로 본다면 오히려 남계천의 첩지를 거두고 윤상오를 좌우도 편의장에 임명하는 것이 현명했을지도 모른다. 하지만 해월은 그런 사적 감정을 누르고 대의에 입각한 결단을 내렸던 것이다.

윤상오를 따르던 도인들의 반발이 극에 달했다. 이에 해월은 직접 도인들을 설득하기 위해 5월에 호남지방으로 내려갔다. 이때 태인·부안을 거쳐 전주에 이르러 남계천을 만나고, 이어 부안 신리에 있는 윤상오의 집에 갔다. 여기서 여러 도인들을 만난 해월은 "우리나라 안에 두 가지 큰 폐풍이 있으니 하나는 적서의 구별이요, 다음은 반상의 구별이라. 적서의 구별은 집안을 망치는 근본이요 반상의 구별은 나라를 망치는 근본이니, 이것이 우리나라의 고질이다. 우리 도는 두목 아래 반드시 백배 나은 큰 두목이 있으니, 그대들은 삼가하라. 서로 공경을 주로 하여 충절을 삼지 말라." 고 하면서 도인들을 설득하였다. 이후 태인 동곡의 김낙삼의 집에서 육임첩을 발행해 주었다. 이때 전봉준도 김덕명의 추천으로 고부접주의 임첩을 받은 것으로 보인다.

6월 초에는 지금실 김기범(김개남)의 집에서 십여 일을 체류하였다. 이때 김영조, 김낙철, 김낙봉, 김낙삼, 남계천, 손화중, 김덕명, 박치경, 옹택규, 김기범, 조원집 등이 선생을 모셨다고 한다. 동학혁명 때의 대두목들을 두루 만났던 것이다. 이 무렵 부안 옹정리에 사는 김영조의 집에서 하룻밤을 머물면서 '땅을 소중히 여기기를 어머니의 살 같이 하라'는 설법을 남겼다. 이처럼 세 차례의 호남 순회를 통해 전라도 땅에 동학이 크게 일어났으며, 이로 인해 동학에 대한 탄압과 토색 역시 고조되었다.

교조신원운동

1891년 조병식이 충청도 관찰사로 부임하면서 동학 탄압에 나섰다. 1892년 들어 탄압은 심해졌다. 1892년 1월 해월은 탄압을 피해 진천군 부창리로 갔다가, 5월에 다시 상주군 왕실촌으로 옮겼다. 7월에 이곳으로 서인주, 서병학이 찾아와 교조신원을 언급했다. 동학에 대한 탄압이 극심해진 때문이었다. 지방관들은 동학 탄압을 빌미로 동학도들을 잡아다가 매질을 하며 재물을 빼앗았다. 때문에 동학에 대한 탄압을 그치기 위해서는 수운의 억울한 죄목을 신원(伸寃)하고 동학에 대한 금령을 해제하는 길밖에 없다고 생각하게 되었다.

하지만 해월은 아직 때가 아니라고 생각하고 기다리자고 하였다. 그동안 해월은 여러 지도자급 인사들에게 의견을 물어보기도 하면서 운동의 방법과 절차를 고민했다. 지난 1871년 영해와 같은 희생을 초래해서는 안 되기 때문이었다. 하지만 동학에 대한 탄압과 지방 수령들의 토색질을 멈추게 하기 위해서는 신원운동 외에는 방법이 없다는 생각이 점점 굳어져 갔다. 그리고 20년 전에 비해 이제 동학 세력은 누구도 무시하지 못할 정도로 커졌다. 이에 해월은 동학의 탄압을 중지할 근본적인 대책으로 감사에게 수운의 신원을 요구하기로 하였다.

　10월에 드디어 결단을 내리고 청주 솔뫼에 있는 손천민의 집에 의송소를 설치하였다. 그리고 충청감사에게 제출할 의송단자를 손천민에게 작성하게 하고, 각 포에 통문을 내려 10월 20일 청주 도소로 모이라고 하였다. 이렇게 모인 동학도는 천여 명이었다. 이들은 의관을 정제하고 대열을 갖춰서 공주 감영으로 갔다. 서인주, 서병학 등 8명의 지도자가 장두가 되어 수운 신원에 관한 의송단자(議送單子)를 관찰사 조병식에게 올렸다. 이 의송단자를 받은 조병식은 사태가 심상치 않음을 알고, "동학을 금하고 금치 않을 권한은 내게 없다. 조정의 명령을 따를 뿐이다. 다만 앞으로 충청도 내에서 억울하게 침탈되는 일은 없게 하겠으니, 물러가 각기 생업에 힘쓰라."는 제음(題音 = 진정서에 대한 답서)을 내렸다. 공주 신원운동은 동학 금령을 철회시키지는 못했으나, 동학 세력이 만만치 않음을 보여주었고, 뭔가 할 수 있다는 자신감과 가능성을 확인할 수 있었던 경험이었다.

　공주 장사(狀辭) 이후 해월은 수운 신원운동(伸冤運動)의 시기가 성숙함을 알고 전라도 관찰사를 상대로 교조신원운동을 벌이기로 하였다. 10월 25일 전라도 삼례에다 동학도회소를 설치하고, 27일에는 경통(敬通)을 발하여 전라도 삼례역에 도인을 모이게 하였다. 11월 1일에 동학의 각 포(包) 두령이 도인을 거느리고 전주 삼례역에 모이니 참여한 도인이 수천 명에 이르렀다. 이때 해월은 11월 2일 자로 「각도동학유생의송단자」(各道東學儒生議送單子)란 글을 전주 감영에 올렸다. 이때 의송단자를 전달하겠다고 자원한 사람이 고부접주 전봉준과 남원접주 유태홍이다. 5일 후 전라관찰사 이경식은 "곧 물러가 일제히 새로운 마음으로 미혹(迷惑)치 말라."는 고압적인 요지의 답서를 발하였다. 동학도인들은 굴하지 않고 다시 소장을 올려 교조의 신원과 아울러 신앙의 자유와 탐관오리의 횡포를 막도록 요구하였다. 이에 전라 감사는 부득이 "동학에 대한 무리한 박해가 없도록 하라."는 요지의 감결(甘結=공문서)을 각 읍에 발하고 해산을 종용하였다. 11월 12일 동학 지도부는 일단 감결 내용을 검토한 후 일후의 모든 것을 법헌의 지휘에 따르기로 결의하고 해산하였다.

각기 집으로 돌아간 도인들은 하회를 기다렸으나 관리의 탄압은 더욱 심해졌다. 이에 해월은 각지 지도자들을 모아 협의한 끝에 동학에 대한 금령을 풀기 위해서는 결국 조정을 상대로 탄원할 수밖에 없다는 결론에 이르렀다. 1893년 1월에 해월은 청주 송산리 손천민의 집에 봉소도소(奉疏都所)를 정하고 보은군 속리면 장내리에 대도소를 정한 후 수운의 신원과 동학의 공인을 위해 임금에게 직접 상소를 하기로 하였다. 이에 1월 10일 천여 명의 도인들이 상경을 하였고, 그 가운데 대표자 9인은 11일부터 광화문 앞에 자리를 잡고 엎드려 상소문을 받들고 수운 선생을 신원해 줄 것을 호소하였다. 3일째 되던 날 정부는 임금의 뜻이라 하며 "너희들은 집으로 돌아가 그 업에 임하라. 그러면 소원에 따라 베풀어주리라."고 회유하였다. 이 전교(傳敎)를 받은 도인들은 일단 해산하여 이후의 조치를 기다려 보기로 하였다.

서울의 복합상소(伏閤上疏) 후 지방관리들의 탄압은 오히려 극심해졌다. 3월 10일 해월은 청산 포전리 김연국의 집에서 수운의 순도기도식을 마친 후 통유문을 내려 전국의 도인을 보은 장내리로 모이게 하였다. 이튿날인 3월 11일 해월이 보은에 이르니 이미 1만 명이 넘는 도인들이 모여 있었다. 이에 대도소(大道所)를 설하고 각 포별로 포기(包旗)를 세우고 도소를 중심으로 주위에 돌로 성을 쌓고 사방에 문을 내고 중앙에는 '척왜양

창의'(斥倭洋倡義)라는 큰 기를 세웠다.

　사태의 심각성을 안 조정에서는 어윤중을 선유사(宣諭使)로 파견하여 효유 해산케 하였다. 어윤중이 보은에 당도한 것은 3월 25일이었다. 26일 동학 지도부를 면담하고, 조정에 장계를 올렸다. 어윤중은 동학도들을 비적으로 몰지 않고, '민당'(民黨)이라는 표현을 썼으며, 그들은 척양척왜하여 나라를 위해 충성하려는 것뿐인데 방백과 벼슬아치들이 비류로 몰아 침탈, 학대함이 지나쳐 모이게 되었다는 입장을 전달하였다. 그런데 조정은 윤음을 내려 해산을 효유하는 한편, 친군 장위영 정령관 홍계훈에게 병력 6백 명과 기관포 3문을 가지고 청주목으로 내려가도록 명령했다. 4월 2일 어윤중은 보은군수를 대동하고 보은장내에 이르러 조정의 뜻을 전하며 효유하기를 "관리의 탐학과 살상 행위는 반드시 엄징하리니 제군은 각기 집에 돌아가 업에 편안하라. 본관이 조정에 보고하여 소원을 펴게 하리라."고 하였다. 해월과 동학 지도부는 정부의 말을 곧이곧대로 믿을 수는 없었지만, 농사철인데다가, 2만여 명에 이르는 인원의 식량문제 등의 현실적 문제를 감안하여 4월 3일, 결국 20여 일 만에 해산케 되었다.

　그 후 해월은 상주 공성면 효곡리 왕실 집으로 돌아와 10일간 머물렀다가 경상도 지역을 순회했다. 인동 배성모의 집에 15일간 머물다가, 칠곡 율림리 곽우원의 집에서 약 3개월간 머물렀다. 이후 금산군 편사언의 집으로 옮겼다. 이때 서병학 등이 찾아와 수운의 신원과 탐관오리의 횡포를 제거키 위하여 다시 한번 떨쳐 일어나 나라를 혁신할 것을 진언하였으나 해월은 좀 더 기다리라고 효유하였다.

　8월에 해월은 황간을 거쳐 상주 왕실촌에 있다가, 다시 청산군 문암리 김성원의 집에 옮겼다. 이곳으로 옮겨온 지 얼마 되지 않아 아들 덕기가 병으로 세상을 떴다. 슬픔을 뒤로 하고, 11월 해월은 동학의 조직 강화를 위한 새로운 제도를 만들었다. 각 포에 법소(法所)와 도소(道所)를 두게 하고, 해월은 문암리에 임시로 대도소를 만들었다.

동학농민혁명

1894년 1월 5일에 해월은 청산군 문암리에 강석(講席)을 마련했다. 그런데 1월 13일, 호남에서 온 도인으로부터 '고부접주 전봉준이 도중을 거느리고 벌써 고부 군아를 격파한 후 장차 대거 북상한다'는 급보를 받았다. 해월은 전봉준이 주도한 고부봉기 소식을 접하고 '이 또한 시운이니 금하기 어렵다'고 하였다. 그러나 지도부와 상의 없이 이루어진 부분에 대해서, 또한 시기적으로 이른 거사라는 측면에서 유감을 표했다. 하지만 전봉준, 손화중, 김개남 등이 3월 20일경 전면 기포하고, 그에 호응하여 여러 지방에서 농민군을 조직하여 봉기하자 해월은 4월 초에 통문을 내려 도인들을 청산에 소집했다. 해월은 이 과정에서 급진적인 혁명보다는 온건한 방법으로 해결하고자 하여 「금석지전」이란 통문을 발표하여 일체의 탈취와 폭력행위 등을 금지하도록 하였다. 해월은 당시 수령들의 학정과 특히 동학도들에 대한 불법적인 탄압에 대해 마땅히 일어나 저항해야 한다고 보았지만 어디까지나 폭력적인 방식으로 해결하기를 원치 않았다.

한편 전라도 일대 대접주들의 신망을 얻고 있던 고부접주 전봉준은 당시 무능한 정부와 부패한 지방 수령들의 가렴주구를 더 참을 수 없게 되자 거사를 결행하였다. 전봉준은 갑오년 1월 10일(음)에 수천 명의 군중을 지휘하여 고부 군아를 습격하였다. 그러나 이를 평정하기 위해 당도한 안핵사 이용태는 오히려 무고한 백성을 동학당으로 몰아서 잡아들이고 매질하며, 민재를 약탈하고 민가를 불 지르며 부녀를 겁탈하는 등 만행을 저질렀다. 사태가 이에 이르자 마침내 분노한 민중들은 3월 21일(음) 혁명의 기치를 올리고 고부의 전봉준을 비롯하여 무장의 손화중, 태인의 김개남, 금구의 김덕명 등 각지의 대접주들이 대거 휘하의 동학도인들을 인솔하고 고부 백산에 모여 동학농민혁명의 횃불을 드높이 올리게 되었다. 동학농민군은 격문, 창의문, 행동 강령 등을 내세우고 동도대장(東徒大將) 전봉준을 선봉으로 오색의 각 포별 군기를 휘날리며 제폭구민, 척양척왜를 표방하고 일제히 궐기하였다.

전봉준의 동학농민군이 고부로 진격하자 안핵사 이용태는 도망가고 동학농민군은 고부 백산을 본거지로 대오를 정비하여 태인과 부안을 점거한 후 도교산으로 이동하였다가 4월 7일에 황토현에서 대승을 올리고 10여일 만에 정읍, 홍덕, 고창을 점거하였다.

동학농민군은 무고한 백성에게 피해가 없도록 12개조 군율을 공포하여 군기를 엄하게 하였으므로 가는 곳마다 민중의 호응을 받고 그 세력이 날로 증가하여 연이어 무장, 영광, 함평을 점거하고 4월 23일에는 장성의 황룡천변 접전에서 홍계훈의 경군(京軍)을 대파하였다. 동학농민군은 4월 27일 전주를 점거함으로써 호남 일대를 장악하여 서울로의 진격을 바라보게 되었다. 사태가 이렇게 진전되어 가자 나약한 조정 대신들은 청국에 원병을 청하는 지경에 이르렀다. 이리하여 청국군 2천여 명이 5월 5일과 7일에 아산에 상륙하고, 일본군 또한 7천의 군사가 5월 6일 인천에 상륙하여 서울로 진주하였다.

이때 전봉준은 청·일 양국군 개입의 구실을 주지 않기 위하여 북상을 중단하고 관군과 협상을 개시한 끝에 폐정개혁안 실행을 요구하면서 전주화약(全州和約)을 성립시키고, 집강소 설치를 약속받은 후 5월 8일에 전주성을 관군에게 양도하였다. 폐정개혁안은 우리나라의 주체적 근대화의 시발이었으며, 역사상 처음으로 동학집강소가 전라도 53개 군에 설치되어 민정이 실시되면서 그동안 낡은 제도에 대한 과감한 쇄신을 하였다. 그러나 일본군은 7월 23일 경복궁을 침탈하여 고종을 볼모로 삼고, 청일전쟁을 도발하였다. 전세는 일본군의 우세로 기울어지고 일본은 조선 조정에 일본의 괴뢰 내각을 출범시켜 소위 갑오경장을 실시하였다. 또 북으로 청국군을 만주 방면으로 밀어내고, 남으로 동학농민군을 '섬멸'하는 계획을 진행시켜 나갔다.

이러한 일본군의 침략과 동학농민군에 대한 압박 소식이 전해지자 더 이상 묵과할 수 없었다. 전봉준은 동학농민군을 다시 집결시켜서 무장을 가다듬고 전주를 재점령하고 북상을 준비했으며, 해월 역시 9월 18일을 기해 전국의 동학교도들에게 충청도 옥천 청산으로 모이도록, 대일 항전의 총동원령을 내렸다. 이리하여 동학농민군은 전국에 걸쳐 339개의 지역에서 포(包)가 동원되고 수십만의 대군을 형성하여 삼남 일대와 충청도 동남부를 장악하였다. 동학농민군 주력은 논산에 집결하여 공주를 향해 북상하였다.

목천(木川) 세성산 싸움에서 천여 명의 사상자를 냈으나 주력 부대는 공주 이인역 옥녀봉에서 관군을 대파하고 봉황산에 이르러, 10월 22일부터 공주 우금치에서 일본군과 대혈전을 전개하였다. 공주 우금치 전투는 무려 사오십 차례나 서로 뺏고 빼앗기는 시산혈해의 대혈전이었다. 그러나 동학농민군은 일본의 막강한 신무기와 화력을 당할 수 없어 11월 11일 우금치 고개를 시체로 메우고 천추의 한을 남긴 채 퇴각을 시작하였다.

그러나 일본군은 동학을 뿌리째 없애려는 의도로 악착같이 추격하여 무차별 토벌을 감행하였다. 동학농민군은 충주, 홍천, 보은, 하동, 장흥, 진도 그리고 황해도와 평안도 상원 등 도처에서 줄기차게 일어나 싸웠으나 처절한 전투 끝에 무려 30여만 명의 무참한 희생을 내고 동학농민혁명은 좌절되고 말았다. 결국 전봉준도 밀고자에 의해 12월 2일 체포되어, 이듬해 3월 30일 손화중, 김개남, 김덕명, 최경선 등과 함께 처형되었다.

도통전수와 향아설위

동학농민혁명 이후 조정에서는 동학군 소탕령과 함께 그 '수괴'인 해월을 체포코자 전국적으로 수사망을 펴고 집요한 추격을 계속하였다. 해월은 손병희, 손병흠, 김연국 등과 같이 홍천에 잠시 머물렀다가 1895년 1월에 인제군 느릅정이에 있는 최영서의 집에 이르러 얼마간 머물렀다. 이후 손병희, 손병흠은 간성을 거쳐 원산 쪽으로 가고 해월은 잠시 홍천군 고대(높은터)에 있는 최우범의 집에 들렀다가 7월에 인제군 느릅정이에 다시 머물고 12월에는 원주 치악산 수레촌에서 겨울을 났다.

1896년 1월 5일 해월은 손병희에게 '의암'(義菴)이란 도호를 내리고, 11일에는 손천민에게 송암(松菴), 김연국에게 구암(龜菴)이란 도호를 내려 3인에게 교단의 책임을 일임했다. 2월 초 해월은 충주 외서촌으로 옮겼다가, 3월초에는 다시 상주 높은터(상주 화서면) 깊은 산중으로 피신했다. 이

달에 해월은 다시 의암, 구암, 송암 세 사람으로 하여금 도문규칙(道門規則) 2조를 각 포에 내려 교단을 수습하도록 하였다. 4월에는 다시 충주 외서촌을 거쳐 음성군 창곡으로 옮겼다. 5월에는 세 사람 이름으로 성경신(誠敬信)으로 수도에 전념하라는 법훈을 각 포에 내려 보냈다. 이 무렵 해월은 '천지부모 일체'(天地父母一體) 설과 '만사지는 식일완'(萬事知 食一碗) 등 많은 법설을 남겼다. 6월 청주군 청천면 산막리로 옮기고, 8월에는 다시 상주군 은척원으로 옮겼다.

1897년 2월 해월은 다시 음죽군 앵산동으로 옮겼다. 이때 평안도 도인 홍기조, 홍기억, 임복언 등이 해월을 방문하였다. 이때부터 동학의 운(運)이 점차 북쪽으로 흘러갔다. 이해 4월 5일, 해월은 창도기념식을 향아설위(向我設位)로 단행하였다. 향아설위에 대한 생각은 1875년 무렵부터 가지고 있었지만, 시행한 것은 이때가 처음이었다. 7월에 황해도와 평안도 두 령들이 포덕하는 데 명첩(名帖)이 필요하다고 청하자, 해월은 종전에 사용하던 북접법헌(北接法軒) 네 글자를 용담연원(龍潭淵源)이란 글자로 바꾸어 발급하였다. 8월에 해월은 여주군 전거론으로 옮겨, 낙향한 이교리(李校里)로 위장하고 있었다. 10월 28일 해월은 수운의 탄신향례를 인제군 느릅정 최영서의 집에서 행하고 12월 24일에 의암, 송암, 구암 세 사람을 불러 "너희 세 사람 가운데 주장이 없지 아니할지니, 의암으로써 주장을 삼노라."고 말씀하고 의암에게 도통을 전수하였다.

1898년 2월에 해월은 원주군 송골 원진여의 집으로 옮겼다. 이때 평안도 도인 나용환, 나인협, 이두행 등이 찾아오자, "내 일찍 우리 도의 운이 북에 있다고 여러 번 말하였거니와 이제 제군을 보고 도운이 장차 북에 있음을 아노니 제군은 더욱 힘쓰라."하며 격려하였다.

체포와 순도

1898년 4월 5일 밤에, 해월은 마침내 오랜 도주 생활 끝에 원주군 송골 원진여의 집에서 송경인이 인솔한 경병에게 체포되었다. 이후 해월은 서울 광화문 경무청에 갇혔다가 서소문 감옥으로 옮겼으며 5월 30일에 좌도난정률(左道亂正律)로 사형이 선고되어, 6월 2일 72세 때 교형(絞刑)으로 순교하였다. 해월의 유해는 송파 이상하의 집 뒷산에 모셨다가 3년 뒤인 1901년 5월 1일에 여주군 금사면 주록리 원적산(현 천덕산)에 이장하였다.

지금까지 살펴보았듯이, 수운의 뒤를 이은 해월 최시형(海月 崔時亨, 1824-1898)은 평민 출신으로서 수운의 가르침을 민중의 삶 속에서 구현하며 동학을 평민의 철학이자 민중의 종교로, 또한 생명과 평화의 사상으로 정립했다. 그는 가난한 평민의 아들로 태어나 곤궁한 삶을 살았지만, 수운을 만나 비범한 인격으로 거듭났으며, 평생을 쫓기면서도 동학적 삶의 향기를 잃지 않았다. 특히 그는 공경을 일상에서 생활화하고, 살림이 실천으로 동학적 인격의 전형을 몸소 보여주었다. 동학을 비로소 참다운 민중의 종교로 재탄생시킨 것은 해월의 공이다. 그의 사상은 계급해방을 넘어 남녀해방, 어린이해방, 나아가 경물(敬物)의 생태적 해방에까지 나아갔으며, 모든 생명들이 한울님으로 공경받는 참다운 도덕 문명의 세상을 꿈꾸었다. 그분의 육신은 비록 땅으로 돌아갔지만, 그분이 남기신 사상과 정신은 우리 가슴에 활활 살아, 새 세상을 밝히는 신성한 불꽃이 될 것임을 믿어 의심치 않는다.

참고문헌

『易傳』
『莊子』
張載,「西銘」
『東經大全』, (천도교중앙총부 편,『천도교경전』, 2006, 6판.)
『용담유사』, (천도교중앙총부 편,『천도교경전』, 2006, 6판.)
『해월신사법설』, (천도교중앙총부 편,『천도교경전』, 2006, 6판.)
『의암성사법설』, (천도교중앙총부 편,『천도교경전』, 2006, 6판.)
권김현영, 다시는 그전으로 돌아가지 않을 것이다 - 진화하는 페미니즘, 휴머니스트, 2019.
길희성,「Asian Naturalism: An Old Vision for a New World」,『學術院論文集』(人文·社會
    科學篇) 第49輯 1號, 別冊, 2010.
김경재,『이름 없는 하늘님』, 삼인, 2002.
김경재,「종교적 입장에서 본 현도 100년의 천도교」,『동학학보』제11호, 2006.
김경재,「東學의 神觀」,『東學思想論叢』제1집, 天道敎中央總部, 1982.
김병제, 이돈화 외 지음『천도교의 정치이념』, 모시는사람들, 2015.
소춘김기전선생문집편찬위원회,『소춘김기전선생문집』, 국학자료원, 2010.
김삼웅,『해월 최시형 평전』, 미디어샘, 2003.
김용옥,『동경대전 - 나는 코리안이다』, 통나무, 2021.
김용휘,「해월 최시형의 자연관과 생명사상」,『哲學論叢』90-4. 새한철학회. 2017.
김우창,『깊은 마음의 생태학』, 김영사, 2014.
김종철,『간디의 물레』, 녹색평론사, 1999.
김종철,「나락한알 속의 우주」,『간디의 물레』, 녹색평론사, 1999.
이주영,『어린이 해방』, 우리교육, 2017.
김춘성 외『해월 최시형과 동학사상』, 예문서원, 1999.
김충열,『중국철학사1-중국철학의 원류』, 예문서원, 1994.
김지하,『밥』, 분도출판사, 1984.
김지하,『생명학1』, 화남출판사, 2008.
그렉 브레이든 지음, 김시현 옮김,『디바인 매트릭스』, 굿모닝미디어, 2008.
나오미 클라인 지음, 이순희 옮김,『이것이 모든 것을 바꾼다 - 자본주의 대 기후』, 열린책
    들, 2016.
나탈리 골드버그 지음, 권경희 옮김,『뼛속까지 내려가서 써라』, 한문화, 2018.
데보라 킹 지음, 사은영 옮김,『나를 치유하면 세상이 치유된다』, 김영사, 2022.

래리 라스무쎈 지음, 한성수 옮김, 『지구를 공경하는 신앙』, 생태문명연구소, 2017.
르웰린 보간리 엮음, 김준우 옮김, 『생태영성 - 지구가 울부짖는 소리』, 한국기독교연구소, 2014.
모심과살림연구소, 『죽임의 문명에서 살림의 문명으로 - 한살림선언 다시 읽기』, 도서출판 한살림, 2010.
모심과 살림연구소, 『생명의 밥, 밥상을 살리자』, 2013.
모심과살림연구소, 『스무살 한살림 세상을 껴안다』, 한살림, 2006.
박맹수, 『개벽의 꿈, 동아시아를 깨우다』, 도서출판 모시는사람들, 2011.
박세준, 「천도교에 대한 역사사회학적 연구 - 국가와의 관계변화를 중심으로」, 박사학위논문, 고려대학교 사회학과, 2015.
방정환배움공동체 구름달 편, 『교사, 방정환에게 길을 묻다』, 살림터, 2022.
부산예술대학 동학연구소 편, 『해월 최시형과 동학사상』, 예문서원, 1999.
빅터 플랭클 지음, 이시형 옮김, 『죽음의 수용소에서』, 청아출판사, 2020.
성철, 『백일법문』, 장경각, 2014.
신승철, 『떡갈나무혁명을 꿈꾸다』, 한살림, 2022.
신일철, 『동학사상의 이해』, 사회비평사, 1995.
스티븐 호킹, 레오나르드 플로디노프 지음, 전대호 옮김, 『위대한 설계』, 까치, 2010.
오강남, 『생각』, 현암사, 2022.
오문환, 『사람이 하늘이다』, 솔, 1996.
오문환, 『해월 최시형의 정치사상』, 도서출판 모시는사람들, 2003.
에두아르 코르테스 지음, 변진경 옮김, 『나의 친애하는 숲』, 북노마드, 2022.
유권종, 「茶山의 천관」, 『정약용』, 고려대학교출판사, 1990.
윤노빈, 『신생철학』, 학민사, 2003.
윤사순, 「유학의 자연철학」, 『조선 유학의 자연철학, 예문서원, 1997.
윤석산, 『해월 최시형의 삶과 사상-일하는 한울님』, 도서출판 모시는사람들, 2014.
윤석산 역주, 『초기동학의 역사, 도원기서(道源記書)』, 신서원, 2000.
유아스 야스오 지음, 이정배·이한영 옮김, 『몸과 우주 - 동양과 서양』, 지식산업사, 2004.
유초하, 「조선 유학의 하늘 개념에 담긴 관념성과 인격성」, 『조선 유학의 자연철학』, 예문서원, 1998.
이규성, 『최시형의 철학』, 이화여대출판부, 2011.
이규성, 「최시형에서 '표현'과 '시간'」, 한양대한국학연구소, 『동아시아문화연구』 제39집. 2005.
이돈화, 『신인철학』, 천도교중앙총부 편, 1968.
이돈화, 『천도교 창건사』, 경인문화사, 1970.
이돈화, 『수운심법강의』, 천도교중앙종리원포덕과편집실 편, 1926.

이용포 지음, 『생명사상의 큰 스승, 무위당 장일순』, 작은씨앗, 2011.
이찬수, 『평화와 평화들』, 도서출판 모시는사람들, 2016.
장일순, 『나락 한 알 속의 우주』, 녹색평론사, 1997.
정성훈 외, 『살림과 돌봄의 공동체, 사상과 실천』, 보고사, 2021.
조기주, 『동학의 원류』, 천도교중앙총부출판부, 1979.
조애나 매이시·몰리 영 브라운 지음, 이은주 옮김, 『생명으로 돌아가기』, 모과나무, 2020.
존 벨라미 포스터 지음, 김현구 옮김, 『환경과 경제의 작은 역사』, 현실문화, 2001.
전희식, 〈프레시안〉, "가축=고기? 적게 키우고 덜 먹어야 산다", 2011.
조에타 핸드릭 슐라박 지음, 김현정 옮김, 『나눔의 밥상 - 생명의 나눔 영혼의 나눔』, 한얼미디어, 2006.
주요섭, 『한국 생명운동과 문명전환』, 도서출판 풀씨, 2023.
주요섭, 「동학과 한살림」, 『근대한국 개벽사상을 실천하다』, 모시는사람들, 2019.
질비오 게젤, 『자연스러운 경제질서』, 클, 2021.
찰스 아이젠슈타인 지음, 정준형 옮김, 『신성한 경제학의 시대』, 김영사, 2015.
청화, 『생명의 고향, 마음자리로 돌아다는 가르침』, 도서출판 상상예찬, 2007.
최신한, 「세속화의 변증법」, 『동서철학연구』 31호, 2004.
최종성, 『동학의 테오프락시』, 민속원, 2009.
카렌 암스트롱, 『축의 시대』, 교양인, 2013.
카와무라 아츠노리, 김경인 옮김, 『엔데의 유언』, 갈라파고스, 2013.
크로포트킨 지음, 김영범 옮김, 『만물은 서로 돕는다 - 크로포트킨의 상호부조론』, 르네상스, 2005.
켄 윌버 지음, 조효남 옮김, 『모든 것의 역사』, 김영사, 2015.
토마스 베리 지음, 이영숙 옮김, 『위대한 과업』, 대화문화아카데미, 2014.
파블로 솔론, 크리스토프 아기똥 외 지음, 김신양, 김현우, 허남혁 옮김, 『다른 세상을 위한 7가지 대안』, 착한책가게, 2018.
표영삼, 『동학1』, 통나무, 2004.
표영삼, 『동학2』, 통나무, 2005.
풍우란, 『중국철학사』, 까치글방, 1999.
황종원, 「최시형의 천지 관념 연구 - 전통 유학과의 연관관계를 중심으로」, 『대동철학』, 제68집, 2014.
황종원, 「최시형 '식(食)' 사상의 종교생태학적 의의」, 『신종교연구』 제26집, 2012.

찾아보기

[ㄱ]

가부장제 142
감정 66, 82, 131, 254
갑오년 19
강령주문 113
강수 266
강화 105
개벽 96, 136, 250
『개벽』 102
개벽운동 221
개접 273, 275
건강한 밥상 147
겸손 80
경(敬) 21, 87, 88
경물 79, 87, 91, 92, 95, 145, 150, 202, 252
경신년 101
경외지심 103
경인 87, 89, 90, 202
경전 간행 276, 277
경천 87, 88, 89, 96, 202
경천명 246
경천명 순천리 73
고리대금 93
고은광순 136
공경 21, 22, 27, 29, 34, 65, 66, 79, 87, 91, 95, 118, 119, 121, 122, 145, 250, 292
공경과 살림 22
공동전수심법 208

공동체주의 154
공생 172
교조신원운동 283
구성제 275
궁을 180
귀신 126
근대 27
긍정적 감정 66
기운 38, 81, 107, 108, 125
기후위기 27
길희성 43, 167
김개남 288
김경재 51
김구 86
김기전 102, 103
김덕명 288
구암 김연국 290
김영조 25
김용옥 55
김종철 165
김지하 163, 198, 199
깨달음 102, 143
깨어 있는 마음 109

[ㄴ]

나오미 클라인 27
남계천 78, 182, 216, 282
내수도 146, 152
내수도문 143

「내수도문」 111, 144, 149
내유강화지교 110
내유신령 58, 60, 61, 101, 170, 210
내재적 초월자 64
내칙 173
「내칙」 144, 174, 176
내칙・내수도문 반포 280
님 44

[ㄷ]

대아 63
대인관계 79
대인접물 79, 80, 150, 262, 271
덕(德) 80, 219
도(道) 150, 219
도력 82
도성덕립 101
『도원기서』 266
도차주 274
도통 265
도통전수 290
돈 92, 93
돌봄 174
동귀일체 250
『동경대전』 277
동질적 기화 168, 169
동학 48, 54, 55, 66, 101, 113, 118, 131, 141, 142, 196, 211, 246, 250, 252, 254, 262, 264, 265, 283, 292
동학농민군 289, 290
동학농민혁명 220, 287
동학다큐소설 136
동학 수도법 106
동학 재건 273

동학적 주체성 125
동학 탄압 283
땅 145, 146
땅살림 184

[ㄹ]

래리 라스무쎈 28
리(理) 53

[ㅁ]

마음 65, 81, 100, 107, 123, 125, 131, 148
마음공부 82, 100, 103
마음의 세계 66
만물 31, 59
만사지식일완 161
며느리가 한울님 140
명령 20
명상 99
명상수행 100
모심 102, 155
몸살림 184
무극대도 246
무위이화 30, 117, 131
물(物) 91
물물천 247
물물천 사사천 58, 165, 166, 262
미하일 엔데 92
민중 131
믿음 118, 119

[ㅂ]

바른 마음 105

박용걸 271
반포 35
밥 162, 163, 164
밥사상 163
밥상 164
밥상 살림 148
밥상차림 146
밥이 한울 19
밥 한 그릇 160
방정환배움공동체 구름달 186
방정환어린이집 184
방정환한울학교 185
범천론 32, 58
법문 208
본주문 113
부(富) 95
부모님 35
부인 152, 164, 165
부인수도 142, 143
부화부순 150, 151, 152
북접주인 265
빅터 플랭클 84

[ㅅ]

49일 기도 56
49일 수련 41
사사천 247
사인여천 75, 76, 77, 79, 122, 220, 252, 253, 262
사회적 활동 148
살림 22, 29, 152, 155, 164, 181, 220, 248, 250, 292
살림운동 181, 184, 186, 220
삼경 87, 122, 220

삼재 216
새로운 문명 155
새로운 물질주의 92, 94, 95
생명 173, 215
생명살림 173, 179
생명의 위기 159
생명철학 251
생명헌장 176
생사관 209, 211, 212
생태대 28
생태적 해방 249
생태학적 28
생활공동체 86
설법 274
성(誠) 120
성·경·신 118
성경신 119, 120, 124
성령 210
성령출세 202, 203, 208, 209
성장 169
소아 63
손천민 290
손화중 288
수기 87
수도 62, 82, 101, 118, 124, 267
수련 41
수련법 116
수심 106
수심정기 62, 88, 106, 107, 109, 110, 111, 113, 115, 116, 117, 123, 131, 150
수운 최제우 29, 30, 31, 56, 57, 60, 71, 73, 101, 126, 128, 138, 246, 262
수행 66, 100, 187
순도 292
순천리 246

스티븐 호킹 50, 51
시(侍) 31, 169
시간관 197, 198
시비 82
시천주 21, 31, 33, 57, 58, 59, 60, 63, 101,
　　　103, 150, 182, 209, 247
시천주의 체험 101, 104
식고 35, 160, 170
식생활 164
신(神) 47, 48, 49, 50, 51, 67
신비체험 56, 57
신앙 27
신일철 32, 39
실천 22, 79, 187
심(心) 180
심고 111, 112, 123, 146, 148, 149
심령 61, 62, 64, 89, 104, 210
심즉천 58, 60, 65, 104, 247, 248
심화기화 108, 150, 181, 221
십무천 22, 176, 177, 178

[ㅇ]

아시아적 자연주의 43
아이살림 184
양천 173
양천주 22, 62, 63, 64, 101, 104, 105, 174,
　　　248, 267
어린이 운동 182
어린이 해방 182
억조 정신 205
여백 80
여성 135, 137, 140, 143
여성성 154, 155
여성해방 182

여종 138, 139
열망 72
염불 114, 115
영(靈) 204
영기 127
영부 178, 179, 181
영성 187
영성공동체 86
영세불망 201
영적 28
영해교조신원운동 268
오심즉여심 60
외유기화 58, 101, 169
용담연원 291
『용담유사』 277
용서 82
우(愚) 83
우묵눌 83
우주 29, 30, 40, 67, 204
우주생명 38
우주의식 38
우주정신 207
원주 캠프 182
위대한 과업 28
유럽 중심주의 52
유무상자 85, 86, 281
유인상 275
유태홍 284
유학 130
육임소 280
육임제 278
윤상오 282
율법주의 129
은덕 162
을묘천서 56

의암 손병희 202, 203, 204, 209, 290
이규성 41, 63, 124
이돈화 163, 202
이법천 53, 54
이소사 137, 138
이심치심 62, 178
이질적 기화 168, 169
이천식천 162, 165, 166, 167, 168, 170, 171, 172, 173, 251, 262
이치기운 37
이필제 76, 268, 269
인내천 209
인등제 276
인시천 267
일남구녀 154
일본군 290
일상의 도 96
임규호 195

[ㅈ]

자기희생 172
자본주의 27
자세 80, 118, 124
자연 29, 30
자유 84, 85
장일순 161, 165, 171, 172, 182
적멸굴 202
적조암 272
전봉준 284, 287
전쟁 218
접(接) 86
정기 106
정성 118, 119, 121, 148
정제엄숙 21

정좌징심 79
제례법 212
제사 192
제사법 201
조목 147
조병식 283, 284
존재상태 109
존 힉 48
종교 54
종교적 감수성 165
좌도난정률 292
주문 56, 112, 113, 114, 115, 116, 117
주문 수련 112, 114, 116
주일무적 21
지구 28
지구를 공경하는 신앙 29
지구 어머니 36
지금 여기 197, 198, 199, 254
지기 30, 101
진화 169
질비오 게젤 93
집단제례 274

[ㅊ]

차별 79
찰스 아이젠슈타인 93, 94
참회 270
척왜양창의 285
천(天) 49, 52, 53, 56
천도 117, 128, 219, 246
천도교한울연대 183
천명 20
천서 113
천의 무규정성 56

천주 76
천지 29, 34, 35, 37, 38, 40, 146
천지부모 31, 32, 33, 35, 41, 43, 58
천지자연 44
천지인 36
철학 54
청수 148, 200, 201
청수일기 201
체포 292
최종성 115
치심 62
치유 181

[ㅋ]

카렌 암스트롱 49
켄 윌버 170

[ㅌ]

탄소 27
탐욕 82
태극 53
태도 84, 118, 119, 124
토마스 베리 28

[ㅍ]

평등 77
평등적 상보관계 151
평민철학 22
평화 215, 216, 218, 221, 250
포(包) 289
포덕 278, 279, 280

[ㅎ]

한살림 182
「한살림선언」 177, 183
한살림운동 182
한울 129, 171
한울기운 44, 116
한울님 22, 30, 35, 42, 55, 56, 66, 91, 141, 147, 253
한울님 마음 66
한울님 체험 55, 57
한울마음 100, 105, 116
한울연대 183, 184
해월 최시형 19, 21, 22, 25, 26, 27, 29, 36, 43, 58, 62, 71, 73, 74, 75, 89, 101, 107, 109, 120, 121, 124, 141, 150, 159, 160, 166, 171, 179, 192, 193, 201, 219, 246, 250, 252, 254, 262, 263, 264, 265, 269, 272, 279, 282, 290, 292
해월 철학 251
행복한 사람 154
향아설위 191, 195, 197, 198, 201, 202, 209, 212, 254, 276, 290, 291
화복 129, 130, 131
화폐 시스템 93
환원 211
효제온공 111

평민철학자 해월 최시형

등록   1994.7.1 제1-1071
1쇄 발행   2025년 5월 31일
3쇄 발행   2025년 9월 20일

지은이 김용휘
펴낸이 박길수
편집장 소경희
편집·디자인 조영준
관   리 위현정
펴낸곳 도서출판 모시는사람들
          03147 서울시 종로구 삼일대로 457(경운동 수운회관) 1306호
전   화 02-735-7173 / 팩스 02-730-7173
홈페이지 http://www.mosinsaram.com/

인   쇄 피오디북(031-955-8100)
배   본 문화유통북스(031-937-6100)

값은 뒤표지에 있습니다.
ISBN   979-11-6629-235-4   03100

* 잘못된 책은 바꿔 드립니다.
* 이 책의 전부 또는 일부 내용을 재사용하려면 사전에 저작권자와 도서출판
  모시는사람들의 동의를 받아야 합니다.

> 이 저서는 2017년 정부(교육부)의 재원으로 한국연구재단의 지원을
> 받아 수행된 연구임(NRF-2017S1A6A4A01022739)